MICROFÍSICA
DO PODER

Michel Foucault

MICROFÍSICA
DO PODER

ORGANIZAÇÃO, INTRODUÇÃO E REVISÃO TÉCNICA
Roberto Machado

15ª edição

Paz & Terra
Rio de Janeiro | São Paulo
2023

Copyright © Michel Foucault
Edição com base em textos de Michel Foucault, organizada por Roberto Machado.

Direitos de edição da obra em língua portuguesa adquiridos pela EDITORA PAZ E TERRA. Todos os direitos reservados. Nenhuma parte desta obra pode ser apropriada e estocada em sistema de banco de dados ou processo similar, em qualquer forma ou meio, seja eletrônico, de fotocópia, gravação etc., sem a permissão do detentor do copyright.

1ª edição Graal, 1979
1ª edição Paz e Terra, 2014

Editora Paz e Terra Ltda.
Rua do Paraíso, 139, 10º andar, conjunto 101 – Paraíso – São Paulo – SP – 04103000
http://www.record.com.br

Seja um leitor preferencial Record.
Cadastre-se e receba informações sobre nossos lançamentos e nossas promoções.

Atendimento e venda direta ao leitor:
sac@record.com.br ou (21) 2585-2002.

Texto revisto pelo novo Acordo Ortográfico da Língua Portuguesa.

Coleção Biblioteca de Filosofia.
Confira os outros títulos da coleção em nosso site.

CIP-BRASIL. CATALOGAÇÃO NA FONTE
SINDICATO NACIONAL DOS EDITORES DE LIVROS, RJ

Foucault, Michel, 1926-1984.
    Microfísica do poder / Michel Foucault;
15ª ed. organização, introdução e revisão técnica de Roberto
    Machado. – 15ª ed. – Rio de Janeiro/São Paulo:
    Paz e Terra, 2023.
    432 pp.

ISBN: 978-85-7753-296-4

1. Poder (Ciências sociais) – Discursos,
ensaios, conferências I. Machado, Roberto.

12-03135   CDD-306.2

Índices para catálogo sistemático:
1. Ciências sociais: Discursos, ensaios, conferências 306.2

Impresso no Brasil
2023

Sumário

Introdução: Por uma genealogia do poder — Roberto Machado ... 7

1. Verdade e poder ... 35
2. Nietzsche, a genealogia e a história ... 55
3. Sobre a justiça popular ... 87
4. Os intelectuais e o poder ... 129
5. O nascimento da medicina social ... 143
6. O nascimento do hospital ... 171
7. A casa dos loucos ... 190
8. Sobre a prisão ... 213
9. Poder-corpo ... 234
10. Sobre a geografia ... 244
11. Genealogia e poder ... 262
12. Soberania e disciplina ... 278
13. A política da saúde no século XVIII ... 296
14. O olho do poder ... 318
15. Não ao sexo rei ... 344
16. Sobre a história da sexualidade ... 363
17. A governamentalidade ... 407

Introdução
POR UMA GENEALOGIA DO PODER

A QUESTÃO DO PODER NÃO É o mais velho desafio formulado pelas análises de Michel Foucault. Surgiu em determinado momento de suas pesquisas, assinalando uma reformulação de objetivos teóricos e políticos que, se não estavam ausentes dos primeiros livros, ao menos não eram explicitamente colocados, complementando o exercício de uma arqueologia do saber pelo projeto de uma genealogia do poder.

Qual a grande inovação metodológica assinalada, em 1961, pela *História da loucura*? A resolução de estudar — em diferentes épocas e sem se limitar a nenhuma disciplina — os saberes sobre a loucura para estabelecer o momento exato e as condições de possibilidade do nascimento da psiquiatria. Projeto esse que deixou de considerar a história de uma ciência como o desenvolvimento linear e contínuo a partir de origens que se perdem no tempo e são alimentadas pela interminável busca de precursores. Mas que também se realizava sem privilegiar a distinção epistemológica entre ciência e pré-ciência, tendo no saber o campo próprio de investigação. O objetivo da análise é estabelecer relações entre os saberes — cada um considerado como possuindo positividade específica, a positividade do que foi efetivamente dito e deve ser aceito como tal, e não julgado com base em um saber posterior e superior — para que dessas relações surjam, em uma mesma época ou em épocas diferentes, compatibilidades e incompatibilidades que não sancionam ou invalidam, mas estabelecem regularidades, permitem individualizar formações discursivas. A partir de então, a história da loucura deixava de ser a história da psiquiatria. Esta era, ao mesmo tempo, um momento determinado de uma trajetória mais ampla — cujas rupturas no nível do saber permitem isolar diferentes períodos ou épocas — e o resultado desse mesmo processo. Portanto, sem se limitar às fronteiras espaciais e temporais da disciplina psiquiátrica, a análise percorre o campo do saber — psiquiátrico ou não — sobre a loucura, procurando estabelecer suas diversas configurações arqueológicas.

Mas isso não é tudo. Outra novidade metodológica foi não se limitar no nível do discurso para dar conta da questão da formação histórica da psiquiatria. Neste sentido, a análise procurou centrar-se nos espaços institucionais de controle do louco, descobrindo, desde a Época Clássica, uma heterogeneidade entre os discursos teóricos — sobretudo médicos — sobre a loucura e as relações que se estabelecem com o louco nesses lugares de reclusão. Articulando o saber médico com as práticas de internamento, e estas com instâncias sociais, como a política, a família, a Igreja, a Justiça, generalizando a análise até as causas econômicas e sociais das modificações institucionais, foi possível mostrar como a psiquiatria, em vez de descobrir a essência da loucura e a libertar, é a radicalização de um processo de dominação do louco que começou muito antes dela e tem condições de possibilidade tanto teóricas quanto práticas.

O nascimento da clínica, de 1963, retoma e aprofunda uma questão presente, mas pouco explicitada, no livro anterior:

a diferença entre a medicina moderna e a medicina clássica. O estabelecimento e a caracterização dessa ruptura são os principais objetivos dessa nova investigação. E a mutação não se explica por um refinamento de noções, que puderam ser mais rigorosamente definidas, nem pela utilização de instrumentos mais poderosos, que tornaram possível conhecer algo até então desconhecido. Não se deve opor medicina moderna a seu passado como se opõe ciência a pré-ciência, racionalidade a irracionalidade, verdade a erro. Existe ruptura, mas ela é muito mais radical. O que mudou foi a própria positividade do saber com seus objetos, conceitos e métodos diferentes. A análise arqueológica procurou, assim, explicitar os princípios de organização da medicina em épocas diferentes, evidenciando que, se a medicina moderna se opõe à medicina clássica, a razão é que esta se funda na história natural, enquanto aquela — mais explicitamente, a anátomo-clínica — encontra seus princípios na biologia.

Mas o livro não se limita a uma inter-relação conceitual de saberes que demonstra como o conhecimento da doença considerada como essência abstrata cede o lugar a um saber moderno do indivíduo como corpo doente. Guiado pelo problema dos tipos de intervenção das várias formas de medicina, Foucault articula os saberes com o extradiscursivo, seja em instituições como o hospital, a família e a escola, seja, em um nível mais global, as transformações político-sociais, sobretudo na época da Revolução Francesa. É verdade que a questão institucional e política aparece com muito maior destaque na *História da loucura* do que em *O nascimento da clínica*. A razão é que, quando se tratou de analisar historicamente as condições de possibilidade da psiquiatria, o próprio desenvolvimento da pesquisa apontou o saber sobre o louco — saber diretamente articulado com as práticas institucionais do internamento — como mais relevante do que o saber teórico sobre a loucura, enquanto que o objetivo fundamental de *O nascimento da clínica* — explicitar os princípios constitutivos da medicina moderna definindo o tipo específico da ruptura que ela estabelece — implicava o privilégio do discurso teórico.

As palavras e as coisas, de 1966, radicaliza esse projeto. Seu objetivo é aprofundar e generalizar inter-relações conceituais capazes de situar os saberes constitutivos das ciências humanas, sem pretender articular as formações discursivas com as práticas sociais. Tese central do livro: só pode haver ciência humana — psicologia, sociologia, antropologia — a partir do momento em que o aparecimento, no século XIX, de ciências empíricas — biologia, economia, filologia — e das filosofias modernas, que têm como marco inicial o pensamento de Kant, privilegiaram o homem como objeto e como sujeito de conhecimento, abrindo a possibilidade de um estudo do homem como representação. Isso pode parecer enigmático, mas o que interessa aqui é compreender que o propósito da análise arqueológica, tal como foi realizada nesse livro, consistia em descrever a constituição das ciências humanas a partir de uma inter-relação de saberes, do estabelecimento de uma rede conceitual que lhes cria o espaço de existência, deixando propositalmente de lado as relações entre os saberes e as estruturas econômicas e políticas.

A consideração desses três livros revela, em grande parte, a homogeneidade dos instrumentos metodológicos utilizados até então, como o conceito de saber, o estabelecimento de descontinuidades, os critérios para datação de períodos e suas regras de transformação, o projeto de inter-relações conceituais, a articulação dos saberes com a estrutura social, a crítica da ideia de progresso em história das ciências etc. Além disso, *A arqueologia do saber*, de 1969, que reflete sobre as precedentes análises históricas com o objetivo não só de explicitar ou sistematizar, mas sobretudo de clarificar ou aperfeiçoar os princípios formulados com base nas próprias exigências das pesquisas, está aí para prová-lo.

Ora, quando consideramos a produção teórica materializada nesses livros e, minimizando as pequenas ou grandes diferenças que existem entre eles, os comparamos em bloco ao que será realizado a partir de então, percebemos claramente se abrir um novo caminho para as análises históricas sobre as ciências. Se Foucault não invalida o passado, ele agora parte de outra questão. Digamos que a arqueologia, ao procurar estabelecer a constituição dos saberes privilegiando as inter-relações discursivas e sua articulação com as instituições, respondia a *como* os saberes apareciam e se transformavam. Podemos então dizer que a análise que em seguida é proposta tem como ponto de partida a questão do *porquê*. Seu objetivo não é principalmente descrever as compatibilidades e incompatibilidades entre saberes a partir da configuração de suas positividades; o que pretende é, em última análise, explicar o aparecimento de saberes a partir de condições de possibilidade externas aos próprios saberes, ou melhor, que, imanentes a eles — pois não se trata de considerá-los como efeito ou resultante —, os situam como elementos de um dispositivo de natureza essencialmente estratégica. É essa análise do porquê dos saberes — análise que pretende explicar sua existência e suas transformações situando-os como peça de relações de poder ou incluindo-os em um dispositivo político — que em uma terminologia nietzschiana Foucault chamará genealogia. Parece-me, em suma, que a mutação assinalada por livros como *Vigiar e punir*, de 1975, e *A vontade de saber*, de 1976, primeiro volume da *História da sexualidade*, foi a introdução nas análises históricas da questão do poder como um instrumento de análise capaz de explicar a produção dos saberes.

Mas é preciso não se equivocar e se arriscar a nada compreender das investigações dessa genealogia: não existe em Foucault uma teoria geral do poder. O que significa dizer que suas análises não consideram o poder como uma realidade que possua uma natureza, uma essência que ele procuraria definir por suas características universais. Não existe algo unitário e global chamado poder, mas unicamente formas díspares, heterogêneas, em constante transformação. O poder não é um objeto natural, uma coisa; é uma prática social e, como tal, constituída historicamente. Essa razão, no entanto, não é suficiente, pois, na realidade, deixa sempre aberta a possibilidade de se procurar reduzir a multiplicidade e a dispersão das práticas de poder através de uma teoria global que subordine a variedade e a descontinuidade a um conceito universal. Não é assim, entretanto, que Foucault estuda o poder, como não foi assim que considerou nenhum de seus objetos de investigação. A razão é simples, embora apresente uma grande descontinuidade com o que geralmente se entende e se pratica como teoria. É que, para ele, toda teoria é provisória, acidental, dependente de um estado de desenvolvimento da pesquisa, que aceita seus limites, seu inacabado, sua parcialidade, formulando conceitos que esclareçam os dados — organizando-os, explicitando suas inter-relações, desenvolvendo suas implicações

—, mas que, em seguida, são revistos, reformulados, substituídos com base em novo material trabalhado. Neste sentido, nem a arqueologia nem, sobretudo, a genealogia têm por objetivo fundar uma ciência, construir uma teoria ou se constituir como sistema; o propósito delas realizar análises fragmentárias e transformáveis.

Uma coisa não se pode negar às análises genealógicas do poder: elas produziram um importante deslocamento com relação à ciência política, que limita ao Estado o fundamental de sua investigação sobre o poder. Estudando a formação histórica das sociedades capitalistas, através de pesquisas precisas e minuciosas sobre o nascimento da instituição carcerária e a constituição do dispositivo de sexualidade, Foucault, a partir de uma evidência fornecida pelo próprio material de pesquisa, viu delinear-se claramente uma não sinonímia entre Estado e poder. Descoberta que de modo algum é inteiramente nova ou inusitada. Quando revemos suas pesquisas anteriores por essa perspectiva, não será indiscutível que aquilo que poderíamos chamar de condições de possibilidade políticas de saberes específicos, como a medicina ou a psiquiatria, podem ser encontradas, não por uma relação direta com o Estado, considerado como um aparelho central e exclusivo de poder, mas por uma articulação com poderes locais, específicos, circunscritos a uma pequena área de ação, que Foucault analisava em termos de instituição? Assim, sempre lhe pareceu evidente a existência de formas de exercício do poder diferentes do Estado, a ele articuladas de maneiras variadas e que são indispensáveis inclusive a sua sustentação e atuação eficaz.

Entretanto, essa valorização de um tipo específico de poder formulou-se através de uma distinção, de uma dicotomia, entre uma situação central ou periférica e um nível macro ou micro que talvez não seja muito apropriada por utilizar uma terminologia metafórica e espacial que não parece dar conta da novidade que a análise contém. Ela visa distinguir as grandes transformações do sistema estatal, as mudanças de regime político no nível dos mecanismos gerais e dos efeitos de conjunto e a mecânica de poder que se expande por toda a sociedade, assumindo as formas mais regionais e concretas, investindo em instituições, tomando corpo em técnicas de dominação. Poder esse que intervém materialmente, atingindo a realidade mais concreta dos indivíduos — o seu corpo — e que se situa no nível do próprio corpo social, e não acima dele, penetrando na vida cotidiana, e por isso pode ser caracterizado como micropoder ou subpoder. O que Foucault chamou "microfísica do poder" significa tanto um deslocamento do espaço da análise quanto do nível em que esta se efetua. Dois aspectos intimamente ligados, à medida que a consideração do poder em suas extremidades, a atenção a suas formas locais, a seus últimos lineamentos tem como correlato a investigação dos procedimentos técnicos de poder que realizam um controle detalhado, minucioso do corpo — gestos, atitudes, comportamentos, hábitos, discursos.

Realidades distintas, mecanismos heterogêneos, esses dois tipos específicos de poder se articulam e obedecem a um sistema de subordinação que não pode ser traçado sem que se leve em consideração a situação concreta e o tipo singular de intervenção. O importante é que as análises indicaram que os poderes periféricos e moleculares não foram confiscados e absorvidos pelo aparelho de Estado. Não são necessariamente criados pelo Estado nem, se nasceram fora dele, foram inevitavelmente reduzidos a uma forma ou manifestação do aparelho central. Os poderes se exercem em níveis variados e em pontos diferentes da rede social, e nesse complexo os micropoderes existem integrados ou não ao Estado, distinção que não foi muito relevante ou decisiva para suas análises.

O importante é que essa relativa independência ou autonomia da periferia com relação ao centro significa que as transformações em nível capilar, minúsculo, do poder não estão necessariamente ligadas às mudanças ocorridas no âmbito do Estado. Isso pode acontecer ou não, e não pode ser postulado aprioristicamente. Sem dúvida, Foucault salientou a importância da Revolução Francesa na criação ou transformação de saberes e poderes que dizem respeito à medicina, à psiquiatria ou ao sistema penal. Mas nunca fez dessas análises concretas uma regra de método. A razão é que o aparelho de Estado é um instrumento específico de um sistema de poderes que não se encontra unicamente nele localizado, mas o ultrapassa e complementa. O que me parece, inclusive, apontar para uma consequência política contida em suas análises, que, evidentemente, têm como objetivo não apenas dissecar, esquadrinhar teoricamente as relações de poder, mas também servir como instrumento de luta, articulado com outros instrumentos, contra essas mesmas relações de poder. É que nem o controle nem a destruição do aparelho de Estado, como muitas vezes se pensa — embora, talvez, cada vez menos —, é suficiente para fazer desaparecer ou para transformar, em suas características fundamentais, a rede de poderes que impera em uma sociedade.

Do ponto de vista metodológico, uma das principais precauções de Foucault foi justamente procurar dar conta desse nível molecular de exercício do poder sem partir do centro para a periferia, do macro para o micro. Tipo de análise que ele próprio chamou de descendente, no sentido em que deduziria o poder partindo do Estado e procurando ver até onde ele se prolonga nos escalões mais baixos da sociedade, penetra e se reproduz em seus elementos mais atomizados. É verdade que livros como *Vigiar e punir* e *A vontade de saber*, como também entrevistas, artigos ou cursos desse período, não refletiram explicitamente sobre o Estado e seus aparelhos, como fizeram com relação aos poderes mais diretamente ligados aos objetos de suas pesquisas. Não se tratava, porém, de minimizar o papel do Estado nas relações de poder existentes em determinada sociedade. O que Foucault pretendia era se insurgir contra a ideia de que o Estado seria o órgão central e único de poder, ou de que a inegável rede de poderes das sociedades modernas seria uma extensão dos efeitos do Estado, um simples prolongamento ou uma simples difusão de seu modo de ação, o que destruiria a especificidade dos poderes que a análise pretendia focalizar.

Daí a necessidade de utilizar um procedimento inverso: partir da especificidade da questão colocada — a dos mecanismos e técnicas infinitesimais de poder que estão intimamente relacionados com a produção de determinados saberes sobre o criminoso, a sexualidade, a doença, a loucura etc. — e analisar como esses micropoderes, que possuem tecnologia e história específicas, se relacionam com o nível mais geral do poder constituído pelo aparelho de Estado. A análise ascendente que Foucault propõe e realiza estuda o poder não como uma dominação global e centralizada que se pluraliza, se difunde e repercute nos outros setores da vida social de modo homogêneo, mas como tendo existência própria e formas específicas no nível mais elementar. O Estado não é o ponto de partida necessário, o foco absoluto que estaria na origem de todo tipo de poder social e do qual também se deveria partir para explicar a constituição dos saberes nas sociedades capitalistas. Foi muitas vezes fora dele que se instituíram as relações de poder, essenciais para situar a genealogia dos saberes modernos, que, com tecnologias próprias e relativamente autônomas, foram utilizadas e transformadas pelas formas mais gerais de dominação do aparelho de Estado.

Quando em seus estudos genealógicos Foucault foi levado a distinguir no poder uma situação central e periférica e um nível macro e micro de exercício, o que pretendia era detectar a existência e explicitar as características de relações de poder que se diferenciam do Estado e seus aparelhos. Mas isso não significava querer situar o poder em outro lugar que não o Estado, como sugere a palavra periferia. O interessante da análise é justamente sugerir que os poderes não estão localizados em nenhum ponto específico da estrutura social. Funcionam como uma rede de dispositivos ou mecanismos a que nada ou ninguém escapa, a que não existe exterior possível. Daí a importante e polêmica ideia de que o poder não é algo que se detém como uma coisa, como uma propriedade, que se possui ou não. Não existe de um lado os que detêm o poder e de outro aqueles que se encontram alijados dele. Rigorosamente falando, *o poder não existe*; existem práticas ou relações de poder. O que significa dizer que o poder é algo que se exerce, que se efetua, que funciona. E funciona como uma maquinaria, como uma máquina social que não está situada num lugar privilegiado ou exclusivo, mas se dissemina por toda a estrutura social. Não é um objeto, uma coisa, mas uma relação. E esse caráter relacional do poder implica que as próprias lutas contra seu exercício não possam ser travadas de fora, de outro lugar, do exterior, pois nada está isento de poder. Qualquer luta é sempre resistência dentro da própria rede do poder, teia que se alastra por toda a sociedade e a que ninguém pode escapar: ele está sempre presente e se exerce como uma multiplicidade de relações de forças. E como onde há poder, há resistência, não existe propriamente o lugar da resistência, mas pontos móveis e transitórios que também se distribuem por toda a estrutura social. Foucault rejeita, portanto, uma concepção do poder inspirada no modelo econômico, que o considera como uma mercadoria. E se um modelo pode ser elucidativo de sua realidade é na guerra que ele pode ser encontrado. Pois ele é luta, afrontamento, relação de força, situação estratégica. Não é um lugar, que se ocupa, nem um objeto, que se possui. Ele se exerce, se disputa. E não é uma relação unívoca, unilateral; nessa disputa ou se ganha ou se perde.

Isso com relação à questão da situação do poder na sociedade. Mas a análise se completa pela investigação de seu modo de ação, o que levou a genealogia a desenvolver uma concepção não jurídica do poder, segundo o qual é impossível entendê-lo se ele for definido como um fenômeno que diz fundamentalmente respeito à lei ou à repressão. Por um lado, as teorias que têm origem nos filósofos do século XVIII que definem o poder como direito originário que se cede, se aliena para constituir a soberania e que tem como instrumento privilegiado o contrato; teorias que, em nome do sistema jurídico, criticarão o arbítrio real, os excessos, os abusos de poder, formulando a exigência de que o poder se exerça como direito, na forma da legalidade. Por outro lado, as teorias que, radicalizando a crítica ao abuso do poder, caracterizam o poder não somente por transgredir o direito, mas o próprio direito por ser um modo de legalizar o exercício da violência e o Estado, órgão cujo papel é realizar a repressão. Assim é também na ótica do direito que se elabora a teoria, à medida que o poder é concebido como violência legalizada.

A ideia básica de Foucault é que as relações de poder não se passam fundamentalmente nem no nível do direito nem no da violência: nem são basicamente contratuais nem unicamente repressivas. Ninguém desconhece, por exemplo, que a difícil questão da repressão está sempre polemicamente presente em *Vigiar e punir* e *A vontade de saber*, livros que estão constantemente querendo demonstrar que é falso definir o poder como algo que diz não, que impõe limites, que castiga. A uma concepção negativa, que identifica o poder com o Estado e o considera essencialmente como aparelho repressivo, no sentido em que seu modo básico de intervenção sobre os cidadãos se daria em forma de violência, coerção, opressão, Foucault opõe uma concepção positiva que pretende dissociar os termos dominação e repressão. O que suas análises querem mostrar é que a dominação capitalista não conseguiria manter-se se fosse exclusivamente baseada na repressão.

Sabemos que Foucault não fez, nessa época, uma pesquisa sobre a ação do Estado nas sociedades modernas. Mas o que a consideração dos micropoderes mostra, em todo caso, é que o aspecto negativo do poder — sua força destrutiva — não é tudo e talvez não seja o mais fundamental, ou que, ao menos, é preciso refletir sobre seu lado positivo, isto é, produtivo, transformador: "É preciso parar de sempre descrever os efeitos do poder em termos negativos: ele 'exclui', ele 'reprime', ele 'recalca', ele 'censura', ele 'abstrai', ele 'mascara', ele 'esconde'. De fato, o poder produz; ele produz real; produz domínios de objetos e rituais de verdade."[1] O poder possui uma eficácia produtiva, uma riqueza estratégica, uma positividade. E é esse aspecto que explica o fato de que ele tem como alvo o corpo humano, não para supliciá-lo, mutilá-lo, mas para aprimorá-lo, adestrá-lo.

Não se explica inteiramente o poder quando se procura caracterizá-lo por sua função repressiva. Pois o seu objetivo básico não é expulsar os homens da vida social, impedir o exercício de suas atividades, e sim gerir a vida dos homens, controlá-los em suas ações para que seja possível e viável utilizá-los ao máximo, aproveitando suas potencialidades e utilizando um sistema de aperfeiçoamento gradual e contínuo de suas capacidades. Objetivo ao mesmo tempo econômico e político: aumento do efeito de seu trabalho, isto é, tornar os homens força de trabalho dando-lhes uma utilidade econômica máxima; diminuição de sua capacidade de revolta, de resistência, de luta, de insurreição contra as ordens do poder, neutralização dos efeitos de contrapoder, isto é, tornar os homens dóceis politicamente. Portanto, aumentar a utilidade econômica e diminuir os inconvenientes, os perigos políticos; aumentar a força econômica e diminuir a força política.

Mas é preciso ser menos geral e englobante. Porque a análise de Foucault sobre o poder é o resultado de investigações delimitadas, circunscritas, com objetos bem demarcados. Por isso, embora às vezes suas afirmações tenham uma ambição englobante, inclusive pelo tom muitas vezes

---

[1] Michel Foucault, *Surveiller et punir*. Paris: Gallimard, 1975, p. 196, traduzido no Brasil pela editora Vozes como *Vigiar e punir*.

provocativo e polêmico que as caracteriza, é importante não perder de vista que se trata de análises particularizadas, que não podem e não devem ser aplicadas indistintamente a novos objetos, fazendo-lhes assim assumir uma postura metodológica que lhes daria universalidade. Em suma, quando Foucault começou a formular explicitamente a questão do poder foi para dar prosseguimento à pesquisa que realizava sobre a história da penalidade, quando apareceu para ele o problema de uma relação específica de poder sobre os indivíduos enclausurados que incidia sobre seus corpos e utilizava uma tecnologia própria de controle. E essa tecnologia não era exclusiva da prisão, encontrando-se também em outras instituições, como o hospital, a caserna, a escola, a fábrica, como indicava o texto mais expressivo sobre o assunto, o *Panopticon*, de Jeremy Bentham.

Foi esse tipo específico de poder que Foucault chamou "disciplina" ou "poder disciplinar". E é importante notar que a disciplina nem é um aparelho nem uma instituição, à medida que funciona como uma rede que o atravessa sem se limitar a suas fronteiras. Mas a diferença não é apenas de extensão, é de natureza. Ela é uma técnica, um dispositivo, um mecanismo, um instrumento de poder; são "métodos que permitem o controle minucioso das operações do corpo, que asseguram a sujeição constante de suas forças e lhes impõem uma relação de docilidade-utilidade";[2] é o diagrama de um poder que não atua do exterior, mas trabalha o corpo dos homens, manipula seus elementos, produz seu comportamento, enfim, fabrica o tipo de homem necessário ao funcionamento e à manutenção da sociedade

---

[2] Michel Foucault, *Surveiller et punir*, p. 139.

industrial, capitalista. Ligada à explosão demográfica do século XVIII e ao crescimento do aparelho de produção, a dominação política do corpo que ela realiza responde à necessidade de sua utilização racional, intensa, máxima, em termos econômicos. Mas, por outro lado — e isso é um aspecto bastante importante da análise —, o corpo só se torna força de trabalho quando trabalhado pelo sistema político de dominação característico do poder disciplinar.

Eis suas características básicas. Em primeiro lugar, a disciplina é um tipo de organização do espaço. É uma técnica de distribuição dos indivíduos através da inserção dos corpos em um espaço individualizado, classificatório, combinatório. Isola em um espaço fechado, esquadrinhado, hierarquizado, capaz de desempenhar funções diferentes segundo o objetivo específico que dele se exige. Mas, como as relações de poder disciplinar não precisam necessariamente de espaço fechado para se realizar, essa é sua característica menos importante. Em segundo lugar, e mais fundamentalmente, a disciplina é um controle do tempo. Isto é, ela estabelece uma sujeição do corpo ao tempo, com o objetivo de produzir o máximo de rapidez e o máximo de eficácia. Neste sentido, não é basicamente o resultado de uma ação que lhe interessa, mas seu processo, seu desenvolvimento. E esse controle minucioso das operações do corpo ela o realiza por meio da elaboração temporal do ato, da correlação de um gesto específico com o corpo que o produz e, finalmente, por meio da articulação do corpo com o objeto a ser manipulado. Em terceiro lugar, a vigilância é um de seus principais instrumentos de controle. Não uma vigilância que reconhecidamente se exerce de modo fragmentar e descontínuo; mas que é ou precisa ser vista pelos indivíduos que a ela estão expostos como contínua, perpétua, permanente; que não tenha limites, penetre nos lugares mais recônditos, esteja presente em toda a extensão do espaço. "Indiscrição" com respeito a quem ela se exerce que tem como correlato a maior "discrição" possível da parte de quem a exerce. Olhar invisível — como o do *Panopticon* de Bentham, que permite ver tudo permanentemente sem ser visto — que deve impregnar quem é vigiado de tal modo que este adquira de si mesmo a visão de quem o olha. Finalmente, a disciplina implica um registro contínuo de conhecimento. Ao mesmo tempo que exerce um poder, produz um saber. O olhar que observa para controlar não é o mesmo que extrai, anota e transfere as informações para os pontos mais altos da hierarquia de poder?

Essas características do poder disciplinar são aspectos inter-relacionados. Assim, por exemplo, quando a medicina, com o nascimento da psiquiatria, inicia um controle do louco, ela cria o hospício, ou hospital psiquiátrico, como um espaço próprio para dar conta de sua especificidade; institui a utilização ordenada e controlada do tempo, que deve ser empregado sobretudo no trabalho, desde o século XIX considerado o meio terapêutico fundamental; monta um esquema de vigilância total que, se não está inscrito na organização espacial, se baseia na "pirâmide de olhares" formada por médicos, enfermeiros, serventes; extrai da própria prática os ensinamentos capazes de aprimorar seu exercício terapêutico. Mas, além de serem inter-relacionadas, umas servindo de ponto de apoio às outras, essas técnicas se adaptam às necessidades específicas de diversas instituições que, cada uma à sua maneira, realizam um objetivo similar, quando consideradas do ponto de vista político.

Já vimos seus objetivos tanto do ponto de vista econômico quanto político: tornar o homem "útil e dócil". E pelo que mostrou a análise das instituições disciplinares, realizada em *Vigiar e punir*, ou de relações de poder ainda mais sutis, móveis e dispersas no campo social existente nos dispositivos de sexualidade, realizada em *A vontade de saber*, essas técnicas não podem, rigorosamente falando, ser chamadas de repressivas, sem se confundir os meios específicos de ação dos poderes nas sociedades capitalistas.

A grande importância estratégica que as relações de poder disciplinares desempenham nas sociedades modernas desde o século XIX vem justamente do fato de elas não serem negativas, mas positivas, quando tiramos desses termos qualquer juízo de valor moral e pensamos unicamente na tecnologia política empregada. E então surge uma das teses fundamentais da genealogia: o poder é produtor de individualidade. O indivíduo é uma produção do poder e do saber.

O que significa essa tese, à primeira vista absurda, de que o indivíduo é um efeito do poder? Compreendê-la é penetrar no âmago da questão da disciplina. É que as análises genealógicas não discerniram o indivíduo como um elemento existindo em continuidade nos vários períodos históricos, como uma espécie de matéria inerte anterior e exterior às relações de poder que seria por elas atingido, submetido e finalmente destruído. Tornou-se um hábito explicar o poder capitalista como algo que descaracteriza, massifica; o que implica a existência anterior de algo como uma individualidade com características, desejos, comportamentos, hábitos, necessidades, que seria investida pelo poder e sufocada, dominada, impedida de se expressar.

De fato, não foi o que aconteceu. Atuando sobre uma massa confusa, desordenada e desordeira, o esquadrinhamento disciplinar faz nascer uma multiplicidade ordenada no seio da qual o indivíduo emerge como alvo de poder. O nascimento da prisão, por exemplo, em fins do século XVIII, não representou uma massificação com relação ao modo como anteriormente se era encarcerado. O isolamento celular — total ou parcial — é que foi a grande inovação dos projetos e das realizações de sistemas penitenciários. O nascimento do hospício também não destruiu a especificidade da loucura. Antes de Pinel e Esquirol é que o louco era um subconjunto de uma população mais vasta, uma região de um fenômeno mais amplo e englobante que o definia como desrazão. É o hospício que produz o louco como doente mental, personagem individualizado a partir da instauração de relações disciplinares de poder. E antes mesmo da constituição das ciências do homem, no século XIX, a organização das paróquias, a institucionalização do exame de consciência e da direção espiritual e a reorganização do sacramento da confissão, desde o século XVI, aparecem como importantes dispositivos de individualização. Em suma, o poder disciplinar não destrói o indivíduo; ao contrário, o fabrica. O indivíduo não é o outro do poder, realidade exterior, por ele anulado; é um de seus mais importantes efeitos.

Essa análise, porém, é histórica e específica. Não é, certamente, todo poder que individualiza, mas um tipo específico que, seguindo uma denominação que aparece frequentemente em médicos, psiquiatras, militares, políticos etc., do século XIX, Foucault intitulou disciplina. Além disso, esse poder é característico de uma época, de uma forma específica de dominação. A existência de um tipo de poder que pretende instaurar uma dissimetria entre os termos de sua relação, no sentido em que se exerce o mais possível anonimamente e deve ser sofrido individualmente, é uma das grandes diferenças entre o tipo de sociedade em que vivemos e as sociedades que a precederam. Enquanto em uma sociedade como a medieval "...a individualização é máxima do lado em que se exerce a soberania e nas regiões superiores do poder..., em um regime disciplinar a individualização, em contrapartida, é 'descendente': à medida que o poder se torna mais anônimo e funcional, aqueles sobre quem ele se exerce tendem a ser mais fortemente individualizados; e isso por vigilâncias mais do que por narrativas comemorativas, por medidas comparativas, que têm a 'norma' como referência, e não por genealogias que apresentam os ancestrais como pontos de referência; por 'separações' mais do que por proezas".[3]

O adestramento do corpo, o aprendizado do gesto, a regulação do comportamento, a normalização do prazer, a interpretação do discurso, com o objetivo de separar, comparar, distribuir, avaliar, hierarquizar, tudo isso faz com que apareça pela primeira vez na história esta figura singular, individualizada — o homem — como produção do poder. Mas também, e ao mesmo tempo, como objeto de saber. Das técnicas disciplinares, que são técnicas de individualização, nasce um tipo específico de saber: as ciências do homem.

A constituição histórica das ciências do homem é uma questão central das investigações de Foucault. Vimos como ela aparece e é estudada, em seus primeiros livros, na perspectiva de uma arqueologia dos saberes. Mas ela é

---
[3] Michel Foucault, *Surveiller et punir*, p. 194-5.

retomada e transformada pelo projeto genealógico. Agora, o objetivo é explicitar, aquém do nível dos conceitos, dos objetos teóricos e dos métodos, o que pode explicar, não só como, que era o procurado no primeiro caminho, mas fundamentalmente por que as ciências humanas apareceram.

Uma grande novidade dessa pesquisa foi não procurar as condições de possibilidade históricas das ciências do homem nas relações de produção, na infraestrutura material, situando-as como uma resultante superestrutural, um epifenômeno, um efeito ideológico. A questão não foi relacionar o saber — considerado como ideia, pensamento, fenômeno de consciência — diretamente com a economia, situando a consciência dos homens como reflexo e expressão das condições econômicas. O que fez a genealogia foi considerar o saber — compreendido como materialidade, prática, acontecimento — peça de um dispositivo político que, como tal, se articula com a estrutura econômica. Ou, mais especificamente, a questão foi a de como se formaram domínios de saber a partir de práticas políticas disciplinares.

Outra importante novidade dessas investigações foi não considerar pertinente para as análises a distinção entre ciência e ideologia. Foi justamente a opção de não estabelecer ou procurar critérios de demarcação entre uma e outra que fez Foucault situar a arqueologia como uma história do saber. O objetivo da genealogia foi neutralizar a ideia que faz da ciência um conhecimento em que o sujeito vence as limitações de suas condições particulares de existência, instalando-se na neutralidade objetiva do universal, e da ideologia um conhecimento em que o sujeito tem sua relação com a verdade perturbada, obscurecida, velada pelas condições de existência. Todo conhecimento, seja ele científico ou ideológico, só pode existir a partir de condições políticas que são as condições para que se formem tanto o sujeito quanto os domínios de saber. A investigação do saber não deve remeter a um sujeito de conhecimento que seria sua origem, mas a relações de poder que o constituem. Não há saber neutro. Todo saber é político. E isso não porque cai nas malhas do Estado, é apropriado por ele, que dele se serve como instrumento de dominação, descaracterizando seu núcleo essencial, mas porque todo saber tem sua gênese em relações de poder.

O fundamental da análise é que saber e poder se implicam mutuamente: não há relação de poder sem constituição de um campo de saber, e, reciprocamente, todo saber constitui novas relações de poder. Todo ponto de exercício do poder é, ao mesmo tempo, um lugar de formação de saber. Assim, o hospital não é apenas local de cura, "máquina de curar", mas também instrumento de produção, acúmulo e transmissão do saber. Do mesmo modo, a escola está na origem da pedagogia; a prisão, da criminologia; o hospício, da psiquiatria. E, em contrapartida, todo saber assegura o exercício de um poder. Cada vez mais se impõe a necessidade de o poder se tornar competente. Vivemos cada vez mais sob o domínio do perito. Mais especificamente, a partir do século XIX, todo agente do poder vai ser um agente de constituição de saber, devendo enviar aos que lhe delegaram um poder um determinado saber correlativo do poder que exerce. É assim que se forma um saber experimental ou observacional. Mas a relação é ainda mais intrínseca: é o saber enquanto tal que se encontra dotado estatutariamente, institucionalmente, de determinado poder. O saber funciona na sociedade dotado de poder. É como saber que tem poder.

Estes são, *grosso modo*, alguns princípios da genealogia dos poderes realizada por Michel Foucault nos anos 1970 em livros como *Vigiar e punir* e *A vontade de saber*.[4] Penso, porém, ter insistido suficientemente no caráter hipotético, específico e transformável tanto das análises arqueológicas quanto das análises genealógicas para que não se tomem essas investigações como uma palavra final, um caminho definitivo, um método universal.

E, de fato, a análise genealógica encontrou novos rumos, quando Foucault abandonou — talvez fosse melhor dizer complementou — essa genealogia da sociedade disciplinar já no último capítulo de *A vontade de saber*. Pois, com o correr da pesquisa, ele descobriu que os dispositivos de sexualidade não são apenas do tipo disciplinar, isto é, não atuam unicamente para formar e transformar o indivíduo pelo controle do tempo, do espaço, da atividade e pela utilização de instrumentos como a vigilância e o exame. Além de constituírem uma "anátomo-política do corpo humano", centrada no corpo considerado como máquina, eles também se realizam por uma "biopolítica da população", pela regulação das populações, por um "biopoder" que age sobre a espécie humana, sobre o corpo como espécie, com o objetivo de assegurar sua existência. Questões como as do nascimento e da mortalidade, do nível de vida e da duração da vida estão ligadas não apenas a um poder disciplinar, mas a um tipo de poder que se exerce no âmbito da espécie, da população, com o objetivo de gerir a vida do corpo social. O que não significa que as

---

[4] Se prefiro definir os estudos dessa época como uma genealogia do poder, e não do saber, é para assinalar que, embora o objetivo final das análises tenha continuado a ser a constituição dos saberes, Foucault deteve-se fundamentalmente na investigação dos poderes que lhe estão intrinsecamente ligados.

estratégias e táticas de poder substituam o indivíduo pela população. A posição de Foucault é que, mais ou menos na mesma época, cada um foi alvo de mecanismos heterogêneos, mas complementares, que os instituíram como objeto de saber e de poder. Neste sentido, se as ciências do homem têm como condição de possibilidade política a disciplina, as "regulações da população", os "dispositivos de segurança" estão na origem de ciências sociais como a estatística, a demografia, a economia, a geografia etc.

Depois de *A vontade de saber* o pensamento de Foucault segue duas direções principais, que podem ser definidas como uma genealogia do "governo de si" e do "governo dos outros", para empregar os termos dos títulos de seus últimos cursos no Collège de France.

Por um lado, o estudo da gestão dos indivíduos e das populações — que desponta em *A vontade de saber*, mas ainda é realizado em termos de relações ou de técnicas de poder — se desenvolve a partir de 1977 como estudo do governo dos homens, da arte de governar. Esse tema do governo considerado como um conjunto de procedimentos destinados a dirigir a conduta dos homens se apresenta de dois modos: como poder pastoral e como razão de Estado.

O poder pastoral, inexistente entre os gregos e os romanos, é um poder de origem religiosa. É introduzido em Roma pelo cristianismo primitivo, desenvolve-se na Idade Média e principalmente no século XVI, com a Reforma e a Contrarreforma, e vigora até a segunda metade do século XVIII. Ele se caracteriza pelo projeto de dirigir os homens, nos detalhes de sua vida, do nascimento até a morte, para obrigá-los a um comportamento capaz de levá-los à salvação. Foi com o cristianismo que nasceu a ideia de considerar os homens em geral como um rebanho obediente e alguns homens em particular como pastores, isto é, como tendo a missão de velar pela salvação de todos, encarregando-se da totalidade de suas vidas de maneira contínua e permanente, exigindo obediência incondicional. Trata-se, portanto, de um poder que não se exerce sobre um território, mas sobre uma multiplicidade de indivíduos, velando sobre cada um deles em particular. E Foucault se dedica a mostrar como esse poder se exerce sobre o indivíduo com o objetivo de conhecimento exaustivo de sua interioridade, da produção de sua verdade subjetiva, através das técnicas da confissão, do exame de consciência, da direção espiritual.

O outro tipo de gestão dos indivíduos e das populações estudado por Foucault nessa época foi a racionalidade de uma arte de governar voltada para o Estado, a racionalidade política moderna que se desenvolveu nos séculos XVII e XVIII, mais precisamente, o tipo de racionalidade política produzido pelo Estado moderno. Foi, portanto, nesse momento que a questão do Estado, até então não privilegiada, adquiriu grande importância para a genealogia. Pois só então aparece nos estudos de Foucault o projeto de explicar a gênese do Estado a partir das práticas de governo que têm na população seu objeto, na economia seu saber mais importante e nos dispositivos de segurança seus mecanismos básicos.[5] Essa emergência de uma "governamentalidade" política moderna, ou de uma racionalidade própria da arte moderna de governar, se manifesta através da doutrina da "razão de Estado", de uma nova razão governamental no sentido de um governo racional capaz de conhecer e aumentar a potência

---
[5] Cf., sobre o assunto, o curso do Collège de France de 1º de fevereiro de 1978, publicado nesta coletânea com o título "A governamentalidade".

do Estado. E nesse projeto biopolítico de gestão das forças estatais visando a sua intensificação, Foucault privilegia uma nova tecnologia de poder ou, mais precisamente, uma tecnologia governamental: a "polícia" tal como era considerada no século XVIII como um conjunto de técnicas de governo próprias da administração do Estado.

Por outro lado, correlacionado ao estudo do governo de uns sobre os outros, a pesquisa genealógica de Foucault centrou-se no governo de si, apresentada em *O uso dos prazeres* e *O cuidado de si*, livros, de 1984, que deixam transparecer profunda serenidade diante da proximidade da morte. É a partir de 1980, como atesta o curso do Collège de France "Subjetividade e verdade", que o tema adquire importância em seus estudos. A introdução de um novo tema é assinalada claramente quando ele escreve no início do resumo desse curso do ano letivo 1980-81: "Com o título geral de 'subjetividade e verdade', inicia-se uma pesquisa sobre os modos instituídos do conhecimento de si e sobre a sua história..." É nesse momento que ele privilegia em suas análises as "técnicas de si" pelas quais os indivíduos se constituem como sujeito moral, na prática pagã e no cristianismo primitivo, na filosofia antiga e no ascetismo cristão.

Quando estabelece as técnicas de si como fio condutor da pesquisa sobre o governo de si, Foucault está pensando, de modo geral, em procedimentos encarregados de fixar a identidade dos indivíduos em função de determinados fins, graças ao domínio de si e ao conhecimento de si. A conferência de 1981 "Sexualidade e solidão" — um dos primeiros textos a abordar o novo tema pela correlação entre sexualidade, subjetividade e verdade — as define como técnicas que "permitem aos indivíduos efetuar, por si próprios, um determinado número de operações sobre seus corpos, suas almas, seus pensamentos, suas condutas de modo a produzir em si próprios uma transformação, uma modificação, e atingir um determinado estado de perfeição, de felicidade, de pureza, de poder sobrenatural".[6] E *O uso dos prazeres*, identificando técnicas de si e "artes da existência", as define como "práticas refletidas e voluntárias através das quais os homens não apenas se fixam regras de conduta, como também procuram se transformar, modificar-se em seu ser singular e fazer de sua vida uma obra que seja portadora de certos critérios de estilo".[7]

Assim, seguindo um caminho diferente do explorado em *A vontade de saber*, uma importante inflexão na análise levará Foucault a duas modificações: em primeiro lugar, deslocar a análise do poder normalizador e da sujeição para os modos de subjetivação, em que o sujeito se constitui a partir de práticas que permitem ao indivíduo estabelecer uma determinada relação consigo; em segundo lugar, recuar no tempo e concentrar sua atenção não só na importância que tem a sexualidade para os modernos, como também a "carne" para os cristãos e os *aphrodisia* para os gregos. Pois, percebendo que a genealogia do homem de desejo — objetivo principal de sua pesquisa sobre a sexualidade desde o primeiro projeto —, que pretende pesquisar "de que maneira os indivíduos foram levados a exercer, sobre si próprios e sobre os outros, uma hermenêutica do desejo",[8] só poderá ser efetivamente realizada em contraponto com o cristianismo primitivo, o estoicismo tardio e o pensamento grego clássico, Foucault

---

[6] Michel Foucault, "Sexualité et solitude", in *Dits et écrits*, IV. Paris: Gallimard, 1994, p. 171.

[7] Idem, *L'Usage des plaisirs*. Paris: Gallimard, 1984, traduzido no Brasil pela edições Graal como *O uso dos prazeres*, p. 16-17.

[8] Ibidem, p. 11.

encontrará o tema que orientará sua *História da sexualidade* a partir de então: os modos de relação consigo.

Daí seu interesse pelo tema que teria dominado a reflexão moral, desde o *Alcibíades* de Platão até se transformar em uma verdadeira cultura de si com Sêneca, Plutarco, Epiteto, Marco Aurélio: a prática de si, o cuidado de si, o domínio de si, a elaboração de si, o governo de si.[9] Governo de si, condição do governo do outro, que o cristianismo infletiu em direção da hermenêutica de si e da decifração de si próprio como sujeito de desejo. E, a esse respeito, uma das ideias mais interessantes dessa genealogia dos modos de subjetivação é a hipótese de que, entre o quarto século antes de Cristo até o segundo século de nossa era, os gregos e depois os romanos formularam uma estética da existência, no sentido de uma arte de viver entendida como cuidado de si, de uma elaboração da própria vida como uma obra de arte, da injunção de um governo da própria vida que tinha por objetivo lhe dar a forma mais bela possível.

Infelizmente essas pesquisas sobre o governo de si e o governo dos outros, que ocuparam o pensamento de Foucault nos últimos anos de sua vida, ficaram inconclusas. E, sendo a investigação de alguém que, pondo sempre em questão as evidências, escrevia para ser diferente do que era e modificar o que pensara, é impossível apontar em que direção ela seguiria.

Roberto Machado

---

[9] Os melhores textos sobre o assunto são o curso do Collège de France de 1981-82 *A hermenêutica do sujeito* e o capítulo "A cultura de si" do livro *O cuidado de si* (São Paulo: Graal, 2010).

1
VERDADE E PODER[1]

ALEXANDRE FONTANA: Você poderia esboçar brevemente o trajeto que o levou de seu trabalho sobre a loucura na idade clássica ao estudo da criminalidade e da delinquência?

MICHEL FOUCAULT: Quando fiz meus estudos, por volta dos anos de 1950-55, um dos problemas que se colocava era o do estatuto político da ciência e as funções ideológicas que podia veicular. Não era exatamente o problema Lyssenko que dominava, mas creio que em torno desse caso escandaloso, que durante tanto tempo foi dissimulado e cuidadosamente escondido, apareceu uma série de questões interessantes. Duas palavras podem resumi-las: poder e saber. Creio haver escrito a *História da loucura* nesse contexto. Para mim, tratava-se de dizer o seguinte: se perguntarmos a uma ciência como a física teórica ou a química orgânica quais as suas relações com as estruturas políticas e econômicas da sociedade, não estaremos colocando um problema muito complicado? Não será muito grande a exigência para uma explicação possível? Se, em contrapartida, tomarmos um saber como a psiquiatria, não será a questão muito mais fácil de ser resolvida porque o perfil epistemológico da psiquiatria é pouco definido e porque a prática

---

[1] "Vérité et pouvoir", in *L'Arc*, n° 70. Aix-en-Provence: 1977. Tradução de Lilian Holzmeister e Angela Loureiro de Souza.

psiquiátrica está ligada a uma série de instituições, de exigências econômicas imediatas e de urgências políticas de regulamentações sociais? No caso de uma ciência tão "duvidosa" como a psiquiatria, não poderíamos apreender de forma mais precisa o entrelaçamento dos efeitos de poder e de saber? No *Nascimento da clínica*, foi a mesma questão que quis colocar a respeito da medicina. Ela certamente possui uma estrutura muito mais sólida do que a psiquiatria, mas também está enraizada profundamente nas estruturas sociais. O que me "desconcertou" um pouco, na época, foi o fato de que essa questão que eu me colocava não interessou em absoluto àqueles para quem eu a colocava. Consideraram que era um problema politicamente sem importância e epistemologicamente sem nobreza.

Creio que havia três razões para isso. A primeira é que o problema dos intelectuais marxistas na França — e nisso desempenhavam o papel que lhes era prescrito pelo PCF.[2] — era de se fazer reconhecer pela instituição universitária e pelo *establishment*; portanto, deviam colocar as mesmas questões que eles, tratar dos mesmos problemas e dos mesmos domínios. "Apesar de sermos marxistas, não estamos alheios ao que vos preocupa; porém, somos os únicos a dar às vossas velhas preocupações soluções novas." O marxismo queria se fazer aceitar como renovação da tradição liberal, universitária (como, de modo mais amplo, na mesma época, os comunistas se apresentavam como os únicos suscetíveis de retomar e revigorar a tradição nacionalista). Daí, no domínio que tratamos, o fato de terem querido retomar os problemas mais acadêmicos e mais "nobres" da história das ciências. A medicina, a psiquiatria,

---

[2] Partido Comunista Francês. (N.E.)

não eram nem muito nobres nem muito sérias, não estavam à altura das grandes formas do racionalismo clássico.

A segunda razão é que o stalinismo pós-stalinista, excluindo do discurso marxista tudo o que não fosse repetição amedrontada do que já tinha sido dito, não permitia a abordagem de caminhos ainda não percorridos. Não havia conceitos já formados, vocabulário validado para tratar de questões como a dos efeitos de poder da psiquiatria ou o funcionamento político da medicina. Enquanto que inumeráveis trocas tinham ocorrido desde Marx até a época atual, passando por Engels e Lenin, entre os universitários e os marxistas, realimentando toda uma tradição de discurso sobre a "ciência" no sentido que lhe era dado no século XIX, os marxistas pagavam sua fidelidade ao velho positivismo com uma surdez radical com relação a todas as questões de psiquiatria pavloviana. Para certos médicos próximos do PCF., a política psiquiátrica, a psiquiatria como política, não eram coisas honrosas.

Aquilo que eu havia tentado fazer nesse domínio foi recebido com um grande silêncio por parte da esquerda intelectual francesa. E foi somente por volta de 1968, apesar da tradição marxista e apesar do PC, que todas essas questões adquiriram uma significação política com uma acuidade que eu não suspeitava e que mostrava quanto meus livros anteriores eram ainda tímidos e acanhados. Sem a abertura política realizada naqueles anos, sem dúvida eu não teria tido coragem para retomar o fio desses problemas e continuar minha pesquisa no domínio da penalidade, das prisões e das disciplinas.

Enfim, talvez haja uma terceira razão, mas não estou em absoluto seguro de que tenha desempenhado um papel. Entretanto, pergunto-me se não havia por parte dos intelectuais do PCF, ou dos que lhe estavam próximos, uma recusa em colocar o problema da reclusão da utilização política da psiquiatria ou, de forma mais geral, do esquadrinhamento disciplinar da sociedade. Sem dúvida, por volta dos anos de 1955-60, poucos tinham conhecimento da amplitude real do Gulag, mas creio que muitos a pressentiam, muitos tinham a sensação de que sobre essas coisas melhor era não falar: zona perigosa, sinal vermelho. É claro que é difícil avaliar retrospectivamente o seu grau de consciência. Mas, de qualquer forma, vocês bem sabem com que facilidade a direção do Partido, que não ignorava nada, podia lançar palavras de ordem, impedir que se falasse disto ou daquilo, desqualificar os que falavam...

Uma edição do *Petit Larousse* que acaba de sair diz: "Foucault: filósofo que funda sua teoria da história na descontinuidade." Isso me deixa pasmado. Sem dúvida me expliquei de forma insuficiente em *As palavras e as coisas*, se bem que tenha falado muito acerca disso. Pareceu-me que em certas formas de saber empírico como a biologia, a economia política, a psiquiatria, a medicina etc., o ritmo das transformações não obedecia aos esquemas suaves e continuístas de desenvolvimento que normalmente se admite. A grande imagem biológica de uma maturação da ciência ainda alimenta muitas análises históricas; ela não me parece historicamente pertinente. Numa ciência como a medicina, por exemplo, até o fim do século XVIII, temos um certo tipo de discurso cujas lentas transformações — 25, trinta anos — romperam não somente com as proposições "verdadeiras" que até então puderam ser formuladas, mas, mais profundamente, com as maneiras de falar e de ver, com todo o conjunto das práticas que serviam de suporte à medicina. Não são simplesmente novas descobertas; é um novo "regime" no discurso e no saber, e isso ocorreu em poucos anos. É algo que não se pode negar a partir do momento em que se lê os textos com atenção. Meu problema não foi absolutamente de dizer: viva a descontinuidade, estamos nela e nela ficamos; mas de colocar a questão: como é possível que se tenha, em certos momentos e em certas ordens de saber, essas mudanças bruscas, essas precipitações de evolução, essas transformações que não correspondem à imagem tranquila e continuísta que normalmente se faz? Mas o importante em tais mudanças não é se serão rápidas ou de grande amplitude, ou melhor, a rapidez e a amplitude são apenas o sinal de outras coisas: uma modificação nas regras de formação dos enunciados que são aceitos como cientificamente verdadeiros. Não é, portanto, uma mudança de conteúdo (refutação de erros antigos, nascimento de novas verdades), nem tampouco uma alteração da forma teórica (renovação do paradigma, modificação dos conjuntos sistemáticos). O que está em questão é o que *rege* os enunciados e a forma como eles se *regem* entre si para constituir um conjunto de proposições aceitáveis cientificamente e, consequentemente, suscetíveis de serem verificadas ou infirmadas por procedimentos científicos. Em suma, problema de regime, de política do enunciado científico. Nesse nível não se trata de saber qual é o poder que age do exterior sobre a ciência, mas que efeitos de poder circulam entre os enunciados científicos; qual é seu regime interior de poder; como e por que em certos momentos ele se modifica de forma global.

São esses regimes diferentes que tentei delimitar e descrever em *As palavras e as coisas*, esclarecendo que no momento não tentava explicá-los e que seria preciso tentar fazê-lo num trabalho posterior. Mas o que faltava no meu trabalho era o problema do "regime discursivo", dos efeitos de poder próprios do jogo enunciativo. Eu o confundia demais com a sistematicidade, a forma teórica ou algo como o paradigma. No ponto de confluência da *História da loucura* e *As palavras e as coisas*, havia, em dois aspectos muito diversos, esse problema central do poder que eu havia isolado de uma forma ainda muito deficiente.

FONTANA: Deve-se então recolocar o conceito de descontinuidade no seu devido lugar. Talvez haja um outro conceito mais importante, mais central no seu pensamento: o conceito de acontecimento. Ora, a respeito do acontecimento, uma geração ficou durante muito tempo num impasse, pois, depois dos trabalhos dos etnólogos e mesmo dos grandes etnólogos; estabeleceu-se uma dicotomia entre as estruturas (aquilo que é *pensável*) e o acontecimento, que seria o lugar do irracional, do impensável, daquilo que não entra e não pode entrar na mecânica e no jogo da análise, pelo menos na forma que tomaram no interior do estruturalismo.

FOUCAULT: Admite-se que o estruturalismo tenha sido o esforço mais sistemático para eliminar, não apenas da etnologia, mas de uma série de outras ciências e até da história, o conceito de acontecimento. Eu não vejo quem possa ser mais antiestruturalista do que eu. Mas o importante é não se fazer com relação ao acontecimento o que se fez com relação à estrutura. Não se trata de colocar tudo num certo plano, que seria o do acontecimento, mas de considerar que existe todo um escalonamento de tipos de acontecimentos diferentes que não têm o mesmo alcance, a mesma amplitude cronológica, nem a mesma capacidade de produzir efeitos.

O problema é, ao mesmo tempo, distinguir os acontecimentos, diferenciar as redes e os níveis a que pertencem e reconstituir os fios que os ligam e que fazem com que se engendrem, uns a partir dos outros. Daí a recusa das análises que se referem ao campo simbólico ou ao campo das estruturas significantes, e o recurso às análises que se fazem em termos de genealogia das relações de força, de desenvolvimentos estratégicos e de táticas. Creio que aquilo que se deve ter como referência não é o grande modelo da língua e dos signos, mas sim da guerra e da batalha. A historicidade que nos domina e nos determina é belicosa e não linguística. Relação de poder, não relação de sentido. A história não tem "sentido", o que não quer dizer que seja absurda ou incoerente. Ao contrário, é inteligível e deve poder ser analisada em seus menores detalhes, mas segundo a inteligibilidade das lutas, das estratégias, das táticas. Nem a dialética (como lógica de contradição) nem a semiótica (como estrutura da comunicação) poderiam dar conta do que é a inteligibilidade intrínseca dos confrontos. A "dialética" é uma maneira de evitar a realidade aleatória e aberta da inteligibilidade reduzindo-a ao esqueleto hegeliano; e a "semiologia" é uma maneira de evitar o caráter violento, sangrento e mortal, reduzindo-a à forma apaziguada e platônica da linguagem e do diálogo.

FONTANA: Creio que se pode dizer tranquilamente que você foi o primeiro a colocar no discurso a questão do poder; colocá-la no momento em que reinava um tipo de análise que passava pelo conceito de texto, pelo texto com a metodologia que o acompanha, isto é, a semiologia, o estruturalismo etc.

FOUCAULT: Não acho que fui o primeiro a colocar essa questão. Pelo contrário, me espanta a dificuldade que tive para formulá-la. Quando agora penso nisso, pergunto-me de que podia ter falado, na *História da loucura* ou no

Nascimento da clínica, senão do poder. Ora, tenho perfeita consciência de não ter praticamente usado a palavra e de não ter tido este campo de análise à minha disposição. Posso dizer que certamente houve uma incapacidade que estava sem dúvida ligada à situação política em que nos achávamos. Não vejo quem — na direita ou na esquerda — poderia ter colocado o problema do poder. Pela direita, estava somente colocado em termos de constituição, de soberania etc., portanto em termos jurídicos; e, pelo marxismo, em termos de aparelho de Estado. Ninguém se preocupava com a forma como ele se exercia concretamente e em detalhe, com sua especificidade, suas técnicas e suas táticas. Contentava-se em denunciá-lo no "outro", no adversário, de uma maneira ao mesmo tempo polêmica e global: o poder no socialismo soviético era chamado por seus adversários de totalitarismo; no capitalismo ocidental, era denunciado pelos marxistas como dominação de classe; mas a mecânica do poder nunca era analisada. Só se pôde começar a fazer esse trabalho depois de 1968, isto é, a partir das lutas cotidianas e realizadas na base com aqueles que tinham que se debater nas malhas mais finas da rede do poder. Foi aí que apareceu a concretude do poder e ao mesmo tempo a fecundidade possível dessas análises do poder, que tinham como objetivo dar conta dessas coisas que até então tinham ficado à margem do campo da análise política. Para dizer as coisas mais simplesmente: o internamento psiquiátrico, a normalização mental dos indivíduos, as instituições penais têm, sem dúvida, uma importância muito limitada se se procura somente sua significação econômica. Em contrapartida, no funcionamento geral das engrenagens do poder, eles são sem dúvida essenciais. Enquanto se colocava a questão do poder, subordinando-o à instância econômica e ao sistema de interesse que garantia, se dava pouca importância a esses problemas.

FONTANA: Será que um certo marxismo e uma certa fenomenologia não constituiriam um obstáculo objetivo à formulação dessa problemática?

FOUCAULT: Sim, é possível, à medida que é verdade que as pessoas de minha geração foram alimentadas, quando estudantes, por estas duas formas de análise: uma que remetia ao sujeito constituinte e outra que remetia ao econômico em última instância, à ideologia e ao jogo das superestruturas e das infraestruturas.

FONTANA: Ainda nesse quadro metodológico, como você então situaria a abordagem genealógica? Qual é sua necessidade como questionamento das condições de possibilidade, das modalidades e da constituição dos "objetos" e dos domínios que você tem analisado?

FOUCAULT: Queria ver como esses problemas de constituição podiam ser resolvidos no interior de uma trama histórica, em vez de remetê-los a um sujeito constituinte. É preciso se livrar do sujeito constituinte, livrar-se do próprio sujeito, isto é, chegar a uma análise que possa dar conta da constituição do sujeito na trama histórica. É isso que eu chamaria de genealogia, isto é, uma forma de história que dê conta da constituição dos saberes, dos discursos, dos domínios de objeto etc., sem ter que se referir a um sujeito, seja ele transcendente com relação ao campo de acontecimentos, seja perseguindo sua identidade vazia ao longo da história.

FONTANA: A fenomenologia marxista e um certo marxismo representaram certamente um obstáculo; há dois conceitos que hoje continuam a ser um obstáculo: ideologia e repressão.

FOUCAULT: A noção de ideologia me parece dificilmente utilizável por três razões. A primeira é que, queira-se ou não, ela está sempre em oposição virtual a alguma coisa que seria a verdade. Ora, creio que o problema não é de se fazer a partilha entre o que num discurso releva da cientificidade e da verdade e o que relevaria de outra coisa; mas de ver historicamente como se produzem efeitos de verdade no interior de discursos que não são em si nem verdadeiros nem falsos. Segundo inconveniente: refere-se necessariamente a alguma coisa como o sujeito. Enfim, a ideologia está em posição secundária com relação a alguma coisa que deve funcionar para ela como infraestrutura ou determinação econômica, material etc. Por essas três razões creio que é uma noção que não deve ser utilizada sem precauções.

A noção de repressão, por sua vez, é mais pérfida; em todo caso, tive mais dificuldade em me livrar dela à medida que parece se adaptar bem a uma série de fenômenos que dizem respeito aos efeitos do poder. Quando escrevi a *História da loucura* usei, pelo menos implicitamente, essa noção de repressão. Acredito que então supunha uma espécie de loucura viva, volúvel e ansiosa que a mecânica do poder tinha conseguido reprimir e reduzir ao silêncio. Ora, me parece que a noção de repressão é totalmente inadequada para dar conta do que existe justamente de produtor no poder. Quando se definem os efeitos do poder pela repressão, tem-se uma concepção puramente jurídica desse mesmo poder; identifica-se o poder a uma lei que diz não. O fundamental seria a força da proibição. Ora, creio ser essa uma noção negativa, estreita e esquelética do poder que curiosamente todo mundo aceitou. Se o poder fosse somente repressivo, se não fizesse outra coisa a não ser dizer não, você acredita que seria obedecido?

O que faz com que o poder se mantenha e que seja aceito é simplesmente que ele não pesa só como uma força que diz não, mas que de fato ele permeia, produz coisas, induz ao prazer, forma saber, produz discurso. Deve-se considerá-lo como uma rede produtiva que atravessa todo o corpo social muito mais do que uma instância negativa que tem por função reprimir. Em *Vigiar e punir* o que eu quis mostrar foi como, a partir dos séculos XVII e XVIII, houve verdadeiramente um desbloqueio tecnológico da produtividade do poder. As monarquias da Época Clássica não só desenvolveram grandes aparelhos de Estado — Exército, polícia, administração local —, mas instauraram o que se poderia chamar uma nova "economia" do poder, isto é, procedimentos que permitissem fazer circular os efeitos de poder de forma ao mesmo tempo contínua, ininterrupta, adaptada e "individualizada" em todo o corpo social. Essas novas técnicas são, ao mesmo tempo, muito mais eficazes e muito menos dispendiosas (menos caras economicamente, menos aleatórias em seu resultado, menos suscetíveis de escapatórias ou de resistências) do que as técnicas até então usadas e que repousavam sobre uma mistura de tolerâncias mais ou menos forçadas (desde o privilégio reconhecido até a criminalidade endêmica) e de cara ostentação (intervenções espetaculares e descontínuas do poder cuja forma mais violenta era o castigo "exemplar", pelo fato de ser excepcional).

FONTANA: Para terminar, uma pergunta que já lhe fizeram: seus trabalhos, suas preocupações, os resultados aos quais você chega, como utilizá-los nas lutas cotidianas? Qual é hoje o papel do intelectual?

FOUCAULT: Durante muito tempo o intelectual dito "de esquerda" tomou a palavra e viu reconhecido o seu direito de falar enquanto dono da verdade e da justiça. As pessoas o ouviam, ou ele pretendia se fazer ouvir como representante do universal. Ser intelectual era um pouco ser a consciência de todos. Creio que aí se acha uma ideia transposta do marxismo, e de um marxismo débil: assim como o proletariado, pela necessidade de sua posição histórica, é portador do universal (mas portador imediato, não refletido, pouco consciente de si), o intelectual, pela sua escolha moral, teórica e política, quer ser portador dessa universalidade, mas em sua forma consciente e elaborada. O intelectual seria a figura clara e individual de uma universalidade da qual o proletariado seria a forma obscura e coletiva.

Há muitos anos que não se pede mais ao intelectual que desempenhe esse papel. Um novo modo de "ligação entre teoria e prática" foi estabelecido. Os intelectuais se habituaram a trabalhar não no "universal", no "exemplar", no "justo-e-verdadeiro-para-todos", mas em setores determinados, em pontos precisos em que os situavam, seja suas condições de trabalho, seja suas condições de vida (a moradia, o hospital, o asilo, o laboratório, a universidade, as relações familiares ou sexuais). Certamente com isso ganharam uma consciência muito mais concreta e imediata das lutas. E também encontraram problemas que eram específicos, "não universais", muitas vezes diferentes daqueles do proletariado ou das massas. E, no entanto, se aproximaram deles, creio que por duas razões: porque se tratava de lutas reais, materiais e cotidianas, e porque encontravam com frequência, mas em outra forma, o mesmo adversário do proletariado, do campesinato ou das massas (as multinacionais, o aparelho jurídico e policial, a especulação imobiliária etc.).

É o que eu chamaria de intelectual "específico" por oposição ao intelectual "universal".

Essa figura nova tem outra significação política: permitiu se não soldar, pelo menos rearticular categorias bastante vizinhas, até então separadas. O intelectual era por excelência o escritor: consciência universal, sujeito livre, opunha-se àqueles que eram apenas *competências* a serviço do Estado ou do capital (engenheiros, magistrados, professores). Do momento em que a politização se realiza com base na atividade específica de cada um, o limiar da *escritura* como marca sacralizante do intelectual desaparece, e então podem se produzir ligações transversais de saber para saber, de um ponto de politização para outro. Assim, os magistrados e os psiquiatras, os médicos e os assistentes sociais, os trabalhadores de laboratório e os sociólogos podem, em seu próprio lugar e por meio de intercâmbios e de articulações, participar de uma politização global dos intelectuais. Esse processo explica por que, se o escritor tende a desaparecer como figura de proa, o professor e a universidade aparecem, talvez não como elementos principais, mas como "permutadores", pontos de cruzamento privilegiados. A causa da transformação da universidade e do ensino em regiões ultrassensíveis politicamente acha-se sem dúvida aí. A chamada crise da universidade não deve ser interpretada como perda de força, mas, pelo contrário, como multiplicação e reforço de seus efeitos de poder no meio de um conjunto multiforme de intelectuais em que praticamente todos são afetados por ela e a ela se referem. Toda a teorização exasperada da escritura a que se assistiu no decênio 1960, sem dúvida não passava do canto do cisne: o escritor nela se debatia pela manutenção de seu privilégio político. Mas o fato de que tenha se tratado justamente de uma "teoria", que ele tenha precisado de cauções científicas, apoiadas na linguística, na semiologia, na psicanálise, que esta teoria tenha tido suas referências em Saussure ou Chomski etc., que tenha produzido obras literárias tão medíocres, tudo isso prova que a atividade do escritor não era mais o lugar da ação.

Parece-me que a figura do intelectual "específico" se desenvolveu a partir da Segunda Grande Guerra. Talvez o físico atômico — digamos em uma palavra, ou melhor, com um nome: Oppenheimer — tenha sido quem fez a articulação entre intelectual universal e intelectual específico. É porque tinha uma relação direta e localizada com a instituição e o saber científico em que o físico atômico intervinha; mas já que a ameaça atômica concernia a todo o gênero humano e ao destino do mundo, seu discurso podia ser ao mesmo tempo o discurso do universal. Sob a proteção desse protesto que dizia respeito a todos, o cientista atômico desenvolveu uma posição específica na ordem do saber. E, creio, pela primeira vez, o intelectual foi perseguido pelo poder político, não mais em função do seu discurso geral, mas por causa do saber que detinha: é nesse nível que ele se constituía como um perigo político. Não falo aqui somente dos intelectuais ocidentais. O que se passou na União Soviética foi certamente análogo em alguns pontos, mas bem diferente em outros. Haveria toda uma história a ser feita sobre o *Dissent* científico no Ocidente e nos países socialistas desde 1945.

Pode-se supor que o intelectual "universal", tal como funcionou no século XIX e no começo do século XX, derivou de fato de uma figura histórica bem particular: o homem da justiça, o homem da lei, aquele que opõe a universidade da justiça e a equidade de uma lei ideal ao poder, ao despotismo, ao abuso, à arrogância da riqueza. As grandes lutas políticas no século XVIII se fizeram em torno da lei, do direito, da constituição, daquilo que é justo por razão e por natureza, daquilo que pode e deve valer universalmente. O que hoje se chama "o intelectual" (quero dizer o intelectual no sentido político, e não sociológico ou profissional da palavra, ou seja, aquele que faz uso de seu saber, de sua competência, de sua relação com a verdade nas lutas políticas) nasceu, creio, do jurista; ou em todo caso, do homem que reivindicava a universalidade da lei justa, eventualmente contra os profissionais do direito (na França, Voltaire é o protótipo desses intelectuais). O intelectual "universal" deriva do jurista-notável e tem sua expressão mais completa no escritor, portador de significações e de valores em que todos podem se reconhecer. O intelectual "específico" deriva de uma figura muito diversa do "jurista-notável": o "cientista-perito". Eu dizia há pouco que foi com os atomistas que ele começou a ocupar o proscênio. De fato, ele se preparava há muito tempo nos bastidores, estava mesmo presente em um canto do palco desde, digamos, o fim do século XIX. É sem dúvida com Darwin, ou melhor, com os evolucionistas pós-darwinianos, que ele começa a aparecer nitidamente. As relações tempestuosas entre o evolucionismo e os socialistas, os efeitos bastante ambíguos do evolucionismo (por exemplo, sobre a sociologia, a criminologia, a psiquiatria, o eugenismo), assinalam o momento importante em que, em nome de uma verdade científica "local" — por mais importante que seja — se faz a intervenção do cientista nas lutas políticas que lhe são contemporâneas. Historicamente, Darwin representa o ponto de inflexão na história do intelectual ocidental (desse ponto de vista, Zola é muito significativo: é o tipo de intelectual "universal", portador da lei e militante da equidade; mas alimenta seu discurso com uma referência nosológica, evolucionista, que acredita ser científica e que, inclusive, domina muito mal, cujos efeitos políticos sobre seu próprio discurso são bastante ambíguos). Se se estudasse isso de perto, seria possível ver como os físicos, na virada do século, entraram no debate político. Os debates entre os teóricos do socialismo e os teóricos da relatividade foram capitais nessa história.

De qualquer forma, a biologia e a física foram, de maneira privilegiada, as zonas de formação do novo personagem, o intelectual específico. A extensão das estruturas técnico-científicas na ordem da economia e da estratégia lhe deram sua real importância. A figura em que se concentram as funções e os prestígios do novo intelectual não é mais a do "escritor genial", mas a do "cientista absoluto"; não mais aquele que empunha sozinho os valores de todos, que se opõe ao soberano ou aos governantes injustos e faz ouvir seu grito até na imortalidade; é aquele que detém, com alguns outros, ao serviço do Estado ou contra ele, poderes que podem favorecer ou matar definitivamente a vida. Não mais cantor da eternidade, mas estrategista da vida e da morte. Vivemos atualmente o desaparecimento do "grande escritor".

Voltemos a coisas mais precisas. Admitamos, com o desenvolvimento das estruturas técnico-científicas na sociedade contemporânea, a importância adquirida pelo intelectual específico há algumas dezenas de anos e a aceleração desse movimento desde 1920. O intelectual específico encontra obstáculos e se expõe a perigos. Perigo de se limitar a lutas de conjuntura, a reivindicações setoriais. Risco de se deixar manipular por partidos políticos ou por aparelhos sindicais que dirigem essas lutas locais. Risco principalmente de não poder desenvolver essas lutas pela falta de uma estratégia global e de apoios externos. Risco também de não ser seguido ou de o ser somente por grupos muito limitados.

Vivemos um momento em que a função do intelectual específico deve ser reelaborada. Não abandonada, apesar da nostalgia de alguns pelos grandes intelectuais "universais" (dizem: "precisamos de uma filosofia, de uma visão do mundo"). Basta pensar nos resultados importantes obtidos com relação à psiquiatria, que provam que essas lutas locais e específicas não foram um erro, nem levaram a um impasse. Pode-se mesmo dizer que o papel do intelectual específico deve se tornar cada vez mais importante, à medida que, quer queira quer não, ele é obrigado a assumir responsabilidades políticas enquanto físico atômico, geneticista, informático, farmacologista etc. Seria perigoso desqualificá-lo em sua relação específica com um saber local, sob pretexto de que se trata de um problema de especialistas que não interessa às massas (o que é duplamente falso, pois não só elas têm consciência deles como também neles estão implicadas) ou de que ele serve aos interesses do capital e do Estado (o que é verdade, mas mostra, ao mesmo tempo, o lugar estratégico que ele ocupa) ou ainda de que ele veicula uma ideologia cientificista (o que nem sempre é verdade e tem apenas uma importância secundária com relação ao que é primordial: os efeitos específicos dos discursos verdadeiros).

O importante, creio, é que a verdade não existe fora do poder ou sem poder (não é — não obstante um mito, de que seria necessário esclarecer a história e as funções — a recompensa dos espíritos livres, o filho das longas solidões, o privilégio daqueles que souberam se libertar). A verdade é deste mundo; ela é produzida nele graças a múltiplas coerções e nele produz efeitos regulamentados de poder. Cada sociedade tem seu regime de verdade, sua "política geral" de verdade: isto é, os tipos de discurso que ela acolhe e faz funcionar como verdadeiros; os mecanismos e as instâncias que permitem distinguir os enunciados verdadeiros dos falsos, a maneira como se sanciona uns e outros; as técnicas e os procedimentos que são valorizados para a obtenção da verdade; o estatuto daqueles que têm o encargo de dizer o que funciona como verdadeiro.

Em nossas sociedades, a "economia política" da verdade tem cinco características historicamente importantes: a "verdade" é centrada na forma do discurso científico e nas instituições que o produzem; está submetida a uma constante incitação econômica e política (necessidade de verdade tanto para a produção econômica, quanto para o poder político); é objeto, de várias formas, de uma imensa difusão e de um imenso consumo (circula nos aparelhos de educação ou de informação, cuja extensão no corpo social é relativamente grande, não obstante algumas limitações rigorosas); é produzida e transmitida sob o controle, não exclusivo, mas dominante, de alguns grandes aparelhos políticos ou econômicos (universidade, Exército, escritura, meios de comunicação); enfim, é objeto de debate político e de confronto social (as lutas "ideológicas").

Parece-me que o que se deve levar em consideração no intelectual não é, portanto, "o portador de valores universais"; ele é alguém que ocupa uma posição específica, mas cuja especificidade está ligada às funções gerais do dispositivo de verdade em nossas sociedades. Em outras palavras, o intelectual tem uma tripla especificidade: a especificidade de sua posição de classe (pequeno burguês a serviço do capitalismo, intelectual "orgânico" do proletariado); a especificidade de suas condições de vida e de trabalho, ligadas à sua condição de intelectual (seu domínio de pesquisa, seu lugar no laboratório, as exigências políticas a que se submete, ou contra as quais se revolta, na universidade, no hospital etc.); finalmente, a especificidade da política de verdade nas sociedades contemporâneas. É então que sua posição pode adquirir uma significação geral, que seu combate local ou específico acarreta efeitos, tem implicações que não são somente profissionais ou setoriais. Ele funciona ou luta no nível geral desse regime de verdade, que é tão essencial para as estruturas e para o funcionamento de nossa sociedade. Há um combate "pela verdade" ou, ao menos, "em torno da verdade" — entendendo-se, mais uma vez, que por verdade não quero dizer "o conjunto das coisas verdadeiras a descobrir ou a fazer aceitar", mas o "conjunto das regras segundo as quais se distingue o verdadeiro do falso e se atribui ao verdadeiro efeitos específicos de poder"; entendendo-se também que não se trata de um combate "em favor" da verdade, mas em torno do estatuto da verdade e do papel econômico-político que ela desempenha. É preciso pensar os problemas políticos dos intelectuais não em termos de "ciência/ideologia", mas em termos de "verdade/poder". É então que a questão da profissionalização do intelectual, da divisão entre trabalho manual e intelectual, pode ser novamente colocada.

Tudo isso deve parecer bem confuso e incerto. Sem dúvida incerto, pois tudo isso não passa de hipótese. Mas para que fique um pouco menos confuso, eu gostaria de formular algumas "proposições" — no sentido não de coisas aceitas, mas de coisas oferecidas para experiências ou provas futuras.

Por "verdade", entender um conjunto de procedimentos regulados para a produção, a lei, a repartição, a circulação e o funcionamento dos enunciados.

A "verdade" está circularmente ligada a sistemas de poder, que a produzem e apoiam, e a efeitos de poder que ela induz e que a reproduzem. "Regime" da verdade.

Esse regime não é simplesmente ideológico ou superestrutural; foi uma condição de formação e desenvolvimento do capitalismo. É ele que, com algumas modificações, funciona na maior parte dos países socialistas (deixo em aberto a questão da China, que não conheço).

O problema político essencial para o intelectual não é criticar os conteúdos ideológicos que estariam ligados à ciência ou fazer com que sua prática científica seja acompanhada por uma ideologia justa; mas saber se é possível constituir uma nova política da verdade. O problema não é mudar a "consciência" das pessoas, ou o que elas têm na cabeça, mas o regime político, econômico, institucional de produção da verdade.

Não se trata de libertar a verdade de todo sistema de poder — o que seria quimérico à medida que a própria verdade é poder —, mas de desvincular o poder da verdade das formas de hegemonia (sociais, econômicas, culturais) no interior das quais ela funciona no momento.

Em suma, a questão política não é o erro, a ilusão, a consciência alienada ou a ideologia; é a própria verdade.

2
NIETZSCHE, A GENEALOGIA E A HISTÓRIA[1]

I

A GENEALOGIA É CINZA; ela é meticulosa e pacientemente documentária. Ela trabalha com pergaminhos embaralhados, riscados, várias vezes reescritos.

Paul Rée se engana, como os ingleses, ao descrever gêneses lineares, ao ordenar, por exemplo, toda a história da moral pela preocupação com o útil: como se as palavras tivessem guardado seu sentido, os desejos sua direção, as ideias sua lógica; como se esse mundo de coisas ditas e queridas não tivesse conhecido invasões, lutas, rapinas, disfarces, astúcias. Daí, para a genealogia, um indispensável demorar-se: marcar a singularidade dos acontecimentos, longe de toda finalidade monótona; espreitá-los lá onde menos se os esperava e naquilo que é tido como não possuindo história — os sentimentos, o amor, a consciência, os instintos; apreender seu retorno não para traçar a curva lenta de uma evolução, mas para reencontrar as diferentes cenas onde eles desempenharam papéis distintos; e até definir o ponto de sua lacuna, o momento em que eles não aconteceram (Platão em Siracusa não se transformou em Maomé).

---
[1] "Nietzsche, la généalogie, l'histoire", in Hommage à Jean Hyppolite, Paris: P.U.F., 1971. Tradução de Marcelo Catan.

A genealogia exige, portanto, a minúcia do saber, um grande número de materiais acumulados, exige paciência. Ela deve construir seus "monumentos ciclópicos"[2] não a golpes de "grandes erros benfazejos", mas de "pequenas verdades inaparentes estabelecidas por um método severo."[3] Em suma, uma certa obstinação na erudição. A genealogia não se opõe à história como a visão altiva e profunda do filósofo ao olhar de toupeira do cientista; ela se opõe, ao contrário, ao desdobramento meta-histórico das significações ideais e das indefinidas teleologias. Ela se opõe à pesquisa da "origem".

II

Encontram-se em Nietzsche dois empregos da palavra *Ursprung*. Um não é marcado: é encontrado em alternância com o termo *Entestehung, Herkunft, Abkunft, Geburt*. Para *genealogia da moral*, por exemplo, fala, a propósito do dever moral ou do sentimento da falta, de *Entestehung* ou de *Ursprung*.[4] Em *A gaia ciência* se trata, a propósito da lógica e do conhecimento, de *Ursprung*, de *Entestehung*, ou de *Herkunft*.[5]

O outro emprego da palavra é marcado. Nietzsche o coloca em oposição a um outro termo: o primeiro parágrafo de *Humano, demasiado humano* coloca frente a frente a origem miraculosa (*Wunder-Ursprung*) que a metafísica procura e as análises de uma filosofia histórica que coloca

---

[2] Friedrich Nietzsche, *A gaia ciência*, § 7.
[3] Idem, *Humano, desmasiado humano*, § 3.
[4] Idem, *Genealogia da moral*, §6 e §8.
[5] Idem, *A gaia ciência*, § 110, 111 e 300.

questões *über Herkunft und Anfang*. *Ursprung* é também utilizado de uma maneira irônica e depreciativa. Em que, por exemplo, consiste esse fundamento originário (*Ursprung*) da moral que se procura desde Platão? "Em horríveis pequenas conclusões: *Pudenda origo*."[6] Ou ainda: onde é preciso procurar essa origem da religião (*Ursprung*) que Schopenhauer situava em um certo sentimento do além? Simplesmente em uma invenção (*Erfindung*), em um passe de mágica, em um artifício (*Kunststück*), em um segredo de fabricação, em um procedimento de magia negra, no trabalho de *Schwarzkünstler*.[7]

Um dos textos mais significativos do uso de todas essas palavras e dos jogos próprios do termo *Ursprung* é o prefácio de *Para genealogia da moral*. O objeto da pesquisa é definido no início do texto como a origem dos preconceitos morais; o termo então utilizado é *Herkunft*. Em seguida, Nietzsche volta atrás, fazendo a história desse inquérito em sua própria vida; ele se lembra do tempo em que "caligrafava" a filosofia e em que se perguntava se era preciso atribuir a Deus a origem do Mal. Questão que agora o faz sorrir e sobre a qual ele diz justamente que era uma pesquisa de *Ursprung*; mesma palavra para caracterizar um pouco mais longe o trabalho de Paul Rée.[8] Em seguida, ele evoca as análises propriamente nietzschianas que começaram com *Humano, demasiado humano*; para caracterizá-las, fala de *Herkunfthypotesen*. Ora, aqui o emprego da palavra *Herkunft* não é arbitrário: ela serve para caracterizar vários textos de *Humano, demasiado humano* consagrados à origem da

---

[6] Friedrich Nietzsche, *Aurora*, §102.
[7] Idem, *A gaia ciência*, § 151 e 353; *Aurora*, § 62; *Genealogia da moral*, I, 14; "Os quatro grandes erros", in *Crepúsculo dos ídolos*, § 7.
[8] A obra de Paul Rée intitula-se *Ursprung der moralischen Empfindung*.

moralidade, da justiça, do castigo. E contudo, em todos esses desenvolvimentos, a palavra que tinha sido utilizada então era *Ursprung*.[9] Como se, na época de *Para genealogia da moral*, e nessa altura do texto, Nietzsche quisesse acentuar uma oposição entre *Herkunft* e *Ursprung* com a qual ele não trabalhava dez anos antes. Mas, imediatamente depois da utilização especificada desses dois termos, Nietzsche volta, nos últimos parágrafos do prefácio, a utilizá-los de um modo neutro e equivalente.[10]

Por que Nietzsche genealogista recusa, pelo menos em certas ocasiões, a pesquisa da origem (*Ursprung*)? Porque, primeiramente, a pesquisa, nesse sentido, se esforça para recolher nela a essência exata da coisa, sua mais pura possibilidade, sua identidade cuidadosamente recolhida em si mesma, sua forma imóvel e anterior a tudo o que é externo, acidental, sucessivo. Procurar uma tal origem é tentar reencontrar "o que era imediatamente", o "aquilo mesmo" de uma imagem exatamente adequada a si; é tomar por acidental todas as peripécias que puderam ter acontecido, todas as astúcias, todos os disfarces; é querer tirar todas as máscaras para desvelar enfim uma identidade primeira. Ora, se o genealogista tem o cuidado de escutar a história em vez de acreditar na metafísica, o que é que ele aprende? Que atrás das coisas há "algo inteiramente diferente": não seu segredo essencial e sem data, mas o segredo que elas são sem essência, ou que sua essência foi construída peça por peça a partir de figuras que lhe eram estranhas. A razão? Mas ela nasceu de uma maneira inteiramente "desrazoável" — do acaso.[11] A dedicação à verdade e ao rigor dos métodos cientí-

---

[9] Em *Humano, desmasiado humano*, o af. 92 se intitula *Ursprung der Gerechtigkeit*.
[10] Mesmo no texto de *Genealogia da moral*, *Ursprung* e *Herkunft* são empregados várias vezes de maneira mais ou menos equivalente (I, 2; II, 8, 11, 12, 16, 17).
[11] Friedrich Nietzsche, *Aurora*, § 123.

ficos? Da paixão dos cientistas, de seu ódio recíproco, de suas discussões fanáticas e sempre retomadas, da necessidade de suprimir a paixão — armas *lentamente* forjadas ao longo das lutas pessoais.[12] E a liberdade, seria ela, na raiz do homem o que o liga ao ser e à verdade? De fato, ela é apenas uma "invenção das classes dominantes".[13] O que se encontra no começo histórico das coisas não é a identidade ainda preservada da origem — é a discórdia entre as coisas, é o disparate.

A história ensina também a rir das solenidades da origem. A alta origem é o "exagero metafísico que reaparece na concepção de que no começo de todas as coisas se encontra o que há de mais precioso e de mais essencial":[14] gosta-se de acreditar que as coisas no início se encontravam em estado de perfeição; que elas saíram brilhantes das mãos do criador, ou na luz sem sombra da primeira manhã. A origem está sempre antes da queda, antes do corpo, antes do mundo e do tempo; ela está do lado dos deuses, e para narrá-la se canta sempre uma teogonia. Mas o começo histórico é baixo. Não no sentido de modesto ou de discreto como o passo da pomba, mas de derrisório, de irônico, próprio a desfazer todas as enfatuações. "Procura-se despertar o sentimento de soberania do homem mostrando seu nascimento divino: isto agora se tornou um caminho proibido; pois no seu limiar está o macaco."[15] O homem começou pela careta daquilo em que ele ia se tornar; Zaratustra mesmo terá seu macaco que saltará atrás dele e tirará o pano de sua vestimenta.

Enfim, o último postulado da origem, ligado aos dois primeiros: ela seria o lugar da verdade. Ponto totalmente

---

[12] Friedrich Nietzsche, *Humano, desmasiado humano*, § 34.
[13] Idem, "O andarilho e sua sombra", in *Humano, desmasiado humano II*, § 9.
[14] Ibidem, § 3.
[15] Idem, *Aurora*, § 49.

recuado e anterior a todo conhecimento positivo ela tornará possível um saber que contudo a recobre e não deixa, na sua tagarelice, de desconhecê-la; ela estaria nesta articulação inevitavelmente perdida onde a verdade das coisas se liga a uma verdade do discurso que logo a obscurece, e a perde. Nova crueldade da história que coage a inverter a relação e a abandonar a busca "adolescente": atrás da verdade sempre recente, avara e comedida, existe a proliferação milenar dos erros. Mas não acreditemos mais "que a verdade permaneça verdadeira quando se lhe arranca o véu; já vivemos bastante para crer nisto".[16] A verdade, espécie de erro que tem a seu favor o fato de não poder ser refutada, sem dúvida porque o longo cozimento da história a tornou inalterável.[17] E, além disso, a questão da verdade, o direito que ela se dá de refutar o erro de se opor à aparência, a maneira pela qual alternadamente ela foi acessível aos sábios, depois reservada apenas aos homens de piedade, em seguida retirada para um mundo fora de alcance, onde desempenhou ao mesmo tempo o papel de consolação e de imperativo, rejeitada enfim como ideia inútil, supérflua, por toda parte contradita — tudo isso não é uma história, a história de um erro que tem o nome de verdade? A verdade e seu reino originário tiveram sua história na história. Mal saímos dela, "na hora da sombra mais curta", quando a luz não parece mais vir do fundo do céu e dos primeiros momentos do dia.[18]

Fazer a genealogia dos valores, da moral, do ascetismo, do conhecimento não será, portanto, partir em busca de sua

---

[16] Friedrich Nietzsche, *Nietzsche contra Wagner*, epílogo, § 2.
[17] Idem, *A gaia ciência*, § 265 e § 110.
[18] Idem, "Como o mundo-verdade se tornou enfim uma fábula", in *O crepúsculo dos ídolos*.

"origem", negligenciando como inacessíveis todos os episódios da história; será, ao contrário, se demorar nas meticulosidades e nos acasos dos começos; prestar uma atenção escrupulosa à sua derrisória maldade; esperar vê-los surgir, máscaras enfim retiradas, com o rosto do outro; não ter pudor de ir procurá-las lá onde elas estão, escavando os *bas-fond*; deixar-lhes o tempo de elevar-se do labirinto onde nenhuma verdade as manteve jamais sob sua guarda. O genealogista necessita da história para conjurar a quimera da origem, um pouco como o bom filósofo necessita do médico para conjurar a sombra da alma. É preciso saber reconhecer os acontecimentos da história, seus abalos, suas surpresas, as vacilantes vitórias, as derrotas mal digeridas, que dão conta dos atavismos e das hereditariedades; da mesma forma que é preciso saber diagnosticar as doenças do corpo, os estados de fraqueza e de energia, suas rachaduras e suas resistências para avaliar o que é um discurso filosófico. A história, com suas intensidades, seus desfalecimentos, seus furores secretos, suas grandes agitações febris como suas síncopes, é o próprio corpo do devir. É preciso ser metafísico para lhe procurar uma alma na idealidade longínqua da origem.

III

Termos como *Entestehung* ou *Herkunft* marcam melhor do que *Ursprung* o objeto próprio da geneologia. São ordinariamente traduzidos por "origem", mas é preciso tentar a reconstituição de sua articulação própria.

Herkunft: é o tronco de uma raça, é a *proveniência*; é o antigo pertencimento a um grupo — do sangue, da tradição, de ligação entre aqueles da mesma altura ou da mesma baixeza. Frequentemente a análise da *Herkunft* põe em jogo a raça,[19] ou o tipo social.[20] Entretanto, não se trata de modo algum de reencontrar em um indivíduo, em uma ideia ou um sentimento as características gerais que permitem assimilá-los a outros — e de dizer: isto é grego ou isto é inglês; mas de descobrir todas as marcas sutis, singulares, subindividuais que podem se entrecruzar nele e formar uma rede difícil de desembaraçar; longe de ser uma categoria da semelhança, tal origem permite ordenar, para colocá-las a parte, todas as marcas diferentes: os alemães imaginam ter chegado ao extremo de sua complexidade quando disseram que tinham a alma dupla; eles se enganaram redondamente, ou melhor, eles tentam como podem dominar a confusão das raças de que são constituídos.[21] Lá onde a alma pretende se unificar, lá onde o Eu inventa para si uma identidade ou uma coerência, o genealogista parte em busca do começo — dos começos inumeráveis que deixam esta suspeita de cor, esta marca quase apagada que não saberia enganar um olho, por pouco histórico que seja; a análise da proveniência permite dissociar o Eu e fazer pulular nos lugares e recantos de sua síntese vazia, mil acontecimentos agora perdidos.

A proveniência permite também reencontrar, sob o aspecto único de um caráter ou de um conceito, a proliferação dos acontecimentos através dos quais (graças aos quais, contra os quais) eles se formaram. A genealogia não pretende recuar no tempo para restabelecer uma grande continuidade para além

---

[19] Por exemplo, Friedrich Nietzsche, *A gaia ciência*, § 135; *Além do bem e do mal*, § 200, 242, 244; *Genealogia da moral*, I, § 5.
[20] Idem, *A gaia ciência*, § 348 e 349; *Além do bem e do mal*, § 260.
[21] Idem, *Além do bem e do mal*, § 244.

da dispersão do esquecimento; sua tarefa não é a de mostrar que o passado ainda está lá, bem vivo no presente, animando-o ainda em segredo, depois de ter imposto a todos os obstáculos do percurso uma forma delineada desde o início. Nada que se assemelhasse à evolução de uma espécie, ao destino de um povo. Seguir o filão complexo da proveniência é, ao contrário, manter o que se passou na dispersão que lhe é própria: é demarcar os acidentes, os ínfimos desvios — ou, ao contrário, as inversões completas —, os erros, as falhas na apreciação, os maus cálculos que deram nascimento ao que existe e tem valor para nós; é descobrir que na raiz daquilo que nós conhecemos e daquilo que nós somos — não existem a verdade e o ser, (mas a exterioridade do acidente.[22] Eis por que, sem dúvida, toda origem da moral, a partir do momento em que ela não é venerável — e a *Herkunft* nunca é —, é crítica.[23]

Perigosa herança, esta que nos é transmitida por uma tal proveniência. Nietzsche associa várias vezes os termos *Herkunft* e *Erbschaft*. Mas não nos enganemos; essa herança não é uma aquisição, um bem que se acumula e se solidifica: é antes um conjunto de falhas, de fissuras, de camadas heterogêneas que a tornam instável, e, do interior ou de baixo, ameaçam o frágil herdeiro: "a injustiça e a instabilidade no espírito de alguns homens, sua desordem e sua falta de medida são as últimas consequências de inumeráveis inexatidões lógicas, de falta de profundidade, de conclusões apressadas de que seus ancestrais se tornaram culpados".[24] A pesquisa da proveniência não funda, muito pelo contrário: ela agita o que se percebia imóvel, ela fragmenta o que se pensava

---

[22] Friedrich Nietzsche, *Genealogia da moral*, III, 17. *Abkunft* do sentimento depressivo.
[23] Idem, "Razões da filosofia", in *Crepúsculo dos ídolos*.
[24] Idem, *Aurora*, § 247.

unido; ela mostra a heterogeneidade do que se imaginava em conformidade consigo mesmo. Que convicção lhe resistiria? Mais ainda, que saber? Façamos um pouco a análise genealógica dos cientistas — daquele que coleciona e registra cuidadosamente os fatos, ou daquele que demonstra ou refuta; sua *Herkunft* logo revelará a papelada do escrivão ou as defesas do advogado — pai deles[25] — em sua atenção aparentemente desinteressada, em sua "pura" ligação à objetividade.

Enfim, a proveniência diz respeito ao corpo.[26] Ela se inscreve no sistema nervoso, no humor, no aparelho digestivo. Má alimentação, má respiração, corpo débil e vergado daqueles cujos ancestrais cometeram erros; que os pais tomem os efeitos por causas, acreditem na realidade do além, ou coloquem o valor eterno, é o corpo das crianças que sofrerá com isso. A covardia, a hipocrisia, simples rebentos do erro; não no sentido socrático, não porque seja preciso se engajar para ser malvado, nem também porque alguém se desviou da verdade originária, mas porque o corpo traz consigo, em sua vida e em sua morte, em sua força e em sua fraqueza, a sanção de todo erro e de toda verdade como ele traz consigo também e inversamente sua origem — proveniência. Por que os homens inventaram a vida contemplativa? Por que eles atribuíram a esse gênero de existência um valor supremo? Por que atribuíram verdade absoluta às imaginações que nela se formam? "Durante as épocas bárbaras... se o vigor do indivíduo diminui, se ele se sente cansado ou doente, melancólico ou saciado e, por consequência, de uma maneira temporária, sem desejos e

---

[25] Friedrich Nietzsche, *A gaia ciência*, § 348 e 349.
[26] Ibidem: "Der Mensch aus einen Auflösungszeitalters... der dei Erbschaft einer vielfätigere Herkunft im Leibe hat" (§ 200).

sem apetites, ele se torna um homem relativamente melhor, quer dizer, menos perigoso e suas ideias pessimistas se formulam apenas por palavras e reflexões. Neste estado de espírito ele se tornará um pensador e anunciador ou então sua imaginação desenvolverá suas superstições."[27] O corpo — e tudo o que diz respeito ao corpo, a alimentação, o clima, o solo — é o lugar da *Herkunft*: sobre o corpo se encontra o estigma dos acontecimentos passados do mesmo modo que dele nascem os desejos, os desfalecimentos e os erros; nele também eles se atam e de repente se exprimem, mas nele também eles se desatam, entram em luta, se apagam uns aos outros e continuam seu insuperável conflito.

O corpo: superfície de inscrição dos acontecimentos (enquanto a linguagem os marca e as ideias os dissolvem), lugar de dissociação do Eu (que supõe a quimera de uma unidade substancial), volume em perpétua pulverização. A genealogia, como análise da proveniência, está, portanto, no ponto de articulação do corpo com a história. Ela deve mostrar o corpo inteiramente marcado de história e a história arruinando o corpo.

IV

Entestehung designa de preferência a *emergência*, o ponto de surgimento. É o princípio e a lei singular de um aparecimento. Do mesmo modo que se tenta muito frequentemente procurar a proveniência em uma continuidade sem interrupção, também seria errado dar conta da emergência pelo

---

[27] Friedrich Nietzsche, *Aurora*, § 42.

termo final. Como se o olho tivesse aparecido, desde o fundo dos tempos, para a contemplação, como se o castigo tivesse sempre sido destinado a dar o exemplo. Esses fins, aparentemente últimos, não são nada mais do que o atual episódio de uma série de submissões: o olho foi primeiramente submetido à caça e à guerra; o castigo foi alternadamente submetido à necessidade de se vingar, de excluir o agressor, de se libertar da vítima, de aterrorizar os outros. Colocando o presente na origem, a metafísica leva a acreditar no trabalho obscuro de uma destinação que procuraria vir à luz desde o primeiro momento. A genealogia restabelece os diversos sistemas de submissão: não a potência antecipadora de um sentido, mas o jogo casual das dominações.

A emergência se produz sempre em um determinado estado das forças. A análise da *Herkunft* deve mostrar seu jogo, a maneira como elas lutam umas contra as outras, ou seu combate ante circunstâncias adversas, ou ainda a tentativa que elas fazem — se dividindo — para escapar da degenerescência e recobrar o vigor a partir do próprio enfraquecimento. Por exemplo, a emergência de uma espécie (animal ou humana) e sua solidez são asseguradas "por um longo combate contra condições constantes e essencialmente desfavoráveis". De fato "a espécie tem necessidade da espécie enquanto espécie da mesma forma que qualquer coisa que, graças à sua dureza, à sua uniformidade, à simplicidade de sua forma, pode se impor e se tornar durável na luta perpétua com os vizinhos ou os oprimidos em revolta". Em compensação, a emergência das variações individuais se produz em um outro estado das forças: quando a espécie triunfou, quando o perigo externo não a ameaça mais e quando "os egoísmos voltados uns contra os outros que brilham de algum modo lutam juntos pelo sol e pela luz".[28] Acontece também que a força luta contra si mesma: e não somente na embriaguez de um excesso que lhe permite se dividir, mas no momento em que ela se enfraquece. Contra sua lassidão ela reage, extraindo sua força dessa lassidão que não deixa então de crescer, e se voltando em sua direção para abatê-la, ela vai lhe impor limites, suplícios, macerações, fantasiá-la de um alto valor moral e assim, por sua vez, se revigorar. Este é o movimento pelo qual nasce o ideal ascético "no instinto de uma vida em degenerescência que... luta por sua existência".[29] Esse também é o movimento pelo qual a Reforma nasceu, onde previamente a Igreja se encontrava menos corrompida;[30] na Alemanha do séc. XV, o catolicismo tinha ainda muita força para se voltar contra si próprio, castigar o próprio corpo e a própria história e se espiritualizar em uma religião pura da consciência.

A emergência é, portanto, a entrada em cena das forças; é sua interrupção, o salto pelo qual elas passam dos bastidores para o teatro, cada uma com seu vigor e sua juventude. O que Nietzsche chama *Entestehungsherd*[31] do conceito de bom não é exatamente nem a energia dos fortes nem a reação dos fracos; mas sim a cena onde eles se distribuem uns frente aos outros, uns acima dos outros; é o espaço que os divide e se abre entre eles, o vazio através do qual eles trocam ameaças e palavras. Enquanto a proveniência designa a qualidade de um instinto, seu grau ou seu desfalecimento,

---
[28] Friedrich Nietzsche, *Além do bem e do mal*, § 262.
[29] Idem, *Genealogia da moral*, III, 13.
[30] Idem, *A gaia ciência*, § 148. É também a uma anemia da vontade que é preciso atribuir a *Entestehung* do budismo e do cristianismo, § 347.
[31] Idem, *Genealogia da moral*, I, 2.

e a marca que ele deixa em um corpo, a emergência designa um lugar de afrontamento; é preciso ainda se impedir de imaginá-la como um campo fechado onde se desencadearia uma luta, um plano onde os adversários estariam em igualdade; é de preferência — o exemplo dos bons e dos malvados o prova — um "não lugar", uma pura distância, o fato que os adversários não pertencem ao mesmo espaço. Ninguém é, portanto, responsável por uma emergência; ninguém pode se autoglorificar por ela; ela sempre se produz no interstício.

Em certo sentido, a peça representada nesse teatro sem lugar é sempre a mesma: é aquela que repetem indefinidamente os dominadores e os dominados. Homens dominam outros homens, e é assim que nasce a diferença dos valores;[32] classes dominam classes e é assim que nasce a ideia de liberdade;[33] homens se apoderam de coisas das quais eles têm necessidade para viver, eles lhes impõem uma duração que elas não têm, ou eles as assimilam pela força — e é o nascimento da lógica.[34] Nem a relação de dominação é mais uma "relação", nem o lugar onde ela se exerce é um lugar. E é por isso precisamente que em cada momento da história a dominação se fixa em um ritual; ela impõe obrigações e direitos; ela constitui cuidadosos procedimentos. Ela estabelece marcas, grava lembranças nas coisas e até nos corpos; ela se torna responsável pelas dívidas. Universo de regras que não é destinado a adoçar, mas, ao contrário, a satisfazer a violência. Seria um erro acreditar, segundo o

---

[32] Friedrich Nietzsche, *Além do bem e do mal*, § 260. Também, *Genealogia da moral*, II, 12.
[33] Idem, "O andarilho e sua sombra", § 9.
[34] Idem, *A gaia ciência*, § 111.

esquema tradicional, que a guerra geral, se esgotando em suas próprias contradições, acaba por renunciar à violência e aceita sua própria supressão nas leis da paz civil. A regra é o prazer calculado da obstinação, é o sangue prometido. Ela permite reativar sem cessar o jogo da dominação; ela põe em cena uma violência meticulosamente repetida. O desejo da paz, a doçura do compromisso, a aceitação tácita da lei, longe de serem a grande conversão moral ou o útil calculado que deram nascimento à regra, são apenas seu resultado e propriamente falando sua perversão: "Falta, consciência, o dever têm sua emergência no direito de obrigação; e em seus começos, como tudo o que é grande sobre a terra, foi banhado de sangue."[35] A humanidade não progride lentamente, de combate em combate, até uma reciprocidade universal, em que as regras substituiriam para sempre a guerra; ela instala cada uma de suas violências em um sistema de regras e prossegue assim de dominação em dominação.

É justamente a regra que permite que seja feita violência à violência e que uma outra dominação possa dobrar aqueles que dominam. Em si mesmas, as regras são vazias, violentas, não finalizadas; elas são feitas para servir a isto ou àquilo; elas podem ser burladas ao sabor da vontade de uns ou de outros. O grande jogo da história será de quem se apoderar das regras, de quem tomar o lugar daqueles que as utilizam, de quem se disfarçar para pervertê-las, utilizá-las ao inverso e voltá-las contra aqueles que as tinham imposto; de quem, se introduzindo no aparelho complexo, o fizer funcionar de tal modo

---

[35] Friedrich Nietzsche, *Genealogia da moral*, II, 6.

que os dominadores encontrar-se-ão dominados por suas próprias regras. As diferentes emergências que se podem demarcar não são figuras sucessivas de uma mesma significação; são efeitos de substituição, reposição e deslocamento, conquistas disfarçadas, inversões sistemáticas. Se interpretar era colocar lentamente em foco uma significação oculta na origem, apenas a metafísica poderia interpretar o devir da humanidade. Mas se interpretar é se apoderar por violência ou sub-repção, de um sistema de regras que não tem em si significação essencial, e lhe impor uma direção, dobrá-lo a uma nova vontade, fazê-lo entrar em um outro jogo e submetê-lo a novas regras, então o devir da humanidade é uma série de interpretações. E a genealogia deve ser a sua história: história das morais, dos ideais, dos conceitos metafísicos, história do conceito de liberdade ou da vida ascética, como emergências de interpretações diferentes. Trata-se de fazê-las aparecer como acontecimentos no teatro dos procedimentos.

V

Quais são as relações entre a genealogia definida como pesquisa de *Herkunft* e de *Entestehung* e o que se chama habitualmente história? Sabe-se das apóstrofes célebres de Nietzsche contra a história, e será preciso voltar a elas agora. Contudo, a genealogia é designada por vezes como "*Wirkliche Historie*"; em várias ocasiões ela é caracterizada pelo "espírito" ou "sentido histórico".[36] De fato, o que Nietzsche

---

[36] Friedrich Nietzsche, *Genealogia da moral*, Prefácio, § 7; e I, 2. *Além do bem e do mal*, § 224.

não parou de criticar desde a segunda das *Considerações extemporâneas* é esta forma histórica que reintroduz (e supõe sempre) o ponto de vista supra-histórico: uma história que teria por função recolher, em uma totalidade bem fechada sobre si mesma, a diversidade, enfim reduzida, do tempo; uma história que nos permitiria nos reconhecermos em toda parte e dar a todos os deslocamentos passados a forma da reconciliação; uma história que lançaria sobre o que está atrás dela um olhar de fim de mundo. Essa história dos historiadores constrói um ponto de apoio fora do tempo; ela pretende tudo julgar segundo uma objetividade apocalíptica; mas é que ela supôs uma verdade eterna, uma alma que não morre, uma consciência sempre idêntica a si mesma. Se o sentido histórico se deixa envolver pelo ponto de vista supra-histórico, a metafísica pode retomá-lo por sua conta e, fixando-o sob as espécies de uma ciência objetiva, impor-lhe o próprio "egipcianismo". Em compensação, o sentido histórico escapará da metafísica para tornar-se um instrumento privilegiado da genealogia se ele não se apoia sobre nenhum absoluto. Ele deve ter apenas a acuidade de um olhar que distingue, reparte, dispersa, deixa operar as separações e as margens — uma espécie de olhar que dissocia e é capaz ele mesmo de se dissociar e apagar a unidade deste ser humano que supostamente o dirige soberanamente para seu passado.

O sentido histórico, e é nisso que ele pratica a *"Wirkliche Historie"*, reintroduz no devir tudo o que se tinha acreditado imortal no homem. Cremos na perenidade dos sentimentos? Mas todos, e sobretudo aqueles que nos parecem os mais nobres e os mais desinteressados, têm uma história. Cremos na constância dos instintos e imaginamos que eles estão sempre atuantes aqui e ali, agora como antes. Mas o saber histórico não tem dificuldade em colocá-los em pedaços — em mostrar seus avatares, demarcar seus momentos de força e de fraqueza, identificar seus reinos alternantes, apreender sua lenta elaboração e os movimentos pelos quais, se voltando contra eles mesmos, podem obstinar-se na própria destruição.[37] Pensamos em todo caso que o corpo tem apenas as leis de sua fisiologia e que ele escapa à história. Novo erro; ele é formado por uma série de regimes que o constroem; ele é destroçado por ritmos de trabalho, repouso e festa; ele é intoxicado por venenos — alimentos ou valores, hábitos alimentares e leis morais simultaneamente; ele cria resistências.[38] A história "efetiva" se distingue daquela dos historiadores pelo fato de que ela não se apoia em nenhuma constância: nada no homem — nem mesmo seu corpo — é bastante fixo para compreender outros homens e se reconhecer neles. Tudo em que o homem se apoia para se voltar em direção à história e apreendê-la em sua totalidade, tudo o que permite retraçá-la como um paciente movimento contínuo: trata-se de destruir sistematicamente tudo isso. É preciso despedaçar o que permitia o jogo consolante dos reconhecimentos. Saber, mesmo na ordem histórica, não significa "reencontrar" e sobretudo não significa "reencontrar-nos". A história será "efetiva" à medida que reintroduzir o descontínuo em nosso ser. Ela dividirá nossos sentimentos; dramatizará nossos instintos; multiplicará nosso corpo e o oporá a si mesmo. Ela não deixará nada abaixo de si que teria a tranquilidade asseguradora da vida ou da natureza; ela não se

---

[37] Friedrich Nietzsche, *A gaia ciência*, § 7.
[38] Ibidem, § 7.

deixará levar por nenhuma obstinação muda em direção a um fim milenar. Ela aprofundará aquilo sobre o que se gosta de fazê-la repousar e se obstinará contra sua pretensa continuidade. É que o saber não é feito para compreender, ele é feito para cortar.

Podem-se apreender a partir daí as características próprias do sentido histórico como Nietzsche o entende, e que opõe a *"Wirkliche Historie"* à história tradicional. Aquela inverte a relação habitualmente estabelecida entre a irrupção do acontecimento e a necessidade contínua. Há toda uma tradição da história (teleológica ou racionalista) que tende a dissolver o acontecimento singular em uma continuidade ideal — movimento teleológico ou encadeamento natural. A história "efetiva" faz ressurgir o acontecimento no que ele pode ter de único e agudo. É preciso entender por acontecimento não uma decisão, um tratado, um reino, ou uma batalha, mas uma relação de forças que se inverte, um poder confiscado, um vocabulário retomado e voltado contra seus utilizadores, uma dominação que se enfraquece, se distende, se envenena e outra que faz sua entrada, mascarada. As forças que se encontram em jogo na história não obedecem nem a uma destinação, nem a uma mecânica, mas ao acaso da luta.[39] Elas não se manifestam como formas sucessivas de uma intenção primordial; como também não têm o aspecto de um resultado. Elas aparecem sempre na álea singular do acontecimento. À diferença do mundo cristão, universalmente tecido pela aranha divina, contrariamente ao mundo grego dividido entre o reino da vontade e o da grande besteira cósmica, o mundo da histó-

---

[39] Friedrich Nietzsche, *Genealogia da moral*, II, 12.

ria "efetiva" conhece apenas um único reino, onde não há nem providência nem causa final, mas somente "as mãos de ferro da necessidade que sacode o copo de dados do acaso".[40] É preciso ainda compreender esse acaso não como um simples sorteio, mas como o risco sempre renovado da vontade de potência que a todo surgimento do acaso opõe, para controlá-lo, o risco de um acaso ainda maior.[41] De modo que o mundo, tal qual nós o conhecemos, não é essa figura simples onde todos os acontecimentos se apagaram para que se mostrem, pouco a pouco, as características essenciais, o sentido final, o valor primeiro e último; é, ao contrário, uma miríade de acontecimentos entrelaçados; ele nos parece hoje "maravilhosamente colorido e confuso, profundo, repleto de sentido"; é que uma "multidão de erros e fantasmas" lhe deu movimentos e ainda o povoa em segredo.[42] Cremos que nosso presente se apoia em intenções profundas, necessidades estáveis; exigimos dos historiadores que nos convençam disso. Mas o verdadeiro sentido histórico reconhece que vivemos sem referências ou sem coordenadas originárias, em miríades de acontecimentos perdidos.

Ele tem também o poder de interverter a relação entre o próximo e o longínquo tal como foi estabelecido pela história tradicional em sua fidelidade à obediência metafísica. Esta de fato se compraz em lançar um olhar para o longínquo, para as alturas: as épocas mais nobres, as formas mais elevadas, as ideias mais abstratas, as individualidades mais puras. E para fazer isso ela procura se aproximar

---

[40] Friedrich Nietzsche, *Aurora*, § 130.
[41] Idem, *Genealogia da moral*, II, 12.
[42] Idem, *Humano, demasiado humano*, § 16.

dessas coisas ao máximo, colocar-se aos pés dos cumes em condições de ter com relação a elas a famosa perspectiva das rãs. A história "efetiva", em contrapartida, lança os olhares ao que está próximo: o corpo, o sistema nervoso, os alimentos e a digestão, as energias; ela perscruta as decadências; e se afronta outras épocas é com a suspeita — não rancorosa, mas alegre — de uma agitação bárbara e inconfessável. Ela não teme olhar embaixo. Mas olha do alto, mergulhando para apreender as perspectivas, desdobrar as dispersões e as diferenças, deixar a cada coisa sua medida e sua intensidade. Seu movimento é o inverso daquele que os historiadores operam sub-repticiamente: eles fingem olhar para o mais longe de si mesmos, mas de maneira baixa, rastejando, eles se aproximam do longínquo prometedor (no que eles são como os metafísicos que veem, bem acima do mundo, um além apenas para prometê-lo a si mesmos a título de recompensa); a história "efetiva" olha para o mais próximo, mas para dele se separar bruscamente e se apoderar a distância (olhar semelhante ao do médico que mergulha para diagnosticar e dizer a diferença). O sentido histórico está muito mais próximo da medicina do que da filosofia. "Historicamente e fisiologicamente" costuma dizer Nietzsche.[43] Nada espantoso, uma vez que na idiossincrasia do filósofo se encontra a negação sistemática do corpo e "a falta de sentido histórico, o ódio contra a ideia do devir, o egipcianismo", a obstinação "em colocar no começo o que vem no fim" e em "situar as coisas últimas antes das primeiras".[44] A história tem mais a fazer do que ser serva da filosofia e do que narrar o nascimento necessário da verdade e do valor; ela tem que

---

[43] Friedrich Nietzsche, "Divagações de um inatual", in: *Crepúsculo dos ídolos*, § 44.
[44] Idem, "A razão na filosofia", in: *Crepúsculo dos ídolos*, § 1 e § 4.

ser o conhecimento diferencial das energias e desfalecimentos, das alturas e desmoronamentos, dos venenos e contravenenos. Ela tem que ser a ciência dos remédios.[45]

Finalmente, última característica dessa história efetiva: ela não teme ser um saber perspectivo. Os historiadores procuram, na medida do possível, apagar o que pode revelar, em seu saber, o lugar de onde eles olham, o momento em que eles estão, o partido que eles tomam — o incontrolável de sua paixão. O sentido histórico, tal como Nietzsche o entende, sabe que é perspectivo e não recusa o sistema de sua própria injustiça. Ele olha de um determinado ângulo, com o propósito deliberado de apreciar, de dizer sim ou não, de seguir todos os traços do veneno, de encontrar o melhor antídoto. Em vez de fingir um discreto aniquilamento diante do que ele olha, em vez de aí procurar sua lei e a isso submeter cada um de seus movimentos, é um olhar que sabe tanto de onde olha quanto o que olha. O sentimento histórico dá ao saber a possibilidade de fazer, no movimento de seu conhecimento, sua genealogia. A *"Wirkliche Historie"* efetua, verticalmente ao lugar em que se encontra, a genealogia da história.

VI

Nessa genealogia da história que esboça em vários momentos, Nietzsche liga o sentido histórico à história dos historiadores. Um e outro possuem um único começo, impuro e misturado. Eles saíram, ao mesmo tempo, de um mesmo signo em que se pode reconhecer tanto o sistema de uma

---
[45] Friedrich Nietzsche, "O andarilho e sua sombra", § 188.

doença quanto o germe de uma flor maravilhosa — e é em seguida que eles terão que se distribuir. Sigamos, portanto, sem diferenciá-los ainda, sua comum genealogia.

A proveniência (*Herkunft*) do historiador não dá margem a equívoco: ela é de baixa extração. Uma das características da história é a de não escolher: ela se coloca no dever de tudo compreender sem distinção de altura; de tudo aceitar, sem fazer diferença. Nada lhe deve, escapar mas também nada deve ser excluído. Os historiadores dirão que isso é uma prova de tato e discrição: com que direito fariam intervir seu gosto quando se trata daquilo que se passou realmente? Mas de fato é uma total ausência de gosto, uma certa grosseria que procura tomar, com o que é mais elevado, ares de familiaridade, que procura se satisfazer em encontrar o que é baixo. O historiador é insensível a todos os nojos: ou melhor, ele tem prazer com aquilo mesmo que o coração deveria afastar. Sua aparente serenidade se obstina em não reconhecer nada de grande e em reduzir tudo ao mais fraco denominador. Nada deve ser mais elevado do que ele. Se ele deseja tanto saber e tudo saber é para surpreender os segredos que rebaixam. "Baixa curiosidade." De onde vem a história? Da plebe. A quem se dirige? À plebe. E o discurso que ele lhe faz parece muito com o do demagogo: "ninguém é maior do que vocês" diz este "e aquele que tiver a presunção de querer ser superior a vocês — a vocês que são bons — é malvado"; e o historiador, que é seu duplo, o imita: "nenhum passado é maior do que seu presente e tudo o que na história pode se apresentar com ar de grandeza, meu saber meticuloso lhes mostrará a pequenez, a crueldade, e a infelicidade." O parentesco do historiador remonta a Sócrates.

Mas essa demagogia deve ser hipócrita. Deve esconder seu singular rancor sob a máscara do universal. E assim como o demagogo deve invocar a verdade, a lei das essências e a necessidade eterna, o historiador deve invocar a objetividade, a exatidão dos fatos, o passado inamovível. O demagogo é levado à negação do corpo para melhor estabelecer a soberania da ideia intemporal; o historiador é levado ao aniquilamento da própria individualidade para que os outros entrem em cena e possam tomar a palavra. Ele terá, portanto, que se obstinar contra si mesmo: calar suas preferências e superar o nojo, embaralhar a própria perspectiva para lhe substituir uma geometria ficticiamente universal, imitar a morte para entrar no reino dos mortos, adquirir uma quase existência sem rosto e sem nome. E nesse mundo em que ele terá refreado sua vontade individual ele poderá mostrar aos outros a lei inevitável de uma vontade superior. Tendo pretendido apagar de seu próprio saber todos os traços do querer, ele reencontrará do lado do objeto a conhecer a forma de um querer eterno. A objetividade do historiador é a interversão das relações do querer no saber e é, ao mesmo tempo, a crença necessária na Providência, nas causas finais, e na teologia. O historiador pertence à família dos ascetas. "Eu não posso mais suportar estes eunucos concupiscentes da história, todos os parasitas do ideal ascético; eu não posso mais suportar estes sepulcros caiados que produzem a vida; eu não posso suportar seres fatigados e enfraquecidos que se cobrem de sabedoria e apresentam um olhar objetivo."[46]

Passemos à *Entestehung* da história; seu lugar é a Europa do séc. XIX: pátria das misturas e das bastardias, época do

---

[46] Friedrich Nietzsche, *Genealogia da moral*, III, 25

homem-mistura. Com relação aos momentos de alta civilização ei-nos como bárbaros: temos diante dos olhos cidades em ruínas e monumentos enigmáticos; detemo-nos diante das muralhas abertas; perguntamo-nos que deuses puderam habitar aqueles templos vazios. As grandes épocas não tinham tais curiosidades nem tão grandes respeitos; elas não reconheciam predecessores; o classicismo ignorava Shakespeare. A decadência da Europa nos oferece um espetáculo imenso cujos momentos mais fortes são omitidos ou são dispensados. O próprio da cena em que nos encontramos hoje é representar um teatro; sem monumentos que sejam nossa obra e que nos pertençam, vivemos cercados de cenários. Mas há mais: o europeu não sabe quem ele é; ele ignora que raças se misturaram nele; ele procura que papel poderia ter; ele não tem individualidade. Compreende-se então por que o séc. XIX é espontaneamente historiador: a anemia de suas forças, as misturas que apagaram todas as suas características produzem o mesmo efeito que as macerações do ascetismo; a impossibilidade em que ele se encontra de criar, sua ausência de obra, a obrigação em que ele se encontra de se apoiar no que foi feito antes e em outros lugares o constrangem à baixa curiosidade do plebeu.

Mas se essa é a genealogia da história, como ela pode se tornar análise genealógica? Como não permanecer um conhecimento demagógico e religioso? Como pode, nessa mesma cena, mudar de papel? A não ser que nos apoderemos dela, que a dominemos e a voltemos contra seu nascimento. Isso é de fato o próprio de *Entestehung*: não é o surgimento necessário daquilo que durante muito tempo tinha sido preparado antecipadamente; é a cena em que as forças se arriscam e se afrontam, em que podem triunfar ou ser confiscadas. O lugar de emergência da metafísica foi a demagogia ateniense, o rancor plebeu de Sócrates, sua crença na imortalidade. Mas Platão teria podido apoderar-se da filosofia socrática, teria podido voltá-la contra ela mesma — e sem dúvida, mais de uma vez, ele foi tentado a fazê-lo. Sua derrota foi ter conseguido fundá-la. O problema do séc. XIX é não fazer pelo ascetismo popular dos historiadores o que Platão fez pelo de Sócrates. É preciso despedaçá-lo a partir daquilo que ele produziu e não fundá-lo em uma filosofia da história; tornar-se mestre da história para dela fazer um uso genealógico, isto é, um uso rigorosamente antiplatônico. É então que o sentido histórico libertar-se-á da história supra-histórica.

VII

O sentido histórico comporta três usos que se opõem, palavra por palavra, às três modalidades platônicas da história. Um é o uso paródico e destruidor da realidade que se opõe ao tema da história-reminiscência, reconhecimento; outro é o uso dissociativo e destruidor da identidade que se opõe à história-continuidade ou tradição; o terceiro é o uso sacrificial e destruidor da verdade que se opõe à história-conhecimento. De qualquer modo se trata de fazer da história um uso que a liberte para sempre do modelo, ao mesmo tempo, metafísico e antropológico da memória. Trata-se de fazer da história uma contramemória e de desdobrar consequentemente toda uma outra forma do tempo.

Em primeiro lugar, o uso paródico e burlesco. A esse homem confuso e anônimo que é o europeu — e que não sabe mais quem ele é e que nome deve usar — o historiador oferece identidades sobressalentes aparentemente mais bem-individualizadas e mais reais do que a sua. Mas o homem do sentido histórico não deve se enganar com esse substituto que ele oferece: é apenas um disfarce. Alternadamente, se ofereceu à Revolução Francesa o modelo romano, ao romantismo a armadura de cavaleiro, à época wagneriana a espada do herói germânico; mas são ouropéis cuja irrealidade reenvia à nossa própria irrealidade. Deixe-se a alguns a liberdade de venerar essas religiões e de celebrar em Bayreuth a memória desse novo além. Deixe-se a eles se fazerem algibebes das identidades disponíveis. O bom historiador, o genealogista saberá o que é necessário pensar de toda essa mascarada. Não que ele a rechace por espírito de seriedade; pelo contrário, ele quer levá-la ao extremo: quer colocar em cena um grande carnaval do tempo em que as máscaras reaparecem incessantemente. Em vez de identificar nossa pálida individualidade às identidades marcadamente reais do passado, trata-se de nos irrealizar em várias identidades reaparecidas: e retomando todas estas máscaras — Frederic de Hohenstaufen, César, Jesus, Dionísio e talvez Zaratustra —, recomeçando a palhaçada da história, retomaremos em nossa irrealidade a identidade mais irreal do Deus que a traçou, "talvez nós descobriremos aqui o domínio em que a originalidade nos é ainda possível, talvez como parodistas da história e como polichinelos de Deus."[47] Reconhece-se aqui o duplicador paródico daquilo que a segunda *Extemporânea* chamava de "história monumental": história que se dava como tarefa restituir os

---

[47] Friedrich Nietzsche, *Além do bem e do mal*, § 223.

grandes cumes do devir, mantê-los em presença perpétua, reencontrar as obras, as ações, as criações segundo o monograma de sua essência íntima. Mas, em 1874, Nietzsche criticava essa história inteiramente devotada à veneração por obstruir as intensidades atuais da vida e suas criações. Trata-se, ao contrário, nos últimos textos, de parodiá-la para deixar claro que ela é apenas paródia. A genealogia é a história como um carnaval organizado.

Outro uso da história: a dissociação sistemática de nossa identidade. Pois essa identidade, bastante fraca contudo, que tentamos assegurar e reunir sob uma máscara, é apenas uma paródia: o plural a habita, almas inumeráveis nela disputam; os sistemas se entrecruzam e se dominam uns aos outros. Quando estudamos a história nos sentimos "felizes, ao contrário dos metafísicos, de abrigar em si não uma alma imortal, mas muitas almas mortais".[48] E, em cada uma dessas almas, a história não descobrirá uma identidade esquecida, sempre pronta a renascer, mas um sistema complexo de elementos múltiplos, distintos, e que nenhum poder de síntese domina: "é um signo de cultura superior manter em toda consciência certas fases da evolução que os homens menores atravessam sem pensar... O primeiro resultado é que nós compreendemos nossos semelhantes como sistemas inteiramente determinados e como representantes de culturas diversas, quer dizer, como necessários e modificáveis. E em contrapartida: que em nossa própria evolução nós somos capazes de separar pedaços e considerá-los à parte".[49] A história, genealogicamente

---

[48] Friedrich Nietzsche, "O andarilho e sua sombra"(opiniões e sentenças misturadas), § 17.
[49] Idem, *Humano, demasiado humano*, § 274

dirigida, não tem por fim reencontrar as raízes de nossa identidade, mas, ao contrário, se obstinar em dissipá-la; ela não pretende demarcar o território único de onde viemos, essa primeira pátria à qual os metafísicos prometem que retornaremos; ela pretende fazer aparecer todas as descontinuidades que nos atravessam. Essa função é o contrário daquela que queria exercer, segundo as *Considerações extemporâneas*, a "história-antiquário". Tratava-se, então, de reconhecer continuidades nas quais se enraíza nosso presente: continuidades do solo, da língua, da cidade; tratava-se, "cultivando-se com uma mão delicada o que sempre existiu, de conservar, para aqueles que virão, as condições sob as quais se nasceu".[50] A segunda das *Considerações extemporâneas* lhe objetava que ela corre o risco de prevenir toda criação em nome da lei de fidelidade. Um pouco mais tarde — já em *Humano, demasiado humano* — Nietzsche retoma a tarefa antiquária, mas em direção inteiramente oposta. Se a genealogia coloca, por sua vez, a questão do solo que nos viu nascer, da língua que falamos ou das leis que nos regem, é para clarificar os sistemas heterogêneos que, sob a máscara de nosso eu, nos proíbem toda identidade.

Terceiro uso da história: o sacrifício do sujeito de conhecimento. Aparentemente, ou melhor, segundo a máscara que ela usa, a consciência histórica é neutra, despojada de toda paixão, apenas obstinada com a verdade. Mas se ela se interroga e se, de uma maneira mais geral, interroga toda consciência científica em sua história, ela descobre, então, as formas e transformações da vontade de saber que é instinto, paixão, obstinação inquisidora, refinamento cruel,

---

[50] Friedrich Nietzsche, *Considerações extemporâneas*, II, 3.

maldade; ela descobre a violência das opiniões preconcebidas: contra a felicidade ignorante, contra as ilusões vigorosas com as quais a humanidade se protege, opiniões preconcebidas com relação a tudo aquilo que há de perigoso na pesquisa e de inquietante na descoberta.[51] A análise histórica desse grande querer-saber que percorre a humanidade faz portanto aparecer tanto que todo o conhecimento repousa sobre a injustiça (que não há, pois, no conhecimento mesmo um direito à verdade ou um fundamento do verdadeiro) quanto que o instinto de conhecimento é mau (que há nele alguma coisa de assassino e que ele não pode, que ele não quer fazer nada para a felicidade dos homens). Tomando, como ele o faz hoje, suas maiores dimensões, o querer-saber não se aproxima de uma verdade universal; não dá ao homem um exato e sereno controle da natureza; ao contrário, não cessa de multiplicar os riscos; sempre faz nascer os perigos; abate as proteções ilusórias; desfaz a unidade do sujeito; libera nele tudo o que se obstina a dissociá-lo e a destruí-lo. Em vez de o saber se separar, pouco a pouco, de suas raízes empíricas, ou das primeiras necessidades que o fizeram nascer, para se tornar pura especulação submetida às exigências da razão; em vez de estar ligado, em seu desenvolvimento, à constituição e à afirmação de um sujeito livre, ele traz consigo uma obstinação sempre maior; a violência instintiva se acelera nele e cresce; as religiões outrora exigiam o sacrifício do corpo humano; o saber conclama hoje a experiências sobre nós mesmos,[52] ao sacrifício do sujeito de conhecimento. "O conhecimento

---

[51] Friedrich Nietzsche, *Aurora*, § 429 e 433; *A gaia ciência*, § 333; *Além do bem e do mal*, § 229, 230.
[52] Idem, *Aurora*, § 501.

se transformou em nós em uma paixão que não se aterroriza com nenhum sacrifício e tem no fundo apenas um único temor, de se extinguir a si próprio... A paixão do conhecimento talvez até mate a humanidade... Se a paixão do conhecimento não matar a humanidade, ela morrerá de fraqueza. O que é preferível? Eis a questão principal. Queremos que a humanidade se acabe no fogo e na luz, ou na areia?"[53] É tempo de substituir os dois grandes problemas que dividiram o pensamento filosófico do séc. XIX (fundamento recíproco da verdade e da liberdade, possibilidade de um saber absoluto), os dois temas principais legados por Fichte e Hegel, pelo tema segundo o qual "morrer pelo conhecimento absoluto poderia fazer parte do fundamento do ser".[54] O que não quer dizer, no sentido da crítica, que a vontade de verdade seja limitada pela finitude do conhecimento! Mas que ela perde todo limite e toda intenção de verdade no sacrifício que deve fazer do sujeito de conhecimento. "E talvez haja uma única ideia prodigiosa que ainda poderia aniquilar qualquer outra aspiração, de modo que ela ganharia das mais vitoriosas — eu quero dizer a ideia da humanidade se sacrificando a si própria. Pode-se jurar que, se a constelação dessa ideia aparecesse no horizonte, o conhecimento da verdade permaneceria a única grande meta a que semelhante sacrifício seria proporcionado porque para o conhecimento nenhum sacrifício é grande demais. Esperando, o problema nunca foi colocado..."[55]

As considerações extemporâneas falavam do uso crítico da história: tratava-se de colocar o passado na justiça, de cortar

---

[53] Friedrich Nietzsche, *Aurora*, § 429.
[54] Idem, *Além do bem e do mal*, § 39.
[55] Idem, *Aurora*. § 45

suas raízes com faca, destruir as venerações tradicionais a fim de libertar o homem e não lhe deixar outra origem senão aquela em que ele quer se reconhecer. Nietzsche censurava essa história crítica por nos desligar de todas as nossas fontes reais e sacrificar o próprio movimento da vida apenas à preocupação com a verdade. Vê-se que, um pouco mais tarde, Nietzsche retoma por sua conta o que ele então recusava. Ele o retoma, mas com uma finalidade inteiramente diferente: não se trata mais de julgar nosso passado em nome de uma verdade que o nosso presente seria o único a deter. Trata-se de arriscar a destruição do sujeito de conhecimento na vontade, indefinidamente desdobrada, de saber.

Em certo sentido, a genealogia retorna às três modalidades da história que Nietzsche reconhecia em 1874. Retorna a elas, superando objeções que ele lhes fazia então em nome da vida, de seu poder de afirmar e criar. Mas retorna a elas, metamorfoseando-as: a veneração dos monumentos torna-se paródia; o respeito às antigas continuidades torna-se dissociação sistemática; a crítica das injustiças do passado pela verdade que o homem detém hoje torna-se destruição do sujeito de conhecimento pela injustiça própria da vontade de saber.

3
Sobre a justiça popular[1]

MICHEL FOUCAULT: Parece-me que não devemos partir da forma do tribunal e perguntar como e em que condições pode haver um tribunal popular, e sim partir da justiça popular, dos atos de justiça popular e perguntar que lugar pode aí ocupar um tribunal. É preciso se perguntar se esses atos de justiça popular podem ou não se coadunar com a forma de um tribunal. A minha hipótese é que o tribunal não é a expressão natural da justiça popular, mas, pelo contrário, tem por função histórica reduzi-la, dominá-la, sufocá-la, reinscrevendo-a no interior de instituições características do aparelho de Estado. Exemplo: em 1792, quando a guerra se desencadeia nas fronteiras e se pede aos operários de Paris que partam para morrer, eles respondem: "Não partiremos antes de ter feito justiça aos nossos inimigos internos. Enquanto nós nos expomos, eles estão protegidos pelas prisões onde os enclausuraram. Só esperam a nossa partida para saírem de lá e restabelecerem a antiga ordem das coisas. De qualquer modo, aqueles que nos governam hoje querem utilizar contra nós, para nos fazer entrar na ordem, a dupla

---

[1] Na discussão que se segue, Michel Foucault e militantes maoistas procuram sistematizar uma discussão que se tinha desencadeado em junho de 1971 na ocasião do projeto de um tribunal popular para julgar a polícia. "Sur la justice populaire", in *Les Temps Modernes*, nº 310 bis, Paris: Presses d'Aujourd'hui, 1972. Tradução de Angela Loureiro de Souza e Roberto Machado.

pressão dos inimigos que nos invadem do exterior e dos que nos ameaçam no interior. Nós não iremos lutar contra os primeiros sem antes nos termos desembaraçado dos últimos." As execuções de setembro eram, ao mesmo tempo, um ato de guerra contra os inimigos internos, um ato político contra as manobras dos homens no poder e um ato de vingança contra as classes opressoras. Durante um período de luta revolucionária violenta, isso não seria um ato de justiça popular, pelo menos em primeira abordagem: uma réplica à opressão, estrategicamente útil e politicamente necessária? Ora, logo que as execuções começaram em setembro, homens da Comuna de Paris, ou próximos dela, intervieram e organizaram a cena do tribunal: juízes atrás de uma mesa, representando uma terceira instância entre o povo que grita "vingança" e os acusados que são "culpados" ou "inocentes"; interrogatórios para estabelecer a "verdade" ou obter a "confissão"; deliberação para saber o que é "justo"; instância imposta a todos por via autoritária. Será que não vemos reaparecer aqui o embrião, ainda que frágil, de um aparelho de Estado? A possibilidade de uma opressão de classe? Será que o estabelecimento de uma instância neutra entre o povo e os seus inimigos, susceptível de estabelecer a fronteira entre o verdadeiro e o falso, o culpado e o inocente, o justo e o injusto, não é uma maneira de se opor à justiça popular? Uma maneira de desarmá-la em sua luta real em proveito de uma arbitragem ideal? É por isso que eu me pergunto se o tribunal, em vez de ser uma forma da justiça popular, não é a sua primeira deformação.

VICTOR: De acordo, mas considere exemplos tirados não da revolução burguesa, mas de uma revolução proletária. Tome a China como exemplo: a primeira etapa é a *revolucionarização* ideológica das massas, as aldeias que se sublevam, os atos justos das massas camponesas contra seus inimigos: execuções de déspotas, todo tipo de revide a todas as exações suportadas durante séculos etc. As execuções de inimigos do povo se multiplicam e podemos dizer que são atos de justiça popular. Isto está certo: os olhos do camponês veem de maneira justa as coisas e tudo vai muito bem no campo. Mas em um estágio posterior, no momento da formação de um Exército Vermelho, já não estão simplesmente em cena as massas que se sublevam e os seus inimigos, mas as massas, os seus inimigos e um instrumento de unificação das massas que é o Exército Vermelho. Nesse momento, todos os atos de justiça popular são fundamentados e disciplinados. E é preciso jurisdições para que os diferentes atos possíveis de vingança estejam conformes ao direito, a um direito do povo que já não tem nada a ver com as velhas jurisdições feudais. É preciso estar seguro de que tal execução, tal ato de vingança, não será um ajuste de contas, portanto, pura e simplesmente a desforra de um egoísmo contra todos os aparelhos de opressão também fundados no egoísmo. Nesse exemplo há realmente o que você chama de uma terceira instância entre as massas e os seus opressores diretos. Você continuaria a afirmar que, nesse momento, o Tribunal Popular não somente não é uma forma de justiça popular, mas é uma deformação da justiça popular?

FOUCAULT: Você tem certeza de que neste caso uma terceira instância veio se intrometer entre as massas e os seus opressores? Não me parece: pelo contrário, diria que foram as próprias massas que se colocaram como intermediárias entre alguém que teria se separado delas, de sua vontade, para saciar uma vingança individual, e alguém que teria sido o inimigo do povo, mas que só seria visado pelo outro enquanto inimigo pessoal... No caso que eu cito, o Tribunal Popular, tal como funcionou durante a Revolução Francesa, tendia a ser uma terceira instância, aliás bem determinada socialmente; representava uma linha intermediária entre a burguesia no poder e a plebe parisiense, uma pequena burguesia composta de pequenos proprietários, pequenos comerciantes, artesãos. Colocaram-se como intermediários, fizeram funcionar um tribunal mediador e, para fazê-lo funcionar, referiram-se a uma ideologia que era até certo ponto a ideologia da classe dominante, ao que era "bom" ou não fazer ou ser. É por isso que, neste tribunal popular, eles não apenas condenaram padres refratários ou pessoas comprometidas com o caso de 10 de agosto — em número bastante limitado —, mas mataram condenados às galés, quer dizer, pessoas condenadas pelos tribunais do Antigo Regime, mataram prostitutas etc. Vê-se bem então que eles retomaram o lugar "mediano" da instância judiciária tal como ela tinha funcionado no Antigo Regime. Eles substituíram o revide das massas àqueles que eram os seus inimigos pelo funcionamento de um tribunal e boa parte de sua ideologia.

VICTOR: É por isso que é interessante comparar os exemplos de tribunais durante a revolução burguesa com os exemplos de tribunais durante a revolução proletária. O que você descreveu foi isso: entre as massas fundamentais, a plebe de então e os seus inimigos, havia uma classe, a pequena burguesia (uma terceira classe), que se interpôs, que tirou alguma coisa da plebe e uma outra coisa da classe que se tornava dominante; ela desempenhou assim o seu papel de classe mediana, fundiu esses dois elementos e daí resultou este tribunal popular que é, em relação ao movimento de justiça popular feito pela plebe, um elemento de repressão interna, portanto, uma deformação da justiça popular. Portanto, se havia um terceiro elemento, isso não decorre do tribunal, mas da classe que dirigia esses tribunais, isto é, a pequena burguesia.

FOUCAULT: Eu gostaria de examinar um pouco a história do aparelho de Estado judiciário. Na Idade Média se substituiu um tribunal arbitral (a que se recorria por consentimento mútuo, para pôr fim a um litígio ou a uma guerra privada e que não era de modo nenhum um organismo permanente de poder) por um conjunto de instituições estáveis, específicas, intervindo de maneira autoritária e dependente do poder político (ou controlado por ele). Essa transformação apoiou-se em dois mecanismos. O primeiro foi a fiscalização da justiça: pelo procedimento das multas, das confiscações, dos sequestros de bens, das custas, das gratificações de todo tipo, fazer justiça era lucrativo; depois do desmembramento do Estado carolíngio, a justiça tornou-se, entre as mãos dos senhores, não só um instrumento de apropriação, um meio de coerção, mas diretamente uma fonte de riqueza; ela produzia mais um rendimento paralelo à renda feudal, ou melhor, que fazia parte da renda feudal. As justiças eram fontes de riqueza, eram propriedades. Produziam bens que se trocavam, que circulavam, que se vendiam ou se herdavam com os feudos ou, às vezes, separados deles. As justiças faziam parte da circulação das riquezas e da extração feudal. Para os que as possuíam, eram um direito (ao lado do foro, da mão-morta, da dízima, da taxa de ocupação, das banalidades etc.); e para os que estavam sob sua jurisdição tomavam a forma de um foro não regular, mas a que tinham que se submeter em certos casos. O funcionamento arcaico da justiça se inverte: parece que remotamente a justiça tinha sido um direito para os que estavam sob sua jurisdição (direito de pedir justiça, se concordavam com isso) e um dever para os árbitros (obrigação de demonstrar o seu prestígio, a sua autoridade, a sua sabedoria, o seu poder político-religioso); daí em diante vai-se tornar um direito (lucrativo) para o poder, obrigação (custosa) para os subordinados.

Percebe-se aqui o cruzamento com o segundo mecanismo: o elo crescente entre a justiça e a força das armas. Substituir as guerras privadas por uma justiça obrigatória e lucrativa, impor uma justiça em que ao mesmo tempo se é juiz, parte e fisco e, substituindo as transações e acordos, impor uma justiça que assegure, garanta e aumente em proporções notáveis a extração de parte do produto do trabalho, isso implica que se disponha de uma força de coação. Não se pode impô-la senão por uma coerção armada: só onde o suserano é militarmente bastante forte para impor a sua "paz", pode haver extração fiscal e jurídica. Tendo-se tornado fontes de rendimento, as justiças seguiram o movimento de divisão das propriedades privadas. Mas, apoiadas na força das armas, seguiram a sua concentração progressiva. Duplo movimento que conduziu ao resultado "clássico": quando, no século XIV, o feudalismo teve que enfrentar as grandes revoltas camponesas e urbanas, ele procurou apoio em um poder, em um exército, em um sistema fiscal centralizados; e, ao mesmo tempo, apareceram, com o Parlamento, os procuradores do rei, as diligências judiciárias, a legislação contra os mendigos, vagabundos ociosos e, dentro em pouco, os primeiros rudimentos de polícia, uma justiça centralizada: o embrião de um aparelho de Estado judiciário que cobria, reduplicava e controlava as justiças feudais com o seu sistema fiscal, mas que lhes permitia funcionar. Assim apareceu uma ordem "judiciária" que se apresentou como a expressão do poder público: árbitro ao mesmo tempo neutro e autoritário, encarregado de resolver "justamente" os litígios e de assegurar "autoritariamente" a ordem pública. Foi sobre esse pano de fundo de guerra social, de extração fiscal e de concentração das forças armadas que se estabeleceu o aparelho judiciário.

Compreende-se por que na França e, creio, na Europa Ocidental, o ato de justiça popular é profundamente antijudiciário e oposto à própria forma do tribunal. Nas grandes sedições, desde o século XIV, atacam-se regularmente os agentes da justiça, tal como os agentes do fisco e, de uma maneira geral, os agentes do poder: abrem-se as prisões, expulsam-se os juízes e fecha-se o tribunal. A justiça popular reconhece na instância judiciária um aparelho de Estado representante do poder público e instrumento do poder de classe. Gostaria de lançar uma hipótese, da qual não estou seguro: parece-me que alguns hábitos próprios da guerra privada, alguns velhos ritos pertencendo à justiça "pré-judiciária" se conservaram nas práticas de justiça popular: por exemplo, era um velho rito germânico espetar em uma estaca, para expor em público, a cabeça de um inimigo morto regularmente, "juridicamente", durante uma guerra privada; a destruição da casa, ou pelo menos o incêndio do madeirame e o saque do mobiliário é um rito antigo, correlato a por fora da lei; ora, são esses atos anteriores à instauração do Judiciário que revivem regularmente nas sedições populares. Em torno da Bastilha tomada, passeia-se a cabeça de Delaunay; em torno do símbolo do aparelho repressivo, circula, com os seus velhos ritos ancestrais, uma prática popular que não se reconhece de modo nenhum nas instâncias judiciárias. Parece-me que a história da Justiça como aparelho de Estado permite compreender por que, pelo menos na França, os atos de justiça realmente populares tendem a escapar ao tribunal e por que, ao contrário, cada vez que a burguesia quis impor à sedição do povo a coação de um aparelho de Estado, se instaurou um tribunal: uma mesa, um presidente, assessores e dois adversários em frente. Assim reaparece o Judiciário. É assim que eu vejo as coisas.

VICTOR: Você vê as coisas até 1789, mas o que me interessa é o que vem depois. Você descreveu o nascimento de uma ideia de classe e como essa ideia de classe se materializa em práticas e aparelhos. Eu compreendo perfeitamente que na Revolução Francesa o tribunal tenha podido ser um instrumento de deformação e de repressão indireta dos atos de justiça popular da plebe. Parece-me que havia várias classes sociais em jogo — de um lado a plebe, de outro os traidores da nação e da revolução, e entre os dois uma classe que procurou desempenhar ao máximo o papel histórico que ela podia desempenhar. Portanto, o que eu posso tirar desse exemplo não são conclusões definitivas quanto à forma do tribunal popular — de qualquer modo para nós não há formas acima do devir histórico — mas somente à maneira com que a pequena burguesia enquanto classe pegou algumas ideias da plebe e, em seguida, dominada como era, sobretudo nessa época, pelas ideias da burguesia, esmagou-as pela forma dos tribunais da época. Daí eu não posso concluir nada sobre a questão prática dos tribunais populares na revolução ideológica atual, ou *a fortiori* na futura revolução popular armada. Por isso gostaria que comparássemos esse exemplo da Revolução Francesa com o exemplo que dei da revolução popular armada na China. Você me dizia: nesse exemplo só há dois termos: as massas e seus inimigos. Mas as massas delegam, de certa maneira, uma parte do seu poder a um elemento que está profundamente ligado a elas, mas que é todavia distinto — o Exército Vermelho Popular. Ora, essa composição do poder militar com o Poder Judiciário que você indicou, também aparece quando o exército popular ajuda as massas a organizar julgamentos regulares dos inimigos de classe. O que para mim não surpreende, à medida que o exército popular é um aparelho de Estado. Eu lhe coloco então a seguinte questão: será que você está sonhando com a possibilidade de passar da opressão atual ao comunismo sem um período de transição — o que se chama tradicionalmente ditadura do proletariado — em que são necessários aparelhos de Estado de um tipo novo; de que devemos explicitar o conteúdo? Não será isso que está por trás da sua recusa sistemática da forma do tribunal popular?

FOUCAULT: Você tem certeza de que se trata da simples *forma* do tribunal? Eu não sei como isso acontece na China, mas olhemos meticulosamente o que significa a disposição espacial do tribunal, a disposição das pessoas que estão em um tribunal. Isso pelo menos implica uma ideologia. Qual é essa disposição? Uma mesa; atrás dessa mesa, que os distancia ao mesmo tempo das duas partes, estão terceiros, os juízes; a posição destes indica primeiro que eles são neutros em relação a uma e a outra; segundo, implica que o seu julgamento não é determinado previamente, que vai ser estabelecido depois do inquérito pela audição das duas partes, em função de certa norma de verdade e de certo número de ideias sobre o justo e o injusto; e, terceiro, que a sua decisão terá peso de autoridade. Eis o que quer dizer essa simples disposição espacial. Ora, creio que essa ideia de que pode haver pessoas que são neutras em relação às duas partes, que podem julgá-las em função de ideias de justiça com valor absoluto e que as suas decisões devem ser executadas vai demasiado longe e parece muito distante da própria ideia de uma justiça popular. No caso de uma justiça popular, não há três elementos, há as massas e os seus inimigos. Em seguida, as massas, quando reconhecem em alguém um inimigo, quando decidem castigar esse inimigo — ou reeducá-lo — não se referem a uma ideia universal abstrata de justiça, referem-se somente à própria experiência, à dos danos que sofreram, da maneira como foram lesadas, como foram oprimidas. Enfim, a decisão delas não é uma decisão de autoridade, quer dizer, elas não se apoiam em um aparelho de Estado que tem a capacidade de impor decisões. Elas as executam pura e simplesmente. Portanto, eu tenho a impressão de que a organização, ao menos a ocidental, do tribunal não deve estar presente na prática da justiça popular.

VICTOR: Não estou de acordo. Quanto mais você é concreto em relação a todas as revoluções que vão até a revolução proletária, mais você se torna completamente abstrato em relação às revoluções modernas, incluindo as ocidentais. Por isso eu volto a falar da França. Na Liberação, houve diferentes atos de justiça popular. Propositadamente, tomemos um ato equívoco de justiça popular, um ato de justiça popular real, mas equívoco, isto é, um ato manipulado de fato pelo inimigo de classe; tiremos a lição geral para precisar a crítica teórica que eu faço.

Refiro-me às moças que tiveram suas cabeças raspadas porque tinham dormido com os "boches". De certo modo, é um ato de justiça popular: de fato, o comércio, no sentido mais carnal do termo, com o "boche" é algo que fere a sensibilidade física do patriotismo; na opinião do povo, trata-se realmente de um dano físico e moral. Todavia é um ato equívoco de justiça popular. Por quê? Simplesmente porque, enquanto se divertia o povo com a tonsura dessas mulheres, os verdadeiros colaboracionistas, os verdadeiros traidores continuavam em liberdade. Deixou-se, portanto, o inimigo manipular esses atos de justiça popular, não o velho inimigo em desagregação militar, o ocupante nazi, mas o novo inimigo, quer dizer, a burguesia francesa (excetuando a pequena minoria demasiado desfigurada pela ocupação e que não podia mostrar-se demais). Que lição podemos tirar desse ato equívoco de justiça popular? Não a tese segundo a qual o movimento de massas seria desrazoável, pois houve uma razão para esse ato de revide em relação às moças que tinham dormido com oficiais alemães, mas que, se o movimento de massa não está sob a orientação unificada do proletariado, pode ser desagregado do interior, manipulado pelo inimigo de classe. Em resumo, as coisas não passam somente pelo movimento de massas. Isso quer dizer que há contradições nas massas. Essas contradições no seio do povo em movimento podem perfeitamente fazer desviar o curso do seu desenvolvimento, à medida que o inimigo se apoie sobre elas. Há, portanto, necessidade de uma instância que normalize o curso da justiça popular, que lhe dê uma orientação. E isso as massas não podem fazê-lo diretamente, pois é preciso que haja uma instância que tenha a capacidade de resolver as contradições internas das massas. No exemplo da Revolução Chinesa, a instância que permitiu resolver essas contradições — e que ainda desempenhou esse papel depois de tomado o poder de Estado, na época da Revolução Cultural — foi o Exército Vermelho; ora, o Exército Vermelho é distinto do povo, mesmo se a ele está ligado, pois o povo ama o Exército e o Exército ama o povo. Nem todos os chineses participavam nem participam hoje do Exército Vermelho; o Exército Vermelho é uma delegação de poder do povo, não é o próprio povo. É por isso que também há sempre a possibilidade de uma contradição entre o Exército e o povo e haverá sempre uma possibilidade de repressão desse aparelho de Estado sobre as massas populares, o que abre a possibilidade e a necessidade de uma série de revoluções culturais precisamente para abolir as contradições tornadas antagônicas entre esses aparelhos de Estado que são o Exército, o partido ou o aparelho administrativo, e as massas populares.

Portanto, eu seria contra os tribunais populares, eu os acharia completamente inúteis ou nocivos, se as massas fossem um todo homogêneo quando se colocassem em movimento e, portanto, se não houvesse necessidade de instrumentos de disciplina, de centralização e de unificação das massas para desenvolver a revolução. Em suma, eu seria contra os tribunais populares se não pensasse que, para fazer a revolução, é necessário um partido e, para que a revolução prossiga, um aparelho de Estado revolucionário.

Quanto à objeção que você formulou a partir da análise das disposições espaciais do tribunal, eu responderia da seguinte maneira: não estamos coagidos por nenhuma forma — no sentido formal de disposição espacial — de nenhum tribunal. Um dos melhores tribunais da Liberação foi o de

Béthune: centenas de mineiros tinham decidido executar um "boche", isto é, um colaboracionista; puseram-no na praça principal durante sete dias; todos os dias chegavam, diziam "vamos executá-lo" e depois iam embora; o homem estava sempre lá e nunca era executado; a certa altura, não sei que autoridade vacilante que ainda existia no lugar disse: "acabem com isso, rapazes, matem-no ou libertem-no, isso não pode continuar assim", e eles disseram "está bem. Vamos, camaradas, vamos executá-lo", apontaram e atiraram, e o colaboracionista, antes de morrer, gritou "Heil Hitler", o que permitiu a todos dizer que o julgamento tinha sido justo... Nesse caso, não havia a disposição espacial que você descreve. A questão das formas que a justiça deve tomar na ditadura do proletariado não está resolvida, mesmo na China. Ainda se está na fase de experimentação. Há luta de classe em relação à questão do Judiciário. Isso mostra que não se vai voltar à mesa, aos assessores etc. Mas isso é só o aspecto superficial do problema. Seu exemplo ia muito mais longe. Dizia respeito à questão da "neutralidade": na justiça popular, o que acontece com esse terceiro elemento, portanto necessariamente neutro, e que seria detentor de uma verdade diferente daquela das massas populares, constituindo por isso mesmo um anteparo?

FOUCAULT: Eu destaquei três elementos: 1º, um elemento "terceiro"; 2º, a referência a uma ideia, a uma forma, a uma regra universal de justiça; 3º, uma decisão com poder executório; essas são as três características do tribunal, que a mesa manifesta de maneira anedótica na nossa civilização.

VICTOR: O elemento "terceiro" no caso da justiça popular é um aparelho de Estado revolucionário — por exemplo, o Exército Vermelho no começo da Revolução Chinesa. Em que sentido é um elemento terceiro, detentor de um "direito" e de uma "verdade", eis o que é preciso explicitar. Existem as massas, esse aparelho de Estado revolucionário e o inimigo. As massas vão exprimir suas queixas e abrir o dossiê de todas as exações, de todos os danos causados pelo inimigo; o aparelho de Estado revolucionário vai considerar esse dossiê; o inimigo vai intervir para dizer "não concordo com isso". Ora, a verdade dos fatos pode ser estabelecida. Se o inimigo vendeu três patriotas e toda a população da comuna está presente, mobilizada para o julgamento, a verdade do fato deve poder ser estabelecida. Se isso não acontece, é porque há um problema; se não se consegue demonstrar que ele cometeu esta ou aquela exação, o mínimo que se pode dizer é que a vontade de executá-lo não é um ato de justiça popular, mas um ajuste de contas, opondo uma pequena categoria das massas com ideias egoístas a esse inimigo ou pretenso inimigo.

O papel do aparelho de Estado revolucionário não terminou com o estabelecimento da verdade dos fatos. Já no estabelecimento dessa verdade ele desempenha um papel, visto que permite a toda a população mobilizada abrir o "dossiê" dos crimes do inimigo; mas seu papel não se limita a isso, ele pode ainda ter uma atuação discriminatória em relação às condenações: prova-se, por exemplo, que o patrão de uma oficina média explorou os operários abominavelmente, que é responsável por muitos acidentes de trabalho; deverá ser executado? Supondo que se queira, por necessidade da revolução, estabelecer aliança com essa média burguesia, ou que se diga que só seja preciso executar um pequeno número de arquicriminosos, estabelecendo para isso critérios objetivos, então ele não será executado. Isso apesar de os operários da oficina cujos companheiros foram mortos odiarem o patrão e quererem talvez executá-lo. Essa pode ser uma política justa, como o foi, por exemplo, durante a Revolução Chinesa, a limitação consciente das contradições entre os operários e a burguesia nacional; não sei se aqui isso acontecerá assim. Vou dar um exemplo fictício: é verossímil que não se liquidem todos os patrões, sobretudo em um país como a França, em que há muitas pequenas e médias empresas; seria gente demais... Isso significa dizer que o aparelho de Estado revolucionário, em nome dos interesses de conjunto que se sobrepõem aos de certa fábrica ou de certa aldeia, fornece um critério objetivo para a sentença. Volto ao exemplo do início da Revolução Chinesa: em uma certa fase, era justo atacar todos os proprietários fundiários; em outras fases, havia proprietários fundiários patriotas que não deviam ser atacados e era preciso educar os camponeses, portanto ir contra as suas tendências naturais em relação a esses proprietários fundiários.

FOUCAULT: O processo que você descreveu me parece completamente estranho à forma do tribunal. Qual é o papel desse aparelho de Estado revolucionário representado pelo Exército chinês? Será que o seu papel é, entre as massas que representam uma certa vontade ou um certo interesse e um indivíduo que representa um outro interesse ou uma vontade, escolher entre os dois, um lado ou o outro? Evidentemente que não, pois se trata de um aparelho de Estado que de toda maneira saiu das massas, que é controlado pelas massas e que continua a sê-lo, que tem efetivamente um papel positivo a desempenhar, não para decidir entre as massas e os seus inimigos, mas para assegurar a educação, a formação política, o alargamento do horizonte e da experiência política das massas. E aí o trabalho desse aparelho de Estado será impor uma sentença? De modo algum! Será educar as massas de maneira que sejam as próprias massas que venham dizer: "com efeito, não podemos matar esse homem", ou "com efeito, devemos matá-lo".

Você sabe que não é esse o funcionamento do tribunal tal como existe em nossa sociedade francesa atual — que é de um tipo inteiramente diferente — em que não é uma das partes que controla a instância judiciária e em que a instância judiciária não educa. Para voltar ao exemplo que você deu, se as pessoas se precipitaram sobre as mulheres para tonsurá-las foi porque subtraíram às massas os colaboracionistas, que teriam sido os inimigos naturais e sobre os quais se teria exercido a justiça popular, dizendo "Oh, esses são demasiado culpados, vamos levá-los ao tribunal"; eles foram metidos na prisão e levados a tribunal que, evidentemente, os absolveu. Nesse caso, o tribunal desempenhou o papel de álibi em relação a atos de justiça popular.

Volto agora à essência de minha tese. Você fala das contradições no seio das massas e diz que é necessário um aparelho de Estado revolucionário para ajudar as massas a resolvê-las. De acordo, não sei o que se passou na China; talvez o aparelho judiciário fosse, como nos Estados feudais, um aparelho extremamente flexível, pouco centralizado etc. Nas sociedades como a nossa, pelo contrário, o aparelho de justiça foi um aparelho de Estado extremamente importante cuja história foi sempre mascarada. Faz-se a história do direito, da economia, mas a história da justiça, da prática judiciária, do que foi efetivamente um sistema penal, do que foram os sistemas de repressão, disso fala-se raramente. Ora, creio que a justiça como aparelho de Estado teve, na história, uma importância capital. O sistema penal teve por função introduzir um certo número de contradições no seio das massas e, em particular, uma contradição maior: opor os plebeus proletarizados aos plebeus não proletarizados. A partir de uma certa época, o sistema penal, que tinha essencialmente uma função fiscal na Idade Média, dedicou-se à luta antissediciosa. A repressão das revoltas populares tinha sido, até então, sobretudo tarefa militar. Foi em seguida assegurada, ou melhor, prevenida, por um sistema complexo justiça-polícia-prisão.

É um sistema que desempenha, no fundo, um triplo papel; e, conforme as épocas, conforme o estado das lutas e a conjuntura, prevalece ora um ora outro aspecto. Por um lado ele é um fator de "proletarização": tem por função coagir o povo a aceitar o seu estatuto de proletário e as condições de exploração do proletariado. É perfeitamente claro que, desde o fim da Idade Média até o século XVIII, todas as leis contra os mendigos, os ociosos e os vagabundos, todos os órgãos de polícia destinados a expulsá-los os coagiam — e era esse o seu papel — a aceitar, no próprio lugar onde viviam, as condições extremamente ruins que lhes eram impostas. Se as recusavam, tinham que partir, se mendigavam ou "não faziam nada", seu destino era o aprisionamento e frequentemente o trabalho forçado. Por outro lado, esse sistema penal dirigia-se especialmente aos elementos mais móveis, mais agitados, os "violentos" da plebe, os que estavam mais prontos a passar à ação imediata e armada; entre o proprietário endividado coagido a abandonar a sua terra, o camponês que fugia do fisco, o operário banido por roubo, o vagabundo ou mendigo que recusava limpar os fossos da cidade, os que viviam da pilhagem nos campos, os pequenos ladrões e os salteadores de estrada, os que em grupos armados atacavam o fisco ou os agentes do Estado e, enfim, os que nos dias de motim nas cidades ou nos campos traziam armas e fogo, havia um acordo, uma rede de comunicação em que os indivíduos trocavam os seus papéis. Eram essas pessoas "perigosas" que era preciso isolar (na prisão, no Hospital Geral, nas galés, nas colônias) para que não pudessem servir de ponta de lança aos movimentos de resistência popular. Esse medo era grande no século XVIII, foi maior ainda depois da Revolução e na ocasião de todas as agitações do século XIX. Terceiro papel do sistema penal: fazer com que a plebe não proletarizada aparecesse aos olhos do proletariado como marginal, perigosa, imoral, ameaçadora para a sociedade inteira, a escória do povo, o rebotalho, a "gatunagem"; trata-se para a burguesia de impor ao proletariado, pela via da legislação penal, da prisão, mas também dos jornais, da "literatura", certas categorias da moral dita "universal" que servirão de barreira ideológica entre ela e a plebe não proletarizada; toda a figuração literária, jornalística, médica, sociológica, antropológica do criminoso (de que tivemos exemplos na segunda metade do século XIX e começo do XX) desempenha esse papel. Enfim, a separação que o sistema penal opera e mantém entre o proletariado e a plebe não proletarizada, todo o jogo das pressões que ele exerce sobre esta, permite à burguesia servir-se de alguns desses elementos plebeus contra o proletariado; ela os usa como soldados, policiais, traficantes, pistoleiros e utiliza-os na vigilância e na repressão do proletariado (e não somente os regimes fascistas deram exemplos disso).

À primeira vista, essas são algumas formas de funcionamento do sistema penal como sistema antissedicioso: meios para opor a plebe proletarizada e a que não o é e introduzir assim uma contradição agora bem marcante. Eis por que a revolução não pode deixar de passar pela eliminação radical do aparelho de justiça. E tudo o que lembre o aparelho penal, tudo o que possa lembrar a sua ideologia e permitir a essa ideologia insinuar-se sub-repticiamente nas práticas populares, deve ser banido. Por isso o tribunal, como forma exemplar dessa justiça, me parece ser um lugar de infiltração da ideologia do sistema penal na prática popular. Por isso penso que não devemos apoiar-nos em um modelo como esse.

VICTOR: Você sub-repticiamente esqueceu um século, o século XX. Eu lhe coloco, portanto, a questão: a contradição principal no seio das massas é entre os prisioneiros e os operários?

FOUCAULT: Não entre os prisioneiros e os operários, mas uma das contradições é a que existe entre a plebe não proletarizada e os proletários. Uma das contradições importantes, na qual a burguesia viu durante muito tempo, e sobretudo depois da Revolução Francesa, um dos seus meios de proteção; para ela o perigo maior contra o qual devia prevenir-se, o que ela tinha a todo o custo que evitar, era a sedição, era o povo armado, eram os operários na rua e a rua investindo contra o poder. E ela pensava reconhecer na plebe não proletarizada, nos plebeus que recusavam o estatuto de proletários ou nos que estavam excluídos dele, a ponta de lança do motim popular. Ela criou determinados procedimentos para separar a plebe proletarizada da plebe não proletarizada. E hoje esses meios lhe fazem falta — lhe foram ou lhe são retirados.

Estes três meios são, ou eram, o Exército, a colonização, a prisão (claro que a separação plebe/proletariado e a prevenção antissediciosa era apenas uma das suas funções). O Exército, com o seu sistema de recrutamento, assegurava a extração, sobretudo da população camponesa que superpovoava o campo e que não encontrava trabalho na cidade; e era o Exército que se lançava, se fosse preciso, sobre os operários. A burguesia procurou manter uma oposição entre o Exército e o proletariado, que muitas vezes funcionou, que às vezes não funcionou, quando os soldados recusavam-se a marchar ou a atirar. A colonização constitui um outro meio de extração. As pessoas enviadas para as colônias não recebiam um estatuto de proletário; serviam de quadros, de agentes de administração, de instrumentos de vigilância e de controle dos colonizados. E era sem dúvida para evitar que entre esses "pequenos brancos" e os colonizados se estabelecesse uma aliança, que teria sido aí tão perigosa quanto a unidade proletária na Europa, que se fornecia a eles uma sólida ideologia racista; "atenção, vocês vão para o meio de antropófagos". Quanto ao terceiro tipo de extração da população, ele era realizado pela prisão. Em torno dela e dos que para lá vão ou de lá saem, a burguesia construiu uma barreira ideológica (que diz respeito ao crime, ao criminoso, ao roubo, à gatunagem, aos degenerados, à sub-humanidade) que tem estreita relação com o racismo.

Mas hoje a colonização já não é possível na sua forma direta. O Exército já não pode desempenhar o mesmo papel que outrora. Por conseguinte, reforço da polícia, "sobrecarga" do sistema penitenciário, que deve por si só preencher todas essas funções. O esquadrinhamento policial quotidiano, os comissariados de polícia, os tribunais (e singularmente os de flagrante delito), as prisões, a vigilância pós-penal, toda a série de controles que constituem a educação vigiada, a assistência social, os "abrigos", devem desempenhar, no próprio local, um dos papéis que outrora o Exército e a colonização desempenhavam, transferindo e expatriando indivíduos.

Nessa história, a Resistência, a guerra da Argélia, Maio de 68 foram episódios decisivos; significaram o reaparecimento, nas lutas da clandestinidade, das armas e da rua; significaram, por outro lado, a implantação de um aparelho de combate contra a subversão interna (aparelho reforçado em cada episódio, adaptado e aperfeiçoado, mas, é claro, nunca perfeito): aparelho que funciona "em continuidade" há trinta anos. Digamos que as técnicas utilizadas até 1940 se apoiavam, sobretudo, na política imperialista (Exército/colônia); as utilizadas depois aproximam-se mais do modelo fascista (polícia/esquadrinhamento interno/enclausuramento).

VICTOR: Mas você não respondeu à minha pergunta: será que é essa a contradição principal no seio do povo?

FOUCAULT: Eu não digo que seja a contradição principal.

VICTOR: Você não diz, mas a história que você faz é eloquente: a sedição vem da fusão da plebe proletarizada com a plebe não proletarizada. Você descreveu todos os mecanismos para inscrever uma linha divisória entre a plebe proletarizada e a plebe não proletarizada. É claro que, quando existe essa linha de divisão, não há sedição, e quando se dá o restabelecimento da fusão, há sedição. Você pode dizer que para você essa não é a contradição principal, mas toda a história que você fez demonstra que é a contradição principal. Não vou lhe responder referindo-me ao século XX. Quero permanecer no século XIX, juntando um breve complemento histórico, um complemento um pouco contraditório, tirado de um texto de Engels sobre o aparecimento da grande indústria moderna.[2] Engels dizia que a primeira forma de revolta do proletariado moderno contra a grande indústria é a criminalidade — os operários que matavam os patrões. Ele não procurou os pressupostos nem todas as condições de funcionamento dessa criminalidade, não fez a história da ideia penal: falou do ponto de vista das massas e não do ponto de vista dos aparelhos de Estado, afirmando que a criminalidade é uma primeira forma de revolta. Depois ele rapidamente mostrou que ela era muito embrionária e não muito eficaz. A segunda forma, já superior, é a destruição das máquinas. Isso também não é muito eficaz, uma vez que, quebradas as máquinas, elas são substituídas. Isso tocava em um aspecto da ordem social, mas não atacava as causas. A revolta toma uma forma consciente quando se constitui a associação, o sindicalismo no seu sentido original. A associação é a forma superior de revolta do proletariado moderno, porque resolve a contradição principal nas massas: a oposição das massas entre si causadas pelo sistema social e pelo seu núcleo, o modo de produção capitalista. É, nos diz Engels, simplesmente a luta contra a concorrência entre operários — portanto a associação, à medida que ela reúne os operários — que permite colocar a concorrência no nível da concorrência entre os patrões. É aqui que se situam as primeiras descrições que ele faz das lutas sindicais pelo salário ou pela redução da jornada de trabalho. Esse pequeno complemento histórico leva-me a dizer que a contradição principal nas massas opõe o egoísmo ao coletivismo, a concorrência à associação.

---

[2] Friedrich Engels, *A situação da classe trabalhadora na Inglaterra*, cap. XI.

Quando existe a associação, isto é, quando o coletivismo vence a concorrência, surge a massa operária, portanto a plebe proletarizada fusionada, e o movimento de massas. E só nesse momento aparece a primeira condição de possibilidade da subversão, da sedição; a segunda condição é o fato de as massas se apropriarem de todos os motivos de revolta de todo o sistema social e não apenas da oficina ou da fábrica, para ocupar o terreno da sedição. É aí que se encontrará de fato, nas primeiras revoluções do século XIX, a junção com a plebe não proletarizada, a fusão também com outras classes sociais, os jovens intelectuais ou a pequena burguesia trabalhadora, os pequenos comerciantes.

FOUCAULT: Eu não disse que era a contradição fundamental. Eu quis dizer que a burguesia via na sedição o perigo principal. É assim que a burguesia vê as coisas; o que não quer dizer que as coisas se passarão como ela teme e que a junção do proletariado e de uma plebe marginal iria provocar a revolução. Concordo em grande parte com o que você acaba de lembrar a propósito de Engels. Parece, com efeito, que, no fim do século XVIII e no princípio do XIX, a criminalidade foi percebida pelo próprio proletariado como uma forma de luta social. Quando se chega à associação como forma de luta, a criminalidade não tem mais exatamente este papel; ou melhor, a transgressão das leis, a inversão provisória individual da ordem e do poder que a criminalidade constitui não pode mais ter a mesma significação nem a mesma função nas lutas. É preciso notar que a burguesia, obrigada a recuar perante essas formas de associação do proletariado, fez tudo o que pôde para desligar essa força nova de uma fração do povo considerada como violenta, perigosa, sem respeito pela legalidade, disposta por conseguinte à sedição. Entre todos os meios utilizados, houve alguns muito vastos (como a moral da escola primária, esse movimento que fazia passar toda uma ética através da alfabetização, a lei sob a letra), houve alguns muito reduzidos, de minúsculos e horríveis maquiavelismos (enquanto os sindicatos não possuíram personalidade jurídica, o poder esforçou-se por introduzir em seu seio elementos que um dia fugiam com o cofre; era impossível aos sindicatos prestar queixa; daí a reação de ódio contra os ladrões, desejo de ser protegido pela lei etc.)

Victor: Sinto-me obrigado a fazer uma correção, para precisar e dialetizar um pouco esse conceito de plebe não proletarizada. A ruptura principal, maior, que o sindicato institui, e que vai ser a causa da sua degenerescência, não é a que existe entre a plebe proletarizada — no sentido de proletariado instalado, instituído — e o lumpen-proletariado, quer dizer, em sentido estrito, o proletariado marginalizado, lançado fora do proletariado. A ruptura principal é a que existe entre uma minoria operária e a grande massa operária, quer dizer, a plebe que se proletariza: esta plebe é o operário que vem do campo, não é o vadio, o salteador, o desordeiro.

Foucault: Creio não ter tentado mostrar, no que acabo de dizer, que se trata de uma contradição fundamental. Descrevi um certo número de fatores e de efeitos e tentei mostrar como eles se encadeavam e como o proletariado tinha podido, até certo ponto, pactuar com a ideologia moral da burguesia.

Victor: Você diz que é um fator entre outros, que não é a contradição principal. Mas todos os seus exemplos, toda a história dos mecanismos que você descreve tendem a valorizar essa contradição. Para você, o primeiro pacto do proletariado com o diabo é o de ter aceitado os valores "morais" pelos quais a burguesia instaurava a separação entre a plebe não proletarizada e o proletariado, entre os vadios e os trabalhadores honestos. Eu respondo que não. O primeiro pacto com o diabo das associações operárias foi ter colocado como condição de adesão o fato de se pertencer a uma profissão; foi isso que permitiu aos primeiros sindicatos serem corporações que excluíam a massa dos operários não especializados.

Foucault: A condição que você lembra é, sem dúvida, a mais fundamental. Mas veja o que ela implica como consequência: se os operários não integrados na profissão não estão presentes em um sindicato, *a fortiori* também não o estão aqueles que não são proletários. Portanto, uma vez mais, se colocarmos o problema: como tem funcionado o aparelho judiciário e, de uma maneira geral, o sistema penal? Eu respondo: ele sempre funcionou de modo a introduzir contradições no seio do povo. Não quero dizer — isso seria aberrante — que o sistema penal introduziu as contradições fundamentais, mas me oponho à ideia de o sistema penal ser uma vaga superestrutura. Ele teve um papel constitutivo nas divisões da sociedade atual.

Gilles: Pergunto-me se não haverá duas plebes nessa história. Será que se pode verdadeiramente definir a plebe como aqueles que recusam ser operários, com a consequência, entre outras, de que a plebe teria o monopólio da violência, e os operários, os proletários no sentido estrito, uma tendência à não violência? Não será isso o resultado de uma visão burguesa do mundo, à medida que classifica os operários como um corpo organizado dentro do Estado, assim como os camponeses etc. etc., a plebe seria o resto: o resto sedicioso neste mundo pacificado, organizado, que seria o mundo burguês cuja justiça tem por missão fazer respeitar as fronteiras. Mas a própria plebe poderia perfeitamente ser prisioneira dessa visão burguesa das coisas, quer dizer, constituir-se como o outro mundo. E não tenho certeza de que, estando prisioneira dessa visão, o seu outro mundo não seja a reduplicação do mundo burguês. Com certeza não completamente por causa das tradições, mas em parte. Além disso, há ainda um outro fenômeno: este mundo burguês, estável, com separações, onde reina a justiça que se conhece, não existe. Será que, atrás da oposição do proletariado e de uma plebe que tem o monopólio da violência, não há o encontro entre o proletariado e o campesinato, não o campesinato "sensato", mas o campesinato em revolta latente? Será que o que ameaça a burguesia não é acima de tudo o encontro dos operários e dos camponeses?

FOUCAULT: Estou completamente de acordo com você em dizer que é preciso distinguir a plebe tal como a vê a burguesia e a plebe que existe realmente. Mas o que tentamos ver é como funciona a justiça. A justiça penal não foi produzida nem pela plebe nem pelo campesinato nem pelo proletariado, mas pura e simplesmente pela burguesia, como um instrumento tático importante no jogo de divisões que ela queria introduzir. Que esse instrumento tático não tenha levado em conta as verdadeiras possibilidades da revolução, é um fato feliz. Aliás, isso é natural, pois que, como burguesia, ela não podia ter consciência das relações reais e dos processos reais. E, com efeito, para falar do campesinato, pode-se dizer que as relações operários-camponeses não foram de modo algum o objetivo do sistema penal ocidental no século XIX; tem-se a impressão de que a burguesia no século XIX teve relativa confiança nos seus camponeses.

Gilles: Se é assim, é possível que a solução real do problema proletariado/plebe passe pela capacidade de resolver a questão da unidade popular, quer dizer, a fusão dos métodos de luta proletários e dos métodos da guerra camponesa.

Victor: Assim ainda não se resolve a questão da fusão. Há também o problema dos métodos próprios aos que circulam. Só se resolve a questão com um exército.

Gilles: Isso significa que a solução da oposição proletariado/plebe não proletarizada implica o ataque ao Estado, a usurpação do poder de Estado. É também por isso que temos necessidade de tribunais populares.

Foucault: Se o que se disse é verdade, a luta contra o aparelho judiciário é uma luta importante — não digo uma luta fundamental, mas é tão importante quanto foi a Justiça na separação que a burguesia introduziu e manteve entre proletariado e plebe. O aparelho judiciário teve efeitos ideológicos específicos sobre cada uma das classes dominadas. Há em particular uma ideologia do proletariado que se tornou permeável a um certo número de ideias burguesas sobre o justo e o injusto, o roubo, a propriedade, o crime, o criminoso. Isso não quer dizer, no entanto, que a plebe não proletarizada se manteve tal e qual. Pelo contrário, a essa plebe, durante um século e meio, a burguesia propôs as seguintes escolhas: ou vai para a prisão ou para o Exército; ou vai para a prisão ou para as colônias; ou vai para a prisão ou entra para a polícia. De modo que a plebe não proletarizada foi racista quando foi colonizadora; foi nacionalista e chauvinista quando foi militar; foi fascista quando foi policial. Os efeitos ideológicos sobre a plebe foram reais e profundos. Os efeitos sobre o proletariado são também reais. Esse sistema é, em um certo sentido, muito sutil e sustenta-se relativamente muito bem, mesmo se as relações fundamentais e o processo real não são vistos pela burguesia.

VICTOR: Da discussão estritamente histórica, retém-se que a luta contra o aparelho penal forma uma unidade relativa e que tudo o que você descreveu como implantação de contradições no seio do povo, não representa uma contradição principal, mas uma série de contradições que tiveram uma grande importância, *do ponto de vista da burguesia*, na luta contra a revolução. Mas com o que você acaba de dizer, se entra no âmago da justiça popular, que ultrapassa largamente a luta contra o aparelho judiciário; quebrar a cara de um chefezinho não tem nada a ver com a luta contra o juiz. O mesmo se poderia dizer em relação ao camponês que executa um proprietário fundiário. É isso a justiça popular, e isso excede largamente a luta contra o aparelho judiciário. Se tomarmos o exemplo do ano passado, vê-se que a prática da justiça popular é anterior às grandes lutas contra o aparelho judiciário. Foi ela que as preparou: foram os primeiros sequestros, as porradas nos chefezinhos que prepararam os espíritos para a grande luta contra a injustiça e contra o aparelho judiciário, Guiot, as prisões etc. No pós-Maio de 68, foi isso que se passou.

Você diz, *grosso modo*: há uma ideologia no proletariado que é uma ideologia burguesa e que retoma um sistema de valores burgueses: a oposição entre moral e imoral, justo e injusto, honesto e desonesto etc. Haveria então degenerescência da ideologia no seio da plebe proletária e degenerescência da ideologia da plebe não proletária, através de todos os mecanismos de integração aos diversos instrumentos de repressão antipopular. Ora, a formação da ideia unificadora, do estandarte da justiça popular, é a luta contra a alienação das ideias dentro e fora do proletariado, portanto também entre os "filhos desviados" do proletariado. Procuremos uma fórmula que ilustre essa luta contra as alienações, essa fusão das ideias vindas de todas as partes do povo — fusão das ideias que permite reunificar as partes separadas do povo, porque não é com ideias que se faz avançar a história, mas com uma força material, a do povo que se reunifica nas ruas. Um exemplo — a palavra de ordem que o PC lançou nos primeiros anos de ocupação para justificar a pilhagem das lojas, em particular na rua de Buci: "donas de casa, fazemos bem em roubar os que nos roubam." Perfeito. Ora, você vê como funciona a fusão: há uma demolição do sistema de valores burgueses (os ladrões e as pessoas honestas), mas uma demolição de um tipo particular, porque, nesse caso, continuam a existir ladrões. É uma nova separação. Toda a plebe se reunifica: são os não ladrões; e é o inimigo de classe que é ladrão. Por isso eu digo sem hesitar: "Prisão para Rives-Henry."

Analisando as coisas com profundidade, o processo revolucionário é sempre a fusão da sedição das classes constituídas com a das classes decompostas. Mas essa fusão se faz em uma direção precisa. Os "vagabundos", que eram milhões e milhões na China semicolonial e semifeudal, foram a base do primeiro Exército Vermelho. Os problemas ideológicos deste Exército estavam ligados à ideologia mercenária destes "vagabundos". E Mao, da base vermelha onde estava cercado, enviava apelos ao Comitê Central do Partido que diziam mais ou menos: mandem-me três quadros vindos de uma fábrica para contrabalançar um pouco a ideologia de todos os meus "miseráveis". A disciplina da guerra contra o inimigo não basta. É preciso contrabalançar a ideologia mercenária com a ideologia que vem da fábrica. O Exército Vermelho sob a direção do Partido, quer dizer, a guerra camponesa sob a direção do proletariado, foi o cadinho que permitiu a fusão entre as classes camponesas em decomposição e a classe proletária. Para que haja então subversão moderna, quer dizer, uma revolta que seja a primeira etapa de um processo de revolução contínua, é preciso que haja fusão dos elementos da sedição que vêm da plebe não proletária e da plebe proletária, sob a direção do proletariado da fábrica, da sua ideologia. Há uma intensa luta de classe entre as ideias que vêm da plebe não proletarizada e as que vêm do proletariado: as segundas devem tomar a direção. O larápio que se tornou membro do Exército Vermelho não rouba mais. No princípio, se ele roubava a mais insignificante agulha pertencente a um camponês, era imediatamente executado. Em outras palavras, a fusão só se desenvolve pelo estabelecimento de uma norma, de uma ditadura. Volto ao meu primeiro exemplo: os atos de justiça popular vindos de todas as camadas populares que sofreram danos materiais ou espirituais causados pelos inimigos de classe não se tornam um amplo movimento, favorecendo a revolução nos espíritos e na prática, se não forem normalizados; forma-se então um aparelho de Estado, aparelho saído das massas populares mas que, de certo modo, se separa delas (sem no entanto se isolar) e este aparelho tem, de certo modo, um papel de árbitro, não entre as massas e o inimigo de classe, mas entre ideias opostas nas massas, para a solução das contradições no seio das massas, para que o combate geral contra o inimigo de classe seja o mais eficaz, o mais direto possível.

Logo, chega-se sempre, na época das revoluções proletárias, ao estabelecimento de um aparelho de Estado de tipo revolucionário entre as massas e o inimigo de classe, com a possibilidade, evidentemente, de que o aparelho se torne repressivo em relação às massas. Também não haverá tribunais populares sem controle popular, logo, possibilidade de as massas os recusarem.

Foucault: Gostaria de lhe responder brevemente. Você diz que é sob o controle do proletariado que a plebe não proletarizada entrará no combate revolucionário. Absolutamente de acordo. Mas quando você diz que é sob o controle da *ideologia do proletariado,* eu lhe pergunto o que você entende por ideologia do proletariado.

Victor: Por ideologia do proletariado eu entendo o pensamento de Mao-Tsé-Tung.

Foucault: Certo. Mas você há de concordar que o que pensa a massa dos proletários franceses não é o pensamento de Mao Tse-tung nem forçosamente uma ideologia revolucionária. Além disso você diz que, é preciso um aparelho de Estado revolucionário para normalizar esta unidade nova constituída pelo proletariado e a plebe marginalizada. De acordo, mas você há também de concordar que as formas de aparelho de Estado que o aparelho burguês nos legou não podem em nenhum caso servir de modelo às novas formas de organização. O tribunal, arrastando consigo a ideologia da justiça burguesa e as formas de relação entre juiz e julgado, juiz e parte, juiz e pleiteante, que são aplicadas pela justiça burguesa, parece-me ter desempenhado um papel muito importante na dominação da classe burguesa. Quem diz tribunal diz que a luta entre as forças em presença está, quer queiram quer não, suspensa; que, em todo caso, a decisão tomada não será o resultado desse combate, mas o da intervenção de um poder que lhes será, a uns e a outros, estranho e superior; que esse poder está em posição de neutralidade entre elas e, por conseguinte, pode, ou em todo caso deveria, reconhecer, na própria causa, de que lado está a justiça. O tribunal implica também a existência de categorias comuns às partes em presença (categorias penais como o roubo, a vigarice; categorias morais como o honesto e o desonesto) e que as partes em presença aceitem submeter-se a elas. E tudo isso que a burguesia quer fazer crer sobre a justiça, a sua justiça. Todas essas ideias são armas de que a burguesia se tem servido no exercício do poder. É por isso que me incomoda a ideia de um tribunal popular. Sobretudo se os intelectuais desempenham nele os papéis do procurador ou do juiz, porque é precisamente por intermédio dos intelectuais que a burguesia tem espalhado e imposto os temas ideológicos de que falo.

Por isso, essa justiça deve ser o alvo da luta ideológica do proletariado e da plebe não proletária; por isso, as formas dessa justiça devem ser objeto da maior desconfiança para o novo aparelho de Estado revolucionário. Há duas formas às quais esse aparelho revolucionário não deverá obedecer em nenhum caso: a burocracia e o aparelho judiciário; assim como não deve haver burocracia, não deve haver tribunal; o tribunal é a burocracia da justiça. Se você burocratiza a justiça popular, você lhe dá a forma do tribunal.

VICTOR: Como normalizá-la?

FOUCAULT: Respondo com um gracejo: deve-se inventá-la. As massas — proletárias ou plebeias — sofreram demasiado com essa justiça, durante séculos, para que se continue a impor-lhes sua velha forma, mesmo com um novo conteúdo. Elas lutaram desde os confins da Idade Média contra essa justiça. Afinal de contas, a Revolução Francesa era uma revolta antijudiciária. A primeira coisa que ela explodiu foi o aparelho judiciário. A Comuna foi também profundamente antijudiciária.

As massas encontrarão uma maneira de regular o problema dos seus inimigos, daqueles que, individual ou coletivamente, as prejudicaram, métodos de revide que irão do castigo à reeducação, sem passar pela forma do tribunal que — na nossa sociedade, sem dúvida, na China, não sei — se deve evitar.

Por isso eu era contra o tribunal popular como forma solene, sintética, destinada a retomar todas as formas de luta antijudiciária. Seria reutilizar uma forma por demais carregada de ideologia imposta pela burguesia, com as divisões que ela acarreta entre proletariado e plebe não proletarizada. É um instrumento perigoso atualmente porque vai funcionar como modelo e perigoso mais tarde, em um aparelho de Estado revolucionário, porque por meio dele se infiltrarão formas de justiça que correriam o risco de restabelecer as divisões.

VICTOR: Vou responder de modo provocador: é provável que o socialismo invente uma outra coisa que não a cadeia. Portanto, quando se diz: "Cadeia para Dreyfus" se faz uma invenção, porque Dreyfus não está na cadeia, mas uma invenção fortemente marcada pelo passado (a cadeia). A lição é a velha ideia de Marx: o novo nasce a partir do antigo. Você diz que "as massas inventarão". Mas fica por resolver uma questão prática no momento atual. Eu estou de acordo quanto ao fato de que as *formas* da norma da justiça popular sejam renovadas, que se acabe com a mesa e a toga. Mas que permaneça uma instância de normalização. É isto que se chama de tribunal popular.

FOUCAULT: Se você define o tribunal popular como instância de normalização — eu preferiria dizer: instância de elucidação política — a partir da qual as ações de justiça popular podem se integrar no conjunto da linha política do proletariado, estou de acordo. Mas acho difícil chamar uma tal instância de "tribunal". Penso como você que o ato de justiça através do qual se responde ao inimigo de classe não pode ser confiado a uma espécie de espontaneidade instantânea, não refletida, não integrada a uma luta de conjunto. É preciso encontrar as formas de elaborar, pela discussão e pela informação, a necessidade de revide que existe, com efeito, nas massas. Em todo caso, o tribunal com a sua tripartição entre as duas partes e a instância neutra, decidindo em função de uma justiça que existe em si e para si, me parece um modelo particularmente nefasto para a elucidação, para a elaboração política da justiça popular.

Victor: Se amanhã se convocassem "Estados Gerais" em que estivessem representados todos os grupos de cidadãos que lutam: comitês de luta, comitês antirracistas, comitês de controle das prisões etc., em suma, o povo em sua representação atual, o povo no sentido marxista do termo, você seria contra porque isso remeteria a um modelo antigo?

Foucault: Os Estados Gerais muitas vezes foram, ao menos, um instrumento, não certamente da revolução proletária, mas da burguesa, e sabe-se que tem havido processos revolucionários no rastro dessa revolução burguesa. Depois dos Estados Gerais de 1357, houve a *jacquerie*; depois de 1789, houve 1793. Por conseguinte, isso poderia ser um bom modelo. Pelo contrário, parece-me que a justiça burguesa sempre funcionou para multiplicar as oposições entre proletários e plebe não proletarizada. É por isso que ela é um mau instrumento, não por ser velha.

Há na própria forma do tribunal, apesar de tudo, o seguinte: diz-se às duas partes "em princípio, a vossa causa não é justa ou injusta. Só o será no dia em que eu o disser, porque eu terei consultado as leis ou os registros da equidade eterna". É a própria essência do tribunal e, do ponto de vista da justiça popular, isso é completamente contraditório.

Gilles: O tribunal diz duas coisas: "existe problema" e depois: "sobre esse problema, enquanto terceiro termo, *eu* decido etc." O problema é a captação do poder de fazer justiça pela antiunidade popular; daí a necessidade de representar a unidade popular que faz justiça.

Foucault: Você quer dizer que a unidade popular deve representar e manifestar que se apoderou — provisória ou definitivamente — do poder de julgar?

Gilles: O que eu quero dizer é que a questão do tribunal de Lens não se podia resolver exclusivamente entre os mineiros e as *Houillères*. Isso dizia respeito ao conjunto das classes populares.

Foucault: A necessidade de afirmar a unidade dispensa a forma do tribunal. Eu diria mesmo — forçando um pouco — que através do tribunal se reconstitui uma espécie de divisão do trabalho. Há os que julgam — ou que dão a impressão de julgar — com toda a serenidade, sem estarem implicados. O que reforça a ideia de que uma justiça só é justa se for exercida por alguém exterior à questão, por um intelectual, um especialista da idealidade. Se, ainda por cima, esse tribunal popular é presidido ou organizado por intelectuais que vêm escutar o que dizem os operários de um lado e o patronato do outro e afirmar "um é inocente, o outro é culpado", há uma infiltração de idealismo nisso! Ao fazer dele um modelo geral para mostrar o que é a justiça popular, temos que se escolha o pior modelo.

Victor: Gostaria que fizéssemos o balanço da discussão. Primeira conclusão: é ato de justiça popular uma ação feita pelas massas — uma parte homogênea do povo — contra o seu inimigo direto considerado como tal...

Foucault: ...em revide a um dano preciso.

Victor: O registro atual dos atos de justiça popular é o conjunto dos atos de subversão conduzidos no momento pelas diferentes camadas populares.

Segunda conclusão: a passagem da justiça popular para uma forma superior supõe o estabelecimento de uma norma que vise resolver as contradições no seio do povo e distinguir o que é autenticamente justo do que é ajuste de contas, manipulável pelo inimigo para manchar a justiça popular, para introduzir uma ruptura no seio das massas e, portanto, para contrariar o movimento revolucionário. Estamos de acordo?

Foucault: Não completamente sobre o termo norma. Preferiria dizer que um ato de justiça popular não pode atingir a plenitude da sua significação se não for politicamente elucidado, controlado pelas próprias massas.

Victor: As ações de justiça popular permitem ao povo começar a tomar o poder, quando elas se inscrevem em um conjunto coerente, quer dizer, quando são dirigidas politicamente, à condição de que essa direção não seja externa ao movimento de massa, que as massas populares se unifiquem em torno dela. É o que eu chamo de estabelecimento de normas, estabelecimento de novos aparelhos de Estado.

Foucault: Suponhamos que em uma fábrica qualquer exista um conflito entre um operário e um chefe e que o operário proponha a seus camaradas uma ação de revide. Isso só será verdadeiramente um ato de justiça popular se o seu objetivo, se os seus resultados possíveis forem integrados à luta política do conjunto dos operários dessa fábrica...

Victor: Sim, mas antes é preciso que essa ação seja *justa*: o que supõe que todos os operários estejam de acordo em considerar que o chefe é um safado.

Foucault: Isso supõe discussão dos operários e decisão tomada em conjunto antes de se passar à ação. Não há aí nenhum embrião de um aparelho de Estado; e, no entanto, se transformou uma necessidade individual de revide em ato de justiça popular.

Victor: É uma questão de estágio. Primeiro há a revolta, depois a subversão, por fim a revolução. No primeiro estágio o que você diz é justo.

Foucault: Tinha-me parecido que, para você, só a existência de um aparelho de Estado podia transformar um desejo de revide em ato de justiça popular.

Victor: No segundo estágio. No primeiro estágio da revolução ideológica, sou pela pilhagem, sou pelos "excessos". É preciso inverter a dominação; não se pode destruir o mundo delicadamente.

Foucault: É preciso, sobretudo, acabar com a dominação...

Victor: Isso vem depois. No princípio, se diz "Cadeia para Dreyfus", depois destrói-se a cadeia. No primeiro estágio, pode haver um ato de revide contra um chefe que seja um ato de justiça popular, mesmo que nem toda a oficina esteja de acordo, porque há os delatores, os "caxias" e até mesmo um pequeno número de operários traumatizados pela ideia de que "apesar de tudo é o chefe". Mesmo se houver excessos, se o mandarem três meses para o hospital e ele só merecer dois, é um ato de justiça popular. Mas quando todas essas ações tomam a forma de um movimento de justiça popular em marcha — o que para mim só tem sentido pela constituição de um Exército popular —, surge o estabelecimento de uma norma, de um aparelho de Estado revolucionário.

Foucault: Eu compreendo isso no estágio da luta armada, mas não me parece que em seguida seja absolutamente necessária, para que o povo faça justiça, a existência de um aparelho de Estado judiciário. O perigo é que um aparelho de Estado judiciário assuma o encargo dos atos de justiça popular.

Victor: Coloquemos só as questões a serem resolvidas agora. Não falemos dos tribunais populares na França durante a luta armada, mas da etapa em que estamos, a da revolução ideológica. Uma das suas características é o fato de multiplicar os contrapoderes reais, através das revoltas, dos atos de subversão e de justiça. Contrapoderes no sentido estrito, isto é, que colocam o direito pelo avesso, com a significação profundamente subversiva de que somos nós o verdadeiro poder, que somos nós que repomos as coisas no seu lugar, que é o mundo tal como está constituído que está pelo avesso.

Uma das operações de contrapoder, entre todas as outras, é a formação de tribunais populares, contra os tribunais burgueses. Em que contexto isso se justifica? Não no de uma operação de justiça no interior de uma oficina, onde há a oposição entre a massa e o inimigo de classe direto; à condição de que as massas sejam mobilizadas para lutar contra este inimigo, a justiça pode exercer-se diretamente. Há então o julgamento do chefe e não um tribunal. Há as duas partes, e as coisas resolvem-se entre elas, mas com uma norma ideológica: nós estamos certos, ele é um safado. Dizer que ele é um safado é estabelecer uma norma que, de certa forma, retoma, mas para subverter, o sistema de valores burgueses — os vadios e as pessoas honestas. É assim que isso é percebido no nível da massa.

No contexto da cidade, onde há massas heterogêneas e onde é preciso que uma ideia — por exemplo, julgar a polícia — as unifique, onde se deve portanto atingir a verdade, conquistar a unidade do povo, pode ser uma excelente operação de contrapoder o estabelecimento de um tribunal popular contra o conluio constante entre a polícia e os tribunais que legalizam as manobras baixas.

FOUCAULT: Você diz que é uma vitória exercer um contrapoder ante ou no lugar de um poder existente. Quando os operários da Renault agarram um contramestre, o metem debaixo de um carro dizendo: "agora é você que vai apertar parafusos", perfeito. Eles exercem efetivamente um contrapoder. No caso do tribunal, é preciso levantar duas questões: o que será exatamente exercer um contrapoder em relação à justiça? E qual é o poder real que se exerce em um tribunal popular como o de Lens?

Em relação à justiça, a luta pode tomar várias formas. Em primeiro lugar, pode-se usar contra ela suas próprias armas, por exemplo, apresentar queixa contra a polícia. Isso não é evidentemente um ato de justiça popular; é a justiça burguesa apanhada em uma armadilha. Em segundo lugar, pode-se fazer guerrilhas contra o poder de justiça e impedi-lo de se exercer. Por exemplo, escapar da polícia, ridicularizar o tribunal, ir pedir satisfações a um juiz. Tudo isso é guerrilha antijudiciária, e não é ainda contrajustiça. A *contrajustiça* seria o poder de exercer, com relação a uma pessoa passível de ser julgada e que habitualmente escapa à justiça, um ato do tipo judiciário. Isto é, apoderar-se de sua pessoa, fazê-lo comparecer perante um tribunal, fazer um juiz julgá-lo referindo-se a certas formas de equidade e condená-lo realmente a uma pena que seria obrigado a cumprir. Isso é tomar exatamente o *lugar* da Justiça.

Em um tribunal como o de Lens, não se exerce um poder de contrajustiça, mas, antes de tudo, um poder de informação: extraíram da classe burguesa, da direção das *Houillères*, dos engenheiros, informações que recusavam às massas. Em segundo lugar, o tribunal popular permitiu quebrar o monopólio dos meios de transmissão das informações detido pelo poder. Exerceram-se, assim, dois poderes importantes, o de conhecer e o de difundir a verdade. Isso é muito importante, mas não é um poder de julgar. A forma ritual do tribunal não representa realmente os poderes que foram exercidos. Ora, é preciso que a forma de exercício de um poder — que deve ser visível, solene, simbólica — remeta apenas ao poder que se exerce realmente e não a um outro poder que não é realmente exercido nesse momento.

VICTOR: O seu exemplo de contrajustiça é completamente idealista.

FOUCAULT: Precisamente. Eu penso que não pode haver contrajustiça, em sentido estrito. Porque a Justiça, tal como funciona enquanto aparelho de Estado, só pode ter por função dividir internamente as massas. Portanto, a ideia de uma contrajustiça proletária é contraditória: não pode existir.

VICTOR: Se você reparar bem, no tribunal de Lens o mais importante, na prática, não é o poder (que foi conquistado) de conhecer e de difundir. O importante é que a ideia "*Houillères*, Assassinas" se difunda, que ela substitua a ideia "os que lançaram as bombas são culpados". *Afirmo que o poder de pronunciar uma sentença inexecutável é um poder real que se traduz materialmente por uma inversão ideológica no espírito das pessoas às quais se dirige.* É evidente que não é um poder judiciário. É absurdo imaginar uma contrajustiça, porque não pode haver um contrapoder judiciário. Mas há um contratribunal que funciona no nível da revolução nos espíritos.

FOUCAULT: Reconheço que o tribunal de Lens representa uma das formas de luta antijudiciária. Ele desempenhou um papel importante. Com efeito, desenrolou-se simultaneamente a um outro processo, em que a burguesia exerce, como ela pode exercer, o seu poder de julgar. Nesse mesmo momento, pôde-se retomar, palavra por palavra, fato por fato, tudo o que era dito nesse tribunal para fazer o outro lado aparecer. O tribunal de Lens era o inverso do que era feito no tribunal burguês; um revelava o que o outro escondia. Isso me parece uma forma perfeitamente adequada de saber e de propagar o que realmente se passa nas fábricas e nos tribunais. Excelente meio de informação sobre o modo como a justiça se exerce com relação à classe operária.

VICTOR: Estamos então de acordo sobre um terceiro ponto: uma operação de contraprocesso, de tribunal popular, é uma operação de contrapoder no sentido preciso em que o tribunal popular funciona como o contrário do tribunal burguês, aquilo que os jornais burgueses chamam de "paródia de justiça".

FOUCAULT: Não penso que as três teses que você enunciou representem completamente a discussão e os pontos sobre os quais estivemos de acordo. Pessoalmente, a ideia que eu quis introduzir na discussão é a de que o aparelho de Estado burguês de justiça, cuja forma visível, simbólica, é o tribunal, tinha por função essencial introduzir e multiplicar contradições no seio das massas, principalmente entre proletariado e plebe não proletarizada e que, por isso, as formas dessa justiça e a ideologia que está ligada a elas devem tornar-se alvo da nossa luta atual. E a ideologia moral — pois o que é a nossa moral senão aquilo que nunca deixou de ser reafirmado e reconfirmado pelas sentenças dos tribunais? —, essa ideologia moral, como as formas de justiça sustentadas pelo aparelho burguês, deve passar pelo crivo da mais severa crítica...

Victor: Mas em relação à moral, existe também contrapoder: o ladrão não é aquele que se crê...

Foucault: Nesse caso, o problema torna-se muito difícil. É do ponto de vista da propriedade que há roubo e ladrão. Direi para concluir que a reutilização de uma forma como a do tribunal, com tudo o que ela implica — posição do juiz como terceiro termo, referência a um direito ou a uma equidade, sentença decisiva —, deve também passar pelo crivo de uma crítica muito severa; e eu só vejo reutilização válida para ela no caso em que se possa, paralelamente a um processo burguês, abrir um contraprocesso que faça aparecer como mentira a verdade do outro, e como abuso de poder as suas decisões. Além desse caso, vejo mil possibilidades de guerrilha judiciária ou de atos de justiça popular, que não passam pela forma do tribunal.

Victor: Creio que estamos de acordo quanto à sistematização da prática. É possível que não tenhamos ido até ao fundo de um desacordo filosófico...

5 de fevereiro de 1972

4

OS INTELECTUAIS E O PODER[1]
CONVERSA ENTRE MICHEL FOUCAULT E GILLES DELEUZE

MICHEL FOUCAULT: Um maoista me dizia: "Eu compreendo por que Sartre está conosco, por que e em que sentido ele faz política; você, eu compreendo um pouco: você sempre colocou o problema da reclusão. Mas Deleuze, realmente eu não compreendo." Essa observação me surpreendeu muito porque isso me parece bastante claro.

GILLES DELEUZE: Talvez seja porque estejamos vivendo de maneira nova as relações teoria-prática. Às vezes se concebia a prática como uma aplicação da teoria, como uma consequência; às vezes, ao contrário, como devendo inspirar a teoria, como sendo ela própria criadora com relação a uma forma futura de teoria. De qualquer modo, se concebiam suas relações como um processo de totalização, em um sentido ou em outro. Talvez para nós a questão se coloque de outra maneira. As relações teoria-prática são muito mais parciais e fragmentárias. Por um lado, uma teoria é sempre local, relativa a um pequeno domínio e pode se aplicar a um outro domínio, mais ou menos afastado. A relação de aplicação nunca é de semelhança. Por outro lado, desde que uma teoria penetre em seu próprio domínio encontra obstáculos que tornam necessário que seja revezada por outro tipo de discurso (é

---
[1] "Les Intellectuels et le pouvoir"; in *L'Arc*, n° 49, Aix-en-Provence, 1972. Tradução de Roberto Machado.

esse outro tipo que permite eventualmente passar a um domínio diferente). A prática é um conjunto de revezamentos de uma teoria a outra e a teoria um revezamento de uma prática a outra. Nenhuma teoria pode se desenvolver sem encontrar uma espécie de muro e é preciso a prática para atravessar o muro. Por exemplo, você começou analisando teoricamente um meio de reclusão como o asilo psiquiátrico, no século XIX, na sociedade capitalista. Depois você sentiu a necessidade de que pessoas reclusas, pessoas que estão nas prisões, começassem a falar por si próprias, fazendo assim um revezamento. Quando você organizou o GIP (Grupo de Informação Prisões) foi baseado nisto: criar condições para que os presos pudessem falar por si mesmos. Seria totalmente falso dizer, como parecia dizer o maoísta, que você teria passado à prática aplicando suas teorias. Não havia aplicação, nem projeto de reforma, nem pesquisa no sentido tradicional. Havia uma coisa totalmente diferente: um sistema de revezamentos em um conjunto, em uma multiplicidade de componentes ao mesmo tempo teóricos e práticos. Para nós, o intelectual teórico deixou de ser um sujeito, uma consciência representante ou representativa. Aqueles que agem e lutam deixaram de ser representados, seja por um partido ou um sindicato que se arrogaria o direito de ser a consciência deles. Quem fala e age? Sempre uma multiplicidade, mesmo que seja na pessoa que fala ou age. Nós somos todos pequenos grupos. Não existe mais representação, só existe ação: ação de teoria, ação de prática em relações de revezamento ou em rede.

FOUCAULT: Parece-me que a politização de um intelectual tradicionalmente se fazia com base em duas coisas: em primeiro lugar, sua posição de intelectual na sociedade burguesa, no sistema de produção capitalista, na ideologia que ela produz ou impõe (ser explorado, reduzido à miséria, rejeitado, "maldito", acusado de subversão, de imoralidade etc.); em segundo lugar, seu discurso enquanto revelava uma determinada verdade, descobria relações políticas onde normalmente elas não eram percebidas. Essas duas formas de politização não eram estranhas uma em relação à outra, embora não coincidissem necessariamente. Havia o tipo do intelectual "maldito" e o tipo do intelectual socialista. Essas duas formas de politização facilmente se confundiram em determinados momentos de reação violenta do poder, depois de 1848, depois da Comuna de Paris, depois de 1940: o intelectual era rejeitado, perseguido, no momento mesmo em que as "coisas" apareciam em sua "verdade", no momento em que não se devia dizer que o rei estava nu. O intelectual dizia a verdade àqueles que ainda não a viam e em nome daqueles que não podiam dizê-la: consciência e eloquência.

Ora, o que os intelectuais descobriram recentemente é que as massas não necessitam deles para saber; elas sabem perfeitamente, claramente, muito melhor do que eles; e elas o dizem muito bem. Mas existe um sistema de poder que barra, proíbe, invalida esse discurso e esse saber. Poder que não se encontra somente nas instâncias superiores da censura, mas que penetra muito profundamente, muito sutilmente em toda a trama da sociedade. Os próprios intelectuais fazem parte desse sistema de poder, a ideia de que eles são agentes da "consciência" e do discurso também faz parte desse sistema. O papel do intelectual não é mais o de se colocar "um pouco na frente ou um pouco de lado" para dizer a muda verdade de todos; é antes o de lutar contra as formas de poder exatamente onde ele é, ao mesmo tempo, o objeto e o instrumento: na ordem do saber, da "verdade", da "consciência", do discurso.

É por isso que a teoria não expressará, não traduzirá, não aplicará uma prática; ela é uma prática. Mas local e regional, como você diz: não totalizadora. Luta contra o poder, luta para fazê-lo aparecer e feri-lo onde ele é mais invisível e mais insidioso. Luta não para uma "tomada de consciência" (há muito tempo que a consciência como saber está adquirida pelas massas e que a consciência como sujeito está adquirida, está ocupada pela burguesia), mas para a destruição progressiva e a tomada do poder ao lado de todos aqueles que lutam por ela, e não na retaguarda, para esclarecê-los. Uma "teoria" é o sistema regional desta luta.

DELEUZE: Exatamente. Uma teoria é como uma caixa de ferramentas. Nada tem a ver com o significante... É preciso que sirva, é preciso que funcione. E não para si mesma. Se não há pessoas para utilizá-la, a começar pelo próprio teórico que deixa então de ser teórico, é que ela não vale nada ou que o momento ainda não chegou. Não se refaz uma teoria, fazem-se outras; há outras a serem feitas. É curioso que seja um autor que é considerado um puro intelectual, Proust, que o tenha dito tão claramente: tratem meus livros como óculos dirigidos para fora e, se eles não lhes servem, consigam outros, encontrem vocês mesmos seu instrumento, que é forçosamente um instrumento de combate. A teoria não totaliza; a teoria se multiplica e multiplica. É o poder que por natureza opera totalizações, e você diz exatamente que a teoria por natureza é contra o poder. Desde que uma teoria penetra em determinado ponto, ela se choca com a impossibilidade de ter a menor consequência prática sem que se produza uma explosão, se necessário em um ponto totalmente diferente. Por esse motivo, a noção de reforma é tão estúpida e hipócrita. Ou a reforma é elaborada por pessoas que se pretendem representativas e que têm como ocupação falar pelos outros, em nome dos outros, e é uma reorganização do poder, uma distribuição de poder que se acompanha de uma repressão crescente. Ou é uma reforma reivindicada, exigida por aqueles a quem ela diz respeito, e aí deixa de ser uma reforma, é uma ação revolucionária que por seu caráter parcial está decidida a colocar em questão a totalidade do poder e de sua hierarquia. Isso é evidente nas prisões: a menor, a mais modesta, reivindicação dos prisioneiros basta para esvaziar a pseudorreforma Pleven. Se as crianças conseguissem que seus protestos, ou simplesmente suas questões, fossem ouvidos em uma escola maternal, isso seria o bastante para explodir o conjunto do sistema de ensino. Na verdade, esse sistema em que vivemos *nada pode suportar*: daí sua fragilidade radical em cada ponto, ao mesmo tempo que sua força global de repressão. A meu ver, você foi o primeiro a nos ensinar — tanto em seus livros quanto no domínio da prática — algo de fundamental: a indignidade de falar pelos outros. Quero dizer que se ridicularizava a representação, dizia-se que ela tinha acabado, mas não se tirava a consequência dessa conversão "teórica", isto é, que a teoria exigia que as pessoas a quem ela concerne falassem por elas próprias.

FOUCAULT: E quando os prisioneiros começaram a falar, viu-se que eles tinham uma teoria da prisão, da penalidade, da justiça. Essa espécie de discurso contra o poder, esse contradiscurso expresso pelos prisioneiros, ou por aqueles que são chamados de delinquentes, é que é o fundamental, e não uma teoria *sobre* a delinquência. O problema da prisão é um problema local e marginal à medida que menos de cem mil pessoas passam anualmente pelas prisões; atualmente, na França, talvez haja ao todo trezentas ou quatrocentas mil pessoas que tenham passado pela prisão. Ora, esse problema marginal atinge as pessoas. Fiquei surpreso de ver que se podia interessar pelo problema das prisões tantas pessoas que não estavam na prisão, de ver como tantas pessoas que não estavam predestinadas a escutar esse discurso dos detentos, o ouviam. Como explicar isso? Não será que, de modo geral, o sistema penal é a forma em que o poder como poder se mostra da maneira mais manifesta? Prender alguém, mantê-lo na prisão, privá-lo de alimentação, de aquecimento, impedi-lo de sair, de fazer amor etc., é a manifestação de poder mais delirante que se possa imaginar. Outro dia eu falava com uma mulher que esteve na prisão, e ela dizia: "quando se pensa que eu, que tenho quarenta anos, fui punida um dia na prisão, ficando a pão e água!" O que impressiona nessa história é não apenas a puerilidade dos exercícios do poder, mas o cinismo com que ele se exerce como poder, da maneira mais arcaica, mais pueril, mais infantil. Reduzir alguém a pão e água... isso são coisas que nos ensinam quando somos crianças. A prisão é o único lugar onde o poder pode se manifestar em estado puro em suas dimensões mais excessivas e se justificar como poder moral. "Tenho razão em punir, pois vocês sabem que é desonesto roubar, matar..."

O que é fascinante nas prisões é que nelas o poder não se esconde, não se mascara cinicamente, se mostra como tirania levada aos mais ínfimos detalhes, e, ao mesmo tempo, é puro, é inteiramente "justificado", visto que pode inteiramente se formular no interior de uma moral que serve de adorno a seu exercício: sua tirania brutal aparece então como dominação serena do Bem sobre o Mal, da ordem sobre a desordem.

DELEUZE: E o inverso é igualmente verdadeiro. Não são apenas os prisioneiros que são tratados como crianças, mas as crianças como prisioneiras. As crianças sofrem uma infantilização que não é a delas. Nesse sentido, é verdade que as escolas se parecem um pouco com as prisões, as fábricas se parecem muito com as prisões. Basta ver a entrada na Renault. Ou em outro lugar: três permissões por dia para fazer xixi. Você encontrou um texto de Jeremy Bentham, do século XVIII, que propõe precisamente uma reforma das prisões: em nome dessa nobre reforma, ele estabelece um sistema circular em que a prisão renovada serve de modelo para outras instituições, e em que se passa insensivelmente da escola à manufatura, da manufatura à prisão e inversamente. É isso a essência do reformismo, a essência da representação reformada. Ao contrário, quando as pessoas começam a falar e a agir em nome delas mesmas não opõem uma representação, mesmo invertida, a outra, não opõem outra representatividade à falsa representatividade do poder. Lembro-me, por exemplo, de que você dizia que não existe justiça popular contra a justiça; isso se passa em outro nível.

FOUCAULT: Penso que, atrás do ódio que o povo tem da justiça, dos juízes, dos tribunais, das prisões, não se deve apenas ver a ideia de outra justiça melhor e mais justa, mas, antes de tudo, a percepção de um ponto singular em que o poder se exerce em detrimento do povo. A luta antijudiciária é uma luta contra o poder e não uma luta contra as injustiças, contra as injustiças da justiça e por um melhor funcionamento da instituição judiciária. Não deixa de ser surpreendente que, sempre que houve motins, revoltas e sedições, o aparelho judiciário tenha sido um dos alvos, do mesmo modo que o aparelho fiscal, o Exército e as outras formas de poder. Minha hipótese — mas é apenas uma hipótese — é que os tribunais populares, por exemplo no momento da Revolução Francesa, foram um modo da pequena burguesia aliada às massas recuperar, retomar nas mãos o movimento de luta contra a justiça. E para retomá-lo, propôs o sistema do tribunal que se refere a uma justiça que poderia ser justa, a um juiz que poderia dar uma sentença justa. A própria forma do tribunal pertence a uma ideologia da justiça que é a da burguesia.

DELEUZE: Se se considera a situação atual, o poder possui forçosamente uma visão total ou global. Quero dizer que todas as formas atuais de repressão, que são múltiplas, se totalizam facilmente do ponto de vista do poder: a repressão racista contra os imigrados, a repressão nas fábricas, a repressão no ensino, a repressão contra os jovens em geral. Não se deve apenas procurar a unidade de todas essas formas em uma reação a Maio de 68, mas principalmente na preparação e na organização de nosso futuro próximo. O capitalismo francês tem grande necessidade de uma "reserva" de desemprego e abandona a máscara liberal e paternal do pleno emprego. É desse ponto de vista que encontram unidade: a limitação da imigração, já tendo sido dito que se confiava aos imigrados os trabalhos mais duros e ingratos; a repressão nas fábricas, pois se trata de devolver ao francês o "gosto" por um trabalho cada vez mais duro; a luta contra os jovens e a repressão no ensino, visto que a repressão policial é tanto mais ativa quanto menos necessidade de jovens se tem no mercado de trabalho. Vários tipos de categorias profissionais vão ser convidados a exercer funções policiais cada vez mais precisas: professores, psiquiatras, educadores de todos os tipos etc. É algo que você anunciava há muito tempo e que se pensava que não poderia acontecer: o reforço de todas as estruturas de reclusão. Então, ante essa política global do poder se fazem revides locais, contra-ataques, defesas ativas e às vezes preventivas. Nós não temos que totalizar o que apenas se totaliza do lado do poder e que só poderíamos totalizar restaurando formas representativas de centralismo e de hierarquia. Em contrapartida, o que temos que fazer é instaurar ligações laterais, todo um sistema de redes, de bases populares. E é isso que é difícil. Em todo caso, para nós a realidade não passa de modo algum pela política, no sentido tradicional de competição e distribuição de poder, de instâncias ditas representativas do tipo PC ou CGT.[2] A realidade é o que está acontecendo efetivamente em uma fábrica, uma escola, uma caserna, uma prisão, um comissariado. De tal modo que a ação comporta um tipo de informação de natureza totalmente diferente das informações dos jornais (como o tipo de informação da *Agence de Presse Libération*).

FOUCAULT: Essa dificuldade — nosso embaraço em encontrar as formas de luta adequadas — não virá de que ainda ignoramos o que é o poder? Afinal de contas, foi preciso esperar o século XIX para saber o que era a exploração; mas talvez ainda não se saiba o que é o poder. E Marx e Freud talvez não sejam suficientes para nos ajudar a conhecer essa coisa tão enigmática, ao mesmo tempo visível e invisível, presente

---

[2] Confédération Générale du Travail (Confederação Geral do Trabalho, em tradução livre). (N.E.)

e oculta, investida em toda parte, que se chama poder. A teoria do Estado, a análise tradicional dos aparelhos de Estado sem dúvida não esgotam o campo de exercício e de funcionamento do poder. Existe atualmente um grande desconhecido: quem exerce o poder? Onde o exerce? Atualmente se sabe, mais ou menos, quem explora, para onde vai o lucro, por que mãos ele passa e onde ele se reinveste, mas o poder... Sabe-se muito bem que não são os governantes que o detêm. Mas a noção de "classe dirigente" nem é muito clara nem muito elaborada. "Dominar", "dirigir", "governar", "grupo no poder", "aparelho de Estado" etc. é todo um conjunto de noções que exige análise. Além disso, seria necessário saber até onde se exerce o poder, através de que revezamentos e até que instâncias, frequentemente ínfimas, de controle, de vigilância, de proibições, de coerções. Onde há poder, ele se exerce. Ninguém é, propriamente falando, seu titular; e, no entanto, ele sempre se exerce em determinada direção, com uns de um lado e outros do outro; não se sabe ao certo quem o detém; mas se sabe quem não o possui. Se a leitura de seus livros (de *Nietzsche e a filosofia* até o que pressinto ser o *Anti-Édipo: capitalismo e esquizofrenia*) foi tão essencial para mim, é que eles me parecem ir bastante longe na colocação deste problema: sob o velho tema do sentido, significado, significante etc., a questão do poder, da desigualdade dos poderes, de suas lutas. Cada luta se desenvolve em torno de um foco particular de poder (um dos inúmeros pequenos focos que podem ser um chefete, um guarda de HLM,[3] um diretor de prisão, um juiz, um responsável sindical, um redator-chefe de um jornal). E se designar os focos, denunciá-los, falar deles publicamente é

---

[3] Habitation à Loyer Modéré (moradia a custos moderados, em tradução livre) (N.E.).

uma luta, não é porque ninguém ainda tinha tido consciência disso, mas porque falar a esse respeito — forçar a rede de informação institucional, nomear, dizer quem fez, o que fez, designar o alvo — é uma primeira inversão de poder, é um primeiro passo para outras lutas contra o poder. Se discursos como, por exemplo, os dos detentos ou dos médicos de prisões são lutas, é porque eles confiscam, ao menos por um momento, o poder de falar da prisão, atualmente monopolizado pela administração e seus compadres reformadores. O discurso de luta não se opõe ao inconsciente: ele se opõe ao segredo. Isso dá a impressão de ser muito menos. E se fosse muito mais? Existe uma série de equívocos a respeito do "oculto", do "recalcado", do "não dito" que permite "psicanalisar" a baixo preço o que deve ser o objeto de uma luta. O segredo é talvez mais difícil de revelar que o inconsciente. Os dois temas ainda há pouco frequentes — "a escritura é o recalcado" e "a escritura é de direito subversiva" me parecem revelar certo número de operações que é preciso denunciar implacavelmente.

DELEUZE: Quanto ao problema que você coloca — vê-se quem explora, quem lucra, quem governa, mas o poder é algo ainda mais difuso —, eu levantaria a seguinte hipótese: mesmo o marxismo — e sobretudo ele — determinou o problema em termos de interesse (o poder é detido por uma classe dominante definida por seus interesses). Imediatamente surge uma questão: como é possível que pessoas que não têm muito interesse nele sigam o poder, se liguem estreitamente a ele, mendiguem uma parte dele? É que talvez em termos de *investimentos*, tanto econômicos quanto inconscientes, o interesse não seja a última palavra; há investimentos de desejo que explicam que se possa desejar, não contra seu interesse visto que o interesse é sempre uma decorrência e se encontra onde o desejo o coloca — mas desejar de uma forma mais profunda e mais difusa do que seu interesse. É preciso ouvir a exclamação de Reich: não, as massas não foram enganadas, em determinado momento elas efetivamente desejaram o fascismo! Há investimentos de desejo que modelam o poder e o difundem, e que fazem com que o poder exista tanto no nível do tira quanto do primeiro-ministro e que não haja diferença de natureza entre o poder que exerce um reles tira e o poder que exerce um ministro. É a natureza dos investimentos de desejo em relação a um corpo social que explica por que partidos ou sindicatos, que teriam ou deveriam ter investimentos revolucionários em nome dos interesses de classe, podem ter investimentos reformistas ou perfeitamente reacionários no nível do descjo.

FOUCAULT: Como você diz, as relações entre desejo, poder e interesse são mais complexas do que geralmente se acredita e não são necessariamente os que exercem o poder que têm interesse em exercê-lo, os que têm interesse em exercê-lo não o exercem e o desejo do poder estabelece uma relação ainda singular entre o poder e o interesse. Acontece que as massas, no momento do fascismo, desejam que alguns exerçam o poder, alguns que, no entanto, não se confundem com elas, visto que o poder se exercerá sobre elas e em detrimento delas, até a morte, o sacrifício e o massacre delas; e, no entanto, elas desejam esse poder, desejam que esse poder seja exercido. Essa relação entre o desejo, o poder e o interesse é ainda pouco conhecida. Foi preciso muito tempo para saber o que era a exploração. E o desejo foi, e ainda é, um grande desconhecido. É possível que as lutas que se realizam agora e as teorias locais, regionais, descontínuas, que estão se elaborando nas lutas e fazem parte delas, sejam o começo de uma descoberta do modo como se exerce o poder.

Deleuze: Eu volto então à questão: o movimento atual tem muitos focos, o que não significa fraqueza e insuficiência, pois a totalização pertence sobretudo ao poder e à reação. Por exemplo, o Vietnã é um formidável revide local. Mas como conceber as redes, as ligações transversais entre esses pontos ativos descontínuos entre países ou no interior de um mesmo país?

Foucault: Essa descontinuidade geográfica de que você fala significa talvez o seguinte: quando se luta contra a exploração é o proletariado que não apenas conduz a luta, mas define os alvos, os métodos, os lugares e os instrumentos de luta; aliar-se ao proletariado é unir-se a ele em suas posições, em sua ideologia; é aderir aos motivos de seu combate; é fundir-se com ele. Mas se é contra o poder que se luta, então todos aqueles sobre quem o poder se exerce como abuso, todos aqueles que o reconhecem como intolerável, podem começar a luta onde se encontram e a partir de sua atividade (ou passividade) própria. E iniciando esta luta — que é a luta deles — de que conhecem perfeitamente o alvo e de que podem determinar o método, eles entram no processo revolucionário. Evidentemente como aliado do proletariado, pois, se o poder se exerce como ele se exerce, é para manter a exploração capitalista. Eles servem realmente à causa da revolução proletária lutando precisamente onde a opressão se exerce sobre eles. As mulheres, os prisioneiros, os soldados, os doentes nos hospitais, os homossexuais iniciaram uma luta específica contra a forma particular de poder, de coerção, de controle que se exerce sobre eles. Essas lutas fazem parte atualmente do movimento revolucionário, com a condição de que sejam radicais, sem compromisso nem reformismo, sem tentativa de reorganizar o mesmo poder apenas com uma mudança de titular. E, à medida que devem combater todos os controles e coerções que reproduzem o mesmo poder em todos os lugares, esses movimentos estão ligados ao movimento revolucionário do proletariado.

Isso quer dizer que a generalidade da luta certamente não se faz por meio da totalização de que você falava há pouco, por meio da totalização teórica, da "verdade". O que dá generalidade à luta é o próprio sistema do poder, todas as suas formas de exercício e aplicação.

DELEUZE: E não se pode tocar em nenhum ponto de aplicação do poder sem se defrontar com esse conjunto difuso que, a partir de então, se é necessariamente levado a querer explodir a partir da menor reivindicação. Toda defesa ou ataque revolucionário parciais se unem, desse modo, à luta operária.

2 de março de 1972

5
O NASCIMENTO DA MEDICINA SOCIAL[1]

ANALISAREI, NESTA CONFERÊNCIA, o nascimento da medicina social. Encontra-se, frequentemente, em certos críticos da medicina atual, a ideia de que a medicina antiga — grega e egípcia — ou as formas de medicina das sociedades primitivas são medicinas sociais, coletivas, não centradas sobre o indivíduo. Minha ignorância em etnologia e egiptologia me impede de opinar sobre o problema. O pouco conhecimento que tenho da história grega me deixa perplexo, pois não vejo como se pode dizer que a medicina grega era coletiva e social.

Mas não são esses os problemas importantes. A questão é de saber se a medicina moderna, científica, que nasceu em fins do século XVIII entre Morgani e Bichat, com o aparecimento da anatomia patológica, é ou não individual. Pode-se dizer — como dizem alguns, em uma perspectiva que pensam ser política, mas que não é por não ser histórica — que a medicina moderna é individual porque penetrou no interior das relações de mercado? Que a medicina moderna, à medida que é ligada a uma economia capitalista, é uma medicina individual, individualista, conhecendo unicamente a relação de mercado do médico com o doente, ignorando a dimensão global, coletiva, da sociedade?

---
[1] Conferência realizada no Instituto de Medicina Social da Universidade do Estado do Rio de Janeiro (UERJ), em outubro de 1974. Tradução de Roberto Machado.

Procurarei mostrar o contrário: que a medicina moderna é uma medicina social que tem por *background* certa tecnologia do corpo social; que a medicina é uma prática social que somente em um de seus aspectos é individualista e valoriza as relações médico-doente. Sobre esse assunto gostaria de indicar uma referência bibliográfica. Trata-se do livro de Victor Bullough *The Development of Medicine as a Profession*, de 1965, sobre a história da medicina na Idade Média, em que se vê claramente que a medicina medieval era do tipo individualista e as dimensões coletivas da atividade médica, extraordinariamente discretas e limitadas.

Minha hipótese é que com o capitalismo não se deu a passagem de uma medicina coletiva para uma medicina privada, mas justamente o contrário; que o capitalismo, desenvolvendo-se em fins do século XVIII e início do século XIX, socializou um primeiro objeto que foi o corpo enquanto força de produção, força de trabalho. O controle da sociedade sobre os indivíduos não se opera simplesmente pela consciência ou pela ideologia, mas começa no corpo, com o corpo. Foi no biológico, no somático, no corporal que, antes de tudo, investiu a sociedade capitalista. O corpo é uma realidade biopolítica. A medicina é uma estratégia biopolítica.

Como foi feita essa socialização?

Gostaria de tomar posição com relação a certas hipóteses geralmente aceitas. É verdade que o corpo foi investido política e socialmente como força de trabalho. Mas, o que parece característico da evolução da medicina social, isto é, da própria medicina, no Ocidente, é que não foi a princípio como força de produção que o corpo foi atingido pelo poder médico. Não foi o corpo que trabalha, o corpo do proletário que primeiramente foi assumido pela medicina. Foi somente em último lugar, na 2ª metade do século XIX, que se colocou o problema do corpo, da saúde e do nível da força produtiva dos indivíduos.

Pode-se, *grosso modo*, reconstituir três etapas na formação da medicina social: medicina de Estado, medicina urbana e, finalmente, medicina da força de trabalho.

I — A MEDICINA DE ESTADO, QUE SE DESENVOLVEU SOBRETUDO NA ALEMANHA, NO COMEÇO DO SÉCULO XVIII

Sobre esse problema específico não é válido dizer, como Marx, que a economia era inglesa, a política, francesa e a filosofia, alemã. Pois, foi na Alemanha que se formou, no século XVIII, bem antes da França e da Inglaterra, o que se pode chamar de ciência do Estado. A noção de *Staatswissenschaft*, uma noção alemã e sob o nome de ciência do Estado, pode agrupar duas coisas, que aparecem, nessa época, na Alemanha: por um lado, um conhecimento que tem por objeto o Estado; não somente os recursos naturais de uma sociedade, nem o estado de sua população, mas também o funcionamento geral de seu aparelho político. Os inquéritos sobre os recursos e o funcionamento dos Estados foram uma especialidade, uma disciplina alemã do século XVIII; por outro lado, a expressão significa também o conjunto dos procedimentos pelos quais o Estado extraiu e acumulou conhecimentos para melhor assegurar seu funcionamento. O Estado, como objeto de conhecimento e como instrumento e lugar de formação de conhecimentos específicos, é algo que se desenvolveu, de modo mais rápido e concentrado, na Alemanha, antes da França e da Inglaterra.

A que isso se deve? É bastante difícil saber, e até agora os historiadores não se ocuparam muito do problema do nascimento, na Alemanha, de uma ciência do Estado, ciência estatal e sobre o Estado. Creio que isso se deve ao fato de a Alemanha só ter se tornado um Estado unitário durante o século XIX, antes existindo unicamente uma justaposição de quase estados, pseudoestados, de pequenas unidades muito pouco estatais. Justamente quando as formas do Estado se iniciavam, desenvolveram-se esses conhecimentos específicos e a preocupação com o próprio funcionamento do Estado. Suas pequenas dimensões, suas justaposições, seus perpétuos conflitos e seus afrontamentos, a balança de forças sempre desequilibradas e mutantes, fizeram com que eles estivessem obrigados a se medir uns aos outros, se comparar, imitar seus métodos e tentar mudar as relações de força. Enquanto os grandes Estados como a França e a Inglaterra podiam funcionar em nível relativamente inconsciente, dotando-se de grandes aparelhos, como o Exército ou a polícia, na Alemanha a pequena dimensão dos Estados tornou necessária e possível essa consciência discursiva do funcionamento estatal da sociedade.

Outra razão desse desenvolvimento da ciência do Estado é o não desenvolvimento econômico ou a estagnação do desenvolvimento econômico da Alemanha, no século XVII, depois da Guerra dos Trinta Anos e dos grandes tratados entre a França e a Áustria. Depois do primeiro desenvolvimento da Alemanha, na época do Renascimento, formou-se certa burguesia cujo impulso econômico foi bloqueado no século XVII, não podendo encontrar de que se ocupar e subsistir no comércio, na manufatura e na indústria nascente. Procurou, então, apoio nos soberanos se constituindo em um corpo de funcionários disponíveis para os aparelhos de Estado que os soberanos eram obrigados a organizar para modificar, em seu proveito, as relações de força com os vizinhos. Entre uma burguesia economicamente desocupada e soberanos em luta e situação de afrontamento perpétuos se produziu uma cumplicidade e a burguesia ofereceu seus homens, sua capacidade, seus recursos etc. à organização dos Estados. Daí o fato de o Estado, no sentido moderno do termo, com seus aparelhos, seus funcionários, seu saber estatal, ter-se desenvolvido na Alemanha, antes de se desenvolver em países mais poderosos politicamente, como a França, ou economicamente mais desenvolvidos, como a Inglaterra.

O Estado moderno nasceu onde não havia potência política ou desenvolvimento econômico e precisamente por essas razões negativas. A Prússia, o primeiro Estado moderno, nasceu no coração da Europa mais pobre, menos desenvolvida economicamente e mais conflituada politicamente. E enquanto a França e a Inglaterra arrastavam suas velhas estruturas, a Prússia foi o primeiro modelo de Estado moderno.

Essas análises históricas sobre o nascimento da ciência e da reflexão sobre o Estado, no século XVIII, têm somente por objetivo explicar como e por que a medicina de Estado pôde aparecer primeiramente na Alemanha.

Desde o final do século XVI e começo do século XVII, todas as nações do mundo europeu se preocuparam com o estado de saúde de sua população em um clima político, econômico e científico característico do período dominado pelo mercantilismo. O mercantilismo não sendo simplesmente uma teoria econômica, mas, também, uma prática política que consiste em controlar os fluxos monetários entre as nações, os fluxos de mercadorias correlatos e a atividade produtora da população. A política mercantilista consiste essencialmente em majorar a produção da população, a quantidade de população ativa, a produção de cada indivíduo ativo e, a partir daí, estabelecer fluxos comerciais que possibilitem a entrada no Estado da maior quantidade possível de moeda, graças a que se poderá pagar os exércitos e tudo o que assegure a força real de um Estado com relação aos outros.

Nessa perspectiva, a França, a Inglaterra e a Áustria começaram a calcular a força ativa de suas populações. É assim que, na França, se estabelecem estatísticas de nascimento e mortalidade e, na Inglaterra, as grandes contabilidades de população aparecem no século XVII. Mas, tanto na França quanto na Inglaterra, a única preocupação sanitária do Estado foi o estabelecimento dessas tabelas de natalidade e mortalidade, índice da saúde da população e da preocupação em aumentar a população sem, entretanto, nenhuma intervenção efetiva ou organizada para elevar o nível de saúde. Na Alemanha, ao contrário, se desenvolverá uma prática médica efetivamente centrada na melhoria do nível de saúde da população. Rau, Frank e Daniel, por exemplo, propuseram, entre 1750 e 1770, programas efetivos de melhoria da saúde da população, o que se chamou, pela primeira vez, política médica de um Estado. A noção de *Medizinichepolizei*, polícia médica, foi criada em 1764 por W.T. Rau e trata de algo diferente de uma contabilidade de mortalidade ou natalidade.

A polícia médica, que é programada na Alemanha, em meados do século XVIII, e que será efetivamente posta em aplicação no final do século XVIII e começo do século XIX, consiste em:

1º) Um sistema muito mais completo de observação da morbidade do que os simples quadros de nascimento e morte. Observação da morbidade pela contabilidade pedida aos hospitais e aos médicos que exercem a medicina em diferentes cidades ou regiões e registro, ao nível do próprio Estado, dos diferentes fenômenos epidêmicos ou endêmicos observados.

2º) Um fenômeno importante de normalização da prática e do saber médicos. Procura-se deixar às universidades e, sobretudo, à própria corporação dos médicos o encargo de decidir em que consistirá a formação médica e como serão atribuídos os diplomas. Aparece a ideia de uma normalização do ensino médico e, sobretudo, de um controle, pelo Estado, dos programas de ensino e da atribuição dos diplomas. A medicina e o médico são, portanto, o primeiro objeto da normalização. Antes de aplicar a noção de normal ao doente, se começa por aplicá-la ao médico. O médico foi o primeiro indivíduo normalizado na Alemanha.

Esse movimento de normalização na Europa é algo a ser estudado por quem se interessa por história das ciências. Houve a normalização dos médicos na Alemanha, mas na França, por exemplo, a normalização das atividades, no nível do Estado, dirigiu-se, a princípio, à indústria militar. Normalizou-se primeiro a produção dos canhões e dos fuzis, em meados do século XVIII, a fim de assegurar a utilização por qualquer soldado de qualquer tipo de fuzil, a reparação de qualquer canhão em qualquer oficina etc. Depois de ter normalizado os canhões, a França normalizou os professores. As primeiras Escolas Normais, destinadas a dar a todos os professores o mesmo tipo de formação e, por conseguinte, o mesmo nível de qualificação, apareceram em torno de 1775, antes de sua institucionalização em 1790 ou 1791. A França normalizou seus canhões e seus professores, a Alemanha normalizou seus médicos.

3º) Uma organização administrativa para controlar a atividade dos médicos. Tanto na Prússia quanto nos outros Estados alemães, no nível do ministério ou da administração central, um departamento especializado é encarregado de acumular as informações que os médicos transmitem, ver como é realizado o esquadrinhamento médico da população, verificar que tratamentos são dispensados, como se reage ao aparecimento de uma doença epidêmica etc., e, finalmente, emitir ordens em função dessas informações centralizadas. Subordinação, portanto, da prática médica a um poder administrativo superior.

4º) A criação de funcionários médicos nomeados pelo governo com responsabilidade sobre uma região, seu domínio de poder ou de exercício da autoridade de seu saber. É assim que um projeto adotado pela Prússia, no começo do século XIX, implica uma pirâmide de médicos, desde médicos de distrito que têm a responsabilidade de uma população entre 6 e 10 mil habitantes, até oficiais médicos, responsáveis por uma região muito maior e uma população entre 35 e 50 mil habitantes. Aparece, nesse momento, o médico como administrador de saúde.

Com a organização de um saber médico estatal, a normalização da profissão médica, a subordinação dos médicos a uma administração central e, finalmente, a integração de vários médicos em uma organização médica estatal, tem-se uma série de fenômenos inteiramente novos que caracterizam o que pode ser chamada a medicina de Estado.

Essa medicina de Estado que aparece de maneira bastante precoce, antes mesmo da formação da grande medicina científica de Morgani e Bichat, não tem, de modo algum, por objeto a formação de uma força de trabalho adaptada às necessidades das indústrias que se desenvolviam nesse momento. Não é o corpo que trabalha, o corpo do proletário que é assumido por essa administração estatal da saúde, mas o próprio corpo dos indivíduos enquanto constituem globalmente o Estado: é a força, não do trabalho, mas, estatal, a força do Estado em seus conflitos, econômicos, com certeza, mas igualmente políticos, com seus vizinhos. É essa força estatal que a medicina deve aperfeiçoar e desenvolver. Há uma espécie de solidariedade econômico-política nessa preocupação da medicina de Estado. Seria, portanto, falso ligar isso ao cuidado imediato de obter uma força de trabalho disponível e válida.

O exemplo da Alemanha é igualmente importante por mostrar como, de maneira paradoxal, se encontra, no início da medicina moderna, o máximo de estatização. Desde esses projetos que foram realizados em grande parte no final do século XVIII e começo do século XIX, desde a medicina de Estado alemã, nenhum Estado ousou propor uma medicina tão nitidamente funcionarizada, coletivizada, estatizada quanto a Alemanha dessa época. Vê-se, por conseguinte, que não se passou de uma medicina individual a uma medicina pouco a pouco e cada vez mais estatizada, socializada. O que se encontra antes da grande medicina clínica, do século XIX, é uma medicina estatizada ao máximo. Os outros modelos de medicina social, dos séculos XVIII e XIX, são atenuações desse modelo profundamente estatal e administrativo já apresentado na Alemanha.

Essa é a primeira série de fenômenos a que pretendia me referir, episódio que os historiadores da medicina em geral negligenciam totalmente, mas que foi estudado de perto por George Rosen na série de estudos sobre as relações entre o cameralismo, o mercantilismo e a noção de polícia médica. Ele escreveu em 1953 um artigo sobre o problema no *Bulletin of history of medicine*, intitulado "Cameralism and the Concept of Medical Police", e o estudou posteriormente em seu livro *A History of Public Health*, de 1958.

II — A SEGUNDA DIREÇÃO NO DESENVOLVIMENTO DA MEDICINA SOCIAL É REPRESENTADA PELO EXEMPLO DA FRANÇA, ONDE, EM FINS DO SÉCULO XVIII, APARECE UMA MEDICINA SOCIAL QUE NÃO PARECE TER POR SUPORTE A ESTRUTURA DO ESTADO, COMO NA ALEMANHA, MAS UM FENÔMENO INTEIRAMENTE DIFERENTE: A URBANIZAÇÃO. É COM O DESENVOLVIMENTO DAS ESTRUTURAS URBANAS QUE SE DESENVOLVE, NA FRANÇA, A MEDICINA SOCIAL

Como e por que isso aconteceu? Retome-se um pouco a história. É preciso se representar uma grande cidade francesa no final do século XVIII, entre 1750 e 1780, não como uma unidade territorial, mas como multiplicidades emaranhadas de territórios heterogêneos e poderes rivais. Paris, por exemplo, não formava uma unidade territorial, uma região em que se exercia um único poder. Mas um conjunto de poderes senhoriais detidos por leigos, pela Igreja, por comunidades religiosas e corporações, poderes estes com autonomia e jurisdição próprias. E, além disso, ainda existiam os representantes do poder estatal: o representante do rei, o intendente de polícia, os representantes dos poderes parlamentares. O rio Sena, por exemplo, e suas margens, estava sob a soberania do *prévôt des marchands*. Mas bastava ultrapassar essas margens para se estar sob outra jurisdição, a do lugar-tenente de polícia ou a do parlamento.

Ora, na segunda metade do século XVIII, se colocou o problema da unificação do poder urbano. Sentiu-se necessidade, ao menos nas grandes cidades, de constituir a cidade como unidade, de organizar o corpo urbano de modo coerente, homogêneo, dependendo de um poder único e bem regulamentado.

E isso por várias razões. Em primeiro lugar, certamente, por razões econômicas. À medida que a cidade se torna um importante lugar de mercado que unifica as relações comerciais, não simplesmente no nível de uma região, mas no nível da nação e mesmo internacional, a multiplicidade de jurisdição e de poder torna-se intolerável. A indústria nascente, o fato de que a cidade não é somente um lugar de mercado, mas um lugar de produção, faz com que se recorra a mecanismos de regulação homogêneos e coerentes.

A segunda razão é política. O desenvolvimento das cidades, o aparecimento de uma população operária pobre que vai tornar-se, no século XIX, o proletariado, aumentará as tensões políticas no interior da cidade. As relações entre diferentes pequenos grupos — corporações, ofícios etc. —, que se opunham uns aos outros, mas se equilibravam e se neutralizavam, começam a se simplificar em uma espécie de afrontamento entre rico e pobre, plebe e burguês, que se manifesta através de agitações e sublevações urbanas cada vez mais numerosas e frequentes. As chamadas revoltas de subsistência, o fato de que, em um momento de alta de preços ou baixa de salários, os mais pobres, não mais podendo se alimentar, saqueiam celeiros, mercados, docas e entrepostos, são fenômenos que, mesmo não sendo inteiramente novos, no século XVIII, ganham intensidade cada vez maior e conduzirão às grandes revoltas contemporâneas da Revolução Francesa.

De maneira esquemática pode-se dizer que até o século XVII, na Europa, o grande perigo social vinha do campo. Os camponeses paupérrimos, no momento de más colheitas ou dos impostos, empunhavam a foice e iam atacar os castelos ou as cidades. As revoltas do século XVII foram revoltas camponesas. As revoltas urbanas nelas de incluíam. No final do século XVIII, ao contrário, as revoltas camponesas entram em regressão, acalmam-se em consequência da elevação do nível de vida dos camponeses e a revolta urbana torna-se cada vez mais frequente com a formação de uma plebe em vias de se proletarizar. Daí a necessidade de um poder político capaz de esquadrinhar essa população urbana.

É então que aparece e se desenvolve uma atividade de medo, de angústia diante da cidade. Cabanis, filósofo do final do século XVIII, dizia, por exemplo, a respeito da cidade: "Todas as vezes que homens se reúnem, seus costumes se alteram; todas as vezes que se reúnem em lugares fechados, se alteram seus costumes e sua saúde." Nasce o que chamarei medo urbano, medo da cidade, angústia diante da cidade que vai se caracterizar por vários elementos: medo das oficinas e fábricas que estão se construindo, do amontoamento da população, das casas altas demais, da população numerosa demais; medo, também, das epidemias urbanas, dos cemitérios que se tornam cada vez mais numerosos e invadem pouco a pouco a cidade; medo dos esgotos, das *caves* sobre as quais são construídas as casas que estão sempre correndo o perigo de desmoronar.

Tem-se, assim, certo número de pequenos pânicos que atravessaram a vida urbana das grandes cidades do século XVIII, especialmente de Paris. Darei o exemplo do "Cemitério dos Inocentes" que existia no centro de Paris, onde eram jogados, uns sobre os outros, os cadáveres das pessoas que não eram bastante ricas ou notáveis para merecer ou poder pagar um túmulo individual. O amontoamento no interior do cemitério era tal que os cadáveres se empilhavam acima do muro do claustro e caíam do lado de fora. Em torno do claustro, onde tinham sido construídas casas, a pressão devido ao amontoamento de cadáveres foi tão grande que as casas desmoronaram e os esqueletos se espalharam em suas *caves* provocando pânico e talvez mesmo doenças. Em todo caso, no espírito das pessoas da época, a infecção causada pelo cemitério era tão forte que, segundo elas, por causa da proximidade dos mortos, o leite talhava imediatamente, a água apodrecia etc. Este pânico urbano é característico do cuidado, da inquietude político-sanitária que se forma à medida que se desenvolve o tecido urbano.

Para dominar esses fenômenos médicos e políticos que inquietam tão fortemente a população das cidades, particularmente a burguesia, que medidas serão tomadas?

Intervém um curioso mecanismo que se podia esperar, mas que não entra no esquema habitual dos historiadores da medicina. Qual foi a reação da classe burguesa que, sem exercer o poder, detido pelas autoridades tradicionais, o reivindicava? Ela lançou mão de um modelo de intervenção muito bem estabelecido, mas raramente utilizado. Trata-se do modelo médico e político da quarentena.

Desde o fim da Idade Média, existia, não só na França, mas em todos os países da Europa, um regulamento de urgência, como se chamaria em termos contemporâneos, que devia ser aplicado quando a peste ou uma doença epidêmica violenta aparecesse em uma cidade. Em que consistia esse plano de urgência?

1º) Todas as pessoas deviam permanecer em casa para serem localizadas em um único lugar. Cada família em sua casa e, se possível, cada pessoa em seu compartimento. Ninguém se movimenta.

2º) A cidade devia ser dividida em bairros que se encontravam sob a responsabilidade de uma autoridade designada para isso. Esse chefe de distrito tinha sob suas ordens inspetores que deviam durante o dia percorrer as ruas ou permanecer em suas extremidades, para verificar se alguém saía de seu local. Sistema, portanto, de vigilância generalizada que dividia, esquadrinhava o espaço urbano.

3º) Esses vigias de rua ou de bairro deviam fazer todos os dias um relatório preciso ao prefeito da cidade para informar tudo que tinham observado. Sistema, portanto, não somente de vigilância, mas de registro centralizado.

4º) Os inspetores deviam diariamente passar em revista todos os habitantes da cidade. Em todas as ruas por onde passavam, pediam a cada habitante para se apresentar em determinada janela, de modo que pudessem verificar, no registro-geral, que cada um estava vivo. Se, por acaso, alguém não aparecia, estava, portanto, doente, tinha contraído a peste, era preciso ir buscá-lo e colocá-lo fora da cidade em enfermaria especial. Tratava-se, portanto, de uma revista exaustiva dos vivos e dos mortos.

5º) Casa por casa, se praticava a desinfecção, com a ajuda de perfumes que eram queimados.

Esse esquema da quarentena foi um sonho político-médico da boa organização sanitária das cidades no século XVIII. Houve fundamentalmente dois grandes modelos de organização médica na história ocidental: o modelo suscitado pela lepra e o modelo suscitado pela peste. Na Idade Média, o leproso era alguém que, logo que descoberto, era expulso do espaço comum, posto fora dos muros da cidade, exilado em um lugar confuso onde ia misturar sua lepra à lepra dos outros. O mecanismo da exclusão era o mecanismo do exílio, da purificação do espaço urbano. Medicalizar alguém era mandá-lo para fora e, por conseguinte, purificar os outros. A medicina era uma medicina de exclusão.

O próprio internamento dos loucos, malfeitores etc., em meados do século XVII, obedece ainda a esse esquema. Em compensação, existe um outro grande esquema político-médico que foi estabelecido, não mais contra a lepra, mas contra a peste. Nesse caso, a medicina não exclui, não expulsa para uma região negra e confusa. O poder político da medicina consiste em distribuir os indivíduos uns ao lado dos outros, isolá-los, individualizá-los, vigiá-los um a um, constatar o estado de saúde de cada um, ver se está vivo ou morto e fixar, assim, a sociedade em um espaço esquadrinhado, dividido, inspecionado, percorrido por um olhar permanente e controlado por um registro, tanto quanto possível completo, de todos os fenômenos.

Tem-se, portanto, o velho esquema médico de reação à lepra que é de exclusão, de exílio, de forma religiosa, de purificação da cidade, de bode expiatório. E o esquema suscitado pela peste; não mais a exclusão, mas o internamento; não mais o agrupamento no exterior da cidade, mas, ao contrário, a análise minuciosa da cidade, a análise individualizante, o registro permanente; não mais um modelo religioso, mas militar. É a revista militar e não a purificação religiosa que serve, fundamentalmente, de modelo longínquo para essa organização político-médica.

A medicina urbana com seus métodos de vigilância, de hospitalização etc., não é mais do que um aperfeiçoamento, na segunda metade do século XVIII, do esquema político-médico da quarentena que tinha sido realizado no final da Idade Média, nos séculos XVI e XVII. A higiene pública é uma variação sofisticada do tema da quarentena e é daí que provém a grande medicina urbana que aparece na segunda metade do século XVIII e se desenvolve, sobretudo, na França.

Em que consiste essa medicina urbana?

Essencialmente em três grandes objetivos:

1º) Analisar os lugares de acúmulo e amontoamento de tudo que, no espaço urbano, pode provocar doença, lugares de formação e difusão de fenômenos epidêmicos ou endêmicos. São essencialmente os cemitérios. É assim que aparecem, em torno dos anos 1740-1750, protestos contra o amontoamento dos cemitérios e, mais ou menos em 1780, as primeiras grandes emigrações de cemitérios para a periferia da cidade. É nessa época que aparece o cemitério individualizado, isto é, o caixão individual, as sepulturas reservadas para as famílias, onde se escreve o nome de cada um.

Crê-se, frequentemente, que foi o cristianismo que ensinou à sociedade moderna o culto dos mortos. Penso de maneira diferente. Nada na teologia cristã levava a crer ser preciso respeitar o cadáver enquanto tal. O Deus cristão é bastante todo-poderoso para poder ressuscitar os mortos mesmo quando misturados em um ossuário. Em compensação, a individualização do cadáver, do caixão e do túmulo aparece no final do século XVIII por razões não teológico-religiosas de respeito ao cadáver, mas político-sanitárias de respeito aos vivos. Para que os vivos estejam ao abrigo da influência nefasta dos mortos, é preciso que os mortos sejam tão bem classificados quanto os vivos ou melhor, se possível. É assim que aparece na periferia das cidades, no final do século XVIII, um verdadeiro exército de mortos tão bem enfileirados quanto uma tropa que se passa em revista. Pois é preciso esquadrinhar, analisar e reduzir esse perigo perpétuo que os mortos constituem. Eles vão, portanto, ser colocados no campo e em regimento, uns ao lado dos outros, nas grandes planícies que circundam as cidades.

Não uma ideia cristã, mas médica, política. Melhor prova é que, quando se pensou na transferência do Cemitério dos Inocentes, de Paris, apelou-se para Fourcroy, um dos grandes químicos do final do século XVIII, a fim de saber o que se devia fazer contra a influência desse cemitério. É o químico que pede a transferência do cemitério. É o químico, enquanto estuda as relações entre o organismo vivo e o ar que se respira, que é encarregado dessa primeira polícia médica urbana sancionada pelo exílio dos cemitérios. Outro exemplo é o caso dos matadouros que também estavam situados no centro de Paris e que se decidiu, depois de consultada a *Academia de Ciências*, colocar nos arredores de Paris, a oeste, em La Villette.

Portanto, o primeiro objetivo da medicina urbana é a análise das regiões de amontoamento, de confusão e de perigo no espaço urbano.

2º) A medicina urbana tem um novo objeto: o controle da circulação. Não da circulação dos indivíduos, mas das coisas ou dos elementos, essencialmente a água e o ar.

Era uma velha crença do século XVIII que o ar tinha uma influência direta sobre o organismo, por veicular miasmas ou porque as qualidades do ar frio, quente, seco ou úmido em demasia se comunicavam ao organismo ou, finalmente, porque se pensava que o ar agia diretamente por ação mecânica, pressão direta sobre o corpo. O ar, então, era considerado um dos grandes fatores patógenos. Ora, como manter as qualidades do ar em uma cidade, fazer com que o ar seja sadio, se ele existe como que bloqueado, impedido de circular, entre os muros, as casas, os recintos etc.? Daí a necessidade de abrir longas avenidas no espaço urbano, para manter o bom estado de saúde da população. Vai-se, portanto, pedir a comissões da *Academia de Ciências*, de médicos, de químicos etc., para opinar sobre os melhores métodos de arejamento das cidades. Um dos casos mais conhecidos foi a destruição de casas que se encontravam nas pontes das cidades. Por causa do amontoamento, do preço do terreno, durante a Idade Média e mesmo nos séculos XVII e XVIII, casas de moradia foram construídas nas pontes. Considerou-se, então, que essas casas impediam a circulação do ar em cima dos rios, retinham ar úmido entre suas margens e foram sistematicamente destruídas. Marmontel chegou mesmo a calcular quantas mortes foram economizadas com a destruição de três casas em cima do *Pont Neuf*: quatrocentas pessoas por ano, vinte mil em cinquenta anos etc. Organizam-se, portanto, corredores de ar, como também corredores de água. Em Paris, em 1767, de modo bastante precoce, um arquiteto chamado Moreau propôs um plano diretor para a organização das margens e ilhas do Sena que foi aplicado até o começo do século XIX, entendendo-se que a água devia, com sua corrente, lavar a cidade dos miasmas que, sem isso, aí permaneceriam.

A medicina urbana tem, portanto, como segundo objeto o controle e o estabelecimento de uma boa circulação da água e do ar.

3º) Outro grande objeto da medicina urbana é a organização do que chamarei distribuições e sequências. Onde colocar os diferentes elementos necessários à vida comum da cidade? É o problema da posição recíproca das fontes e dos esgotos ou dos barcos-bombeadores e dos barcos-lavanderia. Como evitar que se aspire água de esgoto nas fontes onde se vai buscar água de beber; como evitar que o barco-bombeador, que traz água de beber para a população, não aspire água suja pelas lavanderias vizinhas? Essa desordem foi considerada, na segunda metade do século

XVIII, responsável pelas principais doenças epidêmicas das cidades. Daí a elaboração do 1º plano hidrográfico de Paris, em 1742, intitulado *Exposé d'un plan hidrographique de la ville de Paris*, primeira pesquisa sobre os lugares em que se pode dragar água que não tenha sido suja pelos esgotos e sobre polícia da vida fluvial. De tal modo que, em 1789, quando começa a Revolução Francesa, a cidade de Paris já tinha sido esquadrinhada por uma polícia médica urbana que tinha estabelecido o fio diretor do que uma verdadeira organização de saúde da cidade deveria realizar.

Um ponto, entretanto, não tinha sido tocado até o final do século XVIII, que diz respeito ao conflito entre a medicina e os outros tipos de poder: a propriedade privada. A política autoritária com respeito à propriedade privada, à habitação privada não foi esboçada no século XVIII a não ser por um aspecto: as *caves*. As *caves*, que pertencem ao proprietário da casa, são regulamentadas quanto a seu uso e quanto às galerias que podem ser construídas. Esse é o problema da propriedade do subsolo, no século XVIII, colocado com base na tecnologia mineira. A partir do momento em que se soube construir minas em profundidade, colocou-se o problema de saber a quem elas pertenciam. Elaborou-se uma legislação autoritária sobre a apropriação do subsolo que estipulava, em meados do século XVIII, que ele não pertencia ao proprietário do solo, mas ao Estado e ao rei. Foi assim que o subsolo privado parisiense foi controlado pelas autoridades coletivas, enquanto a superfície, ao menos no que concerne à propriedade privada, não o foi. Os espaços comuns, os lugares de circulação, os cemitérios, os ossuários, os matadouros foram controlados, o mesmo não acontecendo com a propriedade privada antes do século XIX. A burguesia que, para sua segurança política e sanitária, pretendia o controle da cidade, não podia ainda contradizer a legislação sobre a propriedade que ela reivindicava, procurava estabelecer, e só conseguirá impor no momento da Revolução Francesa. Daí, portanto, o caráter sagrado da propriedade privada e a inércia de todas as políticas médicas urbanas com relação à propriedade privada.

A medicalização da cidade, no século XVIII, é importante por várias razões:

1º) Por intermédio da medicina social urbana, a prática médica se põe diretamente em contato com ciências extramédicas, fundamentalmente a química. Desde o período confuso em que Paracelso e Van Helmont procuravam estabelecer as relações entre medicina e química, não houve mais verdadeiras relações entre as duas. Foi precisamente pela análise do ar, da corrente de ar, das condições de vida e de respiração que a medicina e a química entraram em contato. Fourcroy e Lavoisier se interessaram pelo problema do organismo por intermédio do controle do ar urbano. A inserção da prática médica em um *corpus* de ciência físico-química se fez por intermédio da urbanização. A passagem para uma medicina científica não se deu pela medicina privada, individualista, por um olhar médico mais atento ao indivíduo. A inserção da medicina no funcionamento geral do discurso e do saber científico se fez pela socialização da medicina, devido ao estabelecimento de uma medicina coletiva, social, urbana. A isso se deve a importância da medicina urbana.

2º) A medicina urbana não é verdadeiramente uma medicina dos homens, corpos e organismos, mas uma medicina das coisas: ar, água, decomposições, fermentos; uma medicina das condições de vida e do meio de existência. Essa medicina das coisas já delineia, sem empregar ainda a palavra, a noção de meio que os naturalistas do final do século XVIII, como Cuvier, desenvolverão. A relação entre organismo e meio será feita simultaneamente na ordem das ciências naturais e da medicina, por intermédio da medicina urbana. Não se passou da análise do organismo à análise do meio ambiente. A medicina passou da análise do meio à dos efeitos do meio sobre o organismo e finalmente à análise do próprio organismo. A organização da medicina foi importante para a constituição da medicina científica.

3º) Com ela aparece, pouco antes da Revolução Francesa, uma noção que terá uma importância considerável para a medicina social: a noção de salubridade. Uma das decisões logo tomadas pela Assembleia Constituinte, em 1790 ou 1791, foi, por exemplo, a criação de comitês de salubridade dos departamentos e principais cidades.

Salubridade não é a mesma coisa que saúde, e sim o estado das coisas, do meio e seus elementos constitutivos, que permitem a melhor saúde possível. Salubridade é a base material e social capaz de assegurar a melhor saúde possível dos indivíduos. E é correlativamente a ela que aparece a noção de higiene pública, técnica de controle e de modificação dos elementos materiais do meio que são suscetíveis de favorecer ou, ao contrário, prejudicar a saúde. Salubridade e insalubridade são o estado das coisas e do meio enquanto afetam a saúde; a higiene pública — no séc. XIX, a noção essencial da medicina social francesa — é o controle político-científico do meio.

Vê-se, assim, como se está bastante longe da medicina de Estado, tal como é definida na Alemanha, pois se trata de uma medicina muito mais próxima das pequenas comunidades, das cidades, dos bairros, como também não é ainda dotada de nenhum instrumento específico de poder. O problema da propriedade privada, princípio sagrado, impede que essa medicina seja dotada de um poder forte. Mas, se ela perde em poder para a *Staatsmedizin* alemã, ganha certamente em fineza de observação, na cientificidade das observações feitas e das práticas estabelecidas. Grande parte da medicina científica do século XIX tem origem na experiência da medicina urbana que se desenvolve no final do século XVIII.

III — A TERCEIRA DIREÇÃO DA MEDICINA SOCIAL PODE SER SUCINTAMENTE ANALISADA ATRAVÉS DO EXEMPLO INGLÊS

A medicina dos pobres, da força de trabalho, do operário não foi o primeiro alvo da medicina social, mas o último. Em primeiro lugar o Estado, em seguida a cidade e finalmente os pobres e trabalhadores foram objetos da medicalização.

O que é característico da medicina urbana francesa é a habitação privada não ser tocada e o pobre, a plebe, o povo não ser claramente considerado um elemento perigoso para a saúde da população. O pobre, o operário, não é analisado como os cemitérios, os ossuários, os matadouros etc.

Por que os pobres não foram problematizados como fonte de perigo médico, no século XVIII? Existem várias razões para isso: uma é de ordem quantitativa: o amontoamento não era ainda tão grande para que a pobreza aparecesse como perigo. Mas existe uma razão mais importante: é que o pobre funcionava no interior da cidade como uma condição da existência urbana. Os pobres da cidade eram pessoas que realizavam incumbências, levavam cartas, se encarregavam de despejar o lixo, apanhar móveis velhos, trapos, panos velhos e retirá-los da cidade, redistribuí-los, vendê-los etc. Eles faziam parte da instrumentalização da vida urbana. Na época, as casas não eram numeradas, não havia serviço postal e quem conhecia a cidade, quem detinha o saber urbano em sua meticulosidade, quem assegurava várias funções fundamentais da cidade, como o transporte de água e a eliminação de dejetos, era o pobre. À medida que faziam parte da paisagem urbana, como os esgotos e a canalização, os pobres não podiam ser postos em questão, não podiam ser vistos como um perigo. No nível em que se colocavam, eles eram bastante úteis.

Foi somente no segundo terço do século XIX, que o pobre apareceu como perigo. As razões são várias:

1º) Razão política. Durante a Revolução Francesa e, na Inglaterra, durante as grandes agitações sociais do começo do século XIX, a população pobre tornou-se uma força política capaz de se revoltar ou, pelo menos, de participar de revoltas.

2º) No século XIX encontrou-se um meio de dispensar, em parte, os serviços prestados pela população, com o estabelecimento, por exemplo, de um sistema postal e um sistema de carregadores, o que produziu uma série de revoltas populares contra esses sistemas que retiravam dos mais pobres o pão e a possibilidade de viver.

3º) A cólera de 1832, que começou em Paris e se propagou por toda a Europa, cristalizou em torno da população proletária ou plebeia uma série de medos políticos e sanitários. A partir dessa época, se decidiu dividir o espaço urbano em espaços pobres e ricos. A coabitação em um mesmo tecido urbano de pobres e ricos foi considerada um perigo sanitário e político para a cidade, o que ocasionou a organização de bairros pobres e ricos, de habitações ricas e pobres. O poder político começou então a atingir o direito da propriedade e da habitação privadas. Foi esse o momento da grande redistribuição, no II Império Francês, do espaço urbano parisiense.

Essas são as razões pelas quais, durante muito tempo a plebe urbana não foi considerada um perigo médico e, a partir do século XIX, isso acontece.

É na Inglaterra, país em que o desenvolvimento industrial, e por conseguinte o desenvolvimento do proletariado, foi mais rápido e importante, que aparece uma nova forma de medicina social. Isso não significa que não se encontrem na Inglaterra projetos de medicina de Estado, de estilo alemão. Chadwick, por exemplo, se inspirou bastante nos métodos alemães para a elaboração de seus projetos, em torno de 1840. Além disso, Ramsay escreveu, em 1846, um livro chamado *Health and Sickness of Town Populations* que retoma o conteúdo da medicina urbana francesa.

É essencialmente na *Lei dos pobres* que a medicina inglesa começa a tornar-se social, à medida que o conjunto dessa legislação comportava um controle médico do pobre. A partir do momento em que o pobre se beneficia do sistema de assistência, deve, por isso mesmo, se submeter a vários controles médicos. Com a *Lei dos pobres* aparece, de maneira ambígua, algo importante na história da medicina social: a ideia de uma assistência controlada, de uma intervenção médica que é tanto uma maneira de ajudar os mais pobres a satisfazer suas necessidades de saúde, sua pobreza não permitindo que o façam por si mesmos, quanto um controle pelo qual as classes ricas ou seus representantes no governo asseguram a saúde das classes pobres e, por conseguinte, a proteção das classes ricas. Um cordão sanitário autoritário é estendido no interior das cidades entre ricos e pobres: os pobres encontrando a possibilidade de se tratarem gratuitamente ou sem grande despesa e os ricos garantindo não serem vítimas de fenômenos epidêmicos originários da classe pobre.

Vê-se, claramente, a transposição, na legislação médica, do grande problema político da burguesia nessa época: a que preço, em que condições e como assegurar sua segurança política. A legislação médica contida na *Lei dos pobres* corresponde a esse processo. Mas essa lei e a assistência-proteção, assistência-controle que ela implica, foi somente o primeiro elemento de um complexo sistema cujos outros elementos só aparecem mais tarde, em torno de 1870, com os grandes fundadores da medicina social inglesa, principalmente John Simon, que completaram a legislação médica da *Lei dos pobres* com a organização de um serviço autoritário, não de cuidados médicos, mas de controle médico da população.

Trata-se dos sistemas de *health service*, de *health officers* que começaram na Inglaterra em 1875 e eram, mais ou menos, mil no final do século XIX. Tinham por função: 1º) Controle da vacinação, obrigando os diferentes elementos da população a se vacinarem. 2º) Organização do registro das epidemias e doenças capazes de se tornarem epidêmicas, obrigando as pessoas à declaração de doenças perigosas. 3º) Localização de lugares insalubres e eventual destruição desses focos de insalubridade. O *health service* é o segundo elemento que prolonga a *Lei dos pobres*. Enquanto a *Lei dos pobres* comportava um serviço médico destinado ao pobre enquanto tal, o *health service* tem como características não só atingir igualmente toda a população, como também ser constituído por médicos que dispensam cuidados médicos que não são individuais, mas têm por objeto a população em geral, as medidas preventivas a serem tomadas e, como na medicina urbana francesa, as coisas, os locais, o espaço social etc.

Ora, quando se observa como efetivamente funcionou o *health service* vê-se que era um modo de completar, no nível coletivo, os mesmos controles garantidos pela *Lei dos pobres*. A intervenção nos locais insalubres, as verificações de vacina, os registros de doenças tinham de fato por objetivo o controle das classes mais pobres.

É essa a razão pela qual o controle médico inglês, garantido pelos *health officers* suscitou, desde sua criação, uma série de reações violentas da população, de resistência popular, de pequenas insurreições antimédicas na Inglaterra da 2ª metade do século XIX.

Essas resistências médicas foram indicadas por Mckeown em uma série de artigos na revista *Public Law*, em 1967. Creio que seria interessante analisar, não somente na Inglaterra, mas em diversos países do mundo, como essa medicina, organizada em forma de controle da população pobre, suscitou resistências. É, por exemplo, curioso constatar que os grupos de dissidência religiosa, tão numerosos nos países anglo-saxões, de religião protestante, tinham essencialmente por objetivo, nos séculos XVII e XVIII, lutar contra a religião de Estado e a intervenção do Estado em matéria religiosa. Ora, o que reaparece, no século XIX, são grupos de dissidência religiosa, de diferentes formas, em diversos países, que têm agora por objetivo lutar contra a medicalização, reivindicar o direito das pessoas não passarem pela medicina oficial, o direito sobre o próprio corpo, o direito de viver, de estar doente, de se curar e morrer como quiserem. Esse desejo de escapar da medicalização autoritária é um dos temas que marcaram vários grupos aparentemente religiosos, com vida intensa no final do século XIX e ainda hoje.

Nos países católicos a coisa foi diferente. Que significado tem a peregrinação de Lourdes, desde o final do século XIX até hoje, para os milhões de peregrinos pobres que aí vão todos os anos, senão uma espécie de resistência difusa à medicalização autoritária de seus corpos e suas doenças? Em lugar de ver nessas práticas religiosas um fenômeno residual de crenças arcaicas ainda não desaparecidas, não serão elas uma forma atual de luta política contra a medicalização autoritária, a socialização da medicina, o controle médico que se abate essencialmente sobre a população pobre; não serão essas lutas que reaparecem nessas formas aparentemente arcaicas, mesmo se seus instrumentos são antigos, tradicionais e supõem um sistema de crenças mais ou menos abandonadas? O vigor dessas práticas, ainda atuais, é ser uma reação contra essa *social medicine*, medicina dos pobres, medicina a serviço de uma classe, de que a medicina social inglesa é um exemplo.

De maneira geral, pode-se dizer que, diferentemente da medicina urbana francesa e da medicina de Estado da Alemanha do século XVIII, aparece, no século XIX e sobretudo na Inglaterra, uma medicina que é essencialmente um controle da saúde e do corpo das classes mais pobres para torná-las mais aptas ao trabalho e menos perigosas às classes mais ricas.

Essa fórmula da medicina social inglesa foi a que teve futuro, diferentemente da medicina urbana e sobretudo da medicina de Estado. O sistema inglês de Simon e seus sucessores possibilitou, por um lado, ligar três coisas: assistência médica ao pobre, controle de saúde da força de trabalho e esquadrinhamento geral da saúde pública, permitindo às classes mais ricas se protegerem dos perigos gerais. E, por outro lado, a medicina social inglesa, esta é sua originalidade, permitiu a realização de três sistemas médicos superpostos e coexistentes: uma medicina assistencial destinada aos mais pobres, uma medicina administrativa encarregada de problemas gerais como a vacinação, as epidemias etc., e uma medicina privada que beneficiava quem tinha meios para pagá-la. Enquanto o sistema alemão da medicina de Estado era pouco flexível e a medicina urbana francesa era um projeto geral de controle sem instrumento preciso de poder, o sistema inglês possibilitava a organização de uma medicina com faces e formas de poder diferentes segundo se tratasse da medicina assistencial, da administrativa ou da privada, setores bem delimitados que permitiram, durante o final do século XIX e primeira metade do século XX, a existência de um esquadrinhamento médico bastante completo.

Com o plano Beveridge e os sistemas médicos dos países mais ricos e industrializados da atualidade, trata-se sempre de fazer funcionar esses três setores da medicina, mesmo que sejam articulados de maneiras diferentes.

6
O NASCIMENTO DO HOSPITAL[1]

ESTA CONFERÊNCIA TRATARÁ do aparecimento do hospital na tecnologia médica. A partir de que momento o hospital foi programado como um instrumento terapêutico, instrumento de intervenção sobre a doença e o doente, suscetível, por si mesmo ou por alguns de seus efeitos, de produzir cura?

O hospital como instrumento terapêutico é uma invenção relativamente nova, que data do final do século XVIII. A consciência de que o hospital pode e deve ser um instrumento destinado a curar aparece claramente em torno de 1780 e é assinalada por uma nova prática: a visita e a observação sistemática e comparada dos hospitais. Houve na Europa uma série de viagens, entre as quais podemos destacar a de Howard, inglês que percorreu hospitais, prisões e lazaretos da Europa, entre 1775-80 e a do francês Tenon, a pedido da *Academia de Ciências*, no momento em que se colocava o problema da reconstrução do Hôtel-Dieu de Paris.

Essas viagens-inquérito têm várias características:

1º) A finalidade é definir, depois do inquérito, um programa de reforma e reconstrução dos hospitais. Quando, na França, a *Academia de Ciências* decidiu enviar Tenon a

---
[1] Conferência realizada no Instituto de Medicina Social da Universidade do Estado do Rio de Janeiro (UERJ), em outubro de 1974. Tradução de Roberto Machado.

diversos países da Europa para inquirir sobre a situação dos hospitais, formulou a importante frase: "São os hospitais existentes que devem se pronunciar sobre os méritos ou defeitos do novo hospital." Considera-se que nenhuma teoria médica por si mesma é suficiente para definir um programa hospitalar. Além disso, nenhum plano arquitetônico abstrato pode dar a fórmula do bom hospital. Esse é um objeto complexo de que se conhece mal os efeitos e as consequências, que age sobre as doenças e é capaz de agravá-las, multiplicá-las ou atenuá-las. Somente um inquérito empírico sobre esse novo objeto ou esse objeto interrogado e isolado de maneira nova — o hospital — será capaz de dar ideia de um novo programa de construção dos hospitais. O hospital deixa de ser uma simples figura arquitetônica. Ele agora faz parte de um fato médico-hospitalar que se deve estudar como são estudados os climas, as doenças etc.

2º) Os inquéritos dão poucos detalhes sobre o exterior do hospital ou sobre a estrutura geral do edifício. Não são mais descrições de monumentos, como as dos viajantes clássicos, nos séculos XVII e XVIII, mas descrições funcionais. Howard e Tenon dão a cifra de doentes por hospital, a relação entre o número de doentes, o número de leitos e a área útil do hospital, a extensão e altura das salas, a cubagem de ar de que cada doente dispõe e a taxa de mortalidade e de cura.

Encontra-se, também, uma pesquisa das relações entre fenômenos patológicos e espaciais. Tenon, por exemplo, investiga em que condições espaciais os doentes hospitalizados por ferimentos são mais adequadamente curados e quais as vizinhanças mais perigosas para eles. Estabelece, então, uma correlação entre a taxa de mortalidade crescente dos feridos e a vizinhança de doentes atingidos por febre maligna, como se chamava na época. A correlação espacial ferida-febre é nociva para os feridos. Explica também que, se parturientes são colocadas em uma sala acima de onde estão os feridos, a taxa de mortalidade das parturientes aumenta. Não deve haver, portanto, feridos embaixo de mulheres grávidas.

Tenon estuda o percurso, o deslocamento, o movimento no interior do hospital, particularmente as trajetórias espaciais seguidas pela roupa branca, lençol, roupa velha, pano utilizado para tratar ferimentos etc. Investiga quem os transporta e onde são transportados, lavados e distribuídos. Essa trajetória, segundo ele, deve explicar vários fatos patológicos próprios do hospital.

Analisa, também, por que a operação do trépano, uma das operações praticadas frequentemente nessa época, é regularmente mais bem-sucedida no hospital inglês Bethleem do que no hospital francês Hôtel-Dieu. Existirão, no interior da estrutura hospitalar e na repartição dos doentes, razões explicativas para esse fato? A questão é posta em termos de posição recíproca das salas, sua ventilação e comunicação da roupa branca.

3º) Os autores dessas descrições funcionais da organização médico-espacial do hospital não são mais arquitetos. Tenon é médico e, como médico, é designado pela *Academia de Ciências* para visitar os hospitais. Howard não é médico, mas pertence à categoria das pessoas que são predecessoras dos filantropos e tem uma competência quase sociomédica. Surge, portanto, um novo olhar sobre o hospital considerado como máquina de curar e que, se produz efeitos patológicos, deve ser corrigido.

Poder-se-ia dizer: isso não é novidade, pois há milênios existem hospitais feitos para curar; pode-se unicamente afirmar que talvez se tenha descoberto, no século XVIII, que os hospitais não curavam tão bem quanto deviam. Nada mais que um refinamento nas exigências formuladas a respeito do instrumento hospitalar.

Gostaria de levantar várias objeções contra essa hipótese. O hospital que funcionava na Europa desde a Idade Média não era, de modo algum, um meio de cura, não era concebido para curar. Houve, de fato, na história dos cuidados no Ocidente, duas séries não superpostas; encontravam-se às vezes, mas eram fundamentalmente distintas: as séries médica e hospitalar. O hospital como instituição importante e mesmo essencial para a vida urbana do Ocidente, desde a Idade Média, não é uma instituição médica, e a medicina é, nessa época, uma prática não hospitalar. É importante lembrar isso para poder compreender o que houve de novidade no século XVIII quando se constituiu uma medicina hospitalar ou um hospital médico, terapêutico. Pretendo mostrar como essas duas séries eram divergentes, para situar a novidade do aparecimento do hospital terapêutico.

Antes do século XVIII, o hospital era essencialmente uma instituição de assistência aos pobres. Instituição de assistência, como também de separação e exclusão. O pobre como pobre tem necessidade de assistência e, como doente, portador de doença e de possível contágio, é perigoso. Por essas razões, o hospital deve estar presente tanto para recolhê-lo, quanto para proteger os outros do perigo que ele encarna. O personagem ideal do hospital, até o século XVIII, não é o doente que é preciso curar, mas o pobre que está morrendo. É alguém que deve ser assistido material e espiritualmente, alguém a quem se deve dar os últimos cuidados e o último sacramento. Essa é a função essencial do hospital. Dizia-se correntemente, nessa época, que o hospital era um morredouro, um lugar onde morrer. E o pessoal do hospital não era fundamentalmente destinado a realizar a cura do doente, mas a conseguir a própria salvação. Era um pessoal caritativo — religioso ou leigo — que estava no hospital para fazer uma obra de caridade que lhe assegurasse a salvação eterna. Assegurava-se, portanto, a salvação da alma do pobre no momento da morte e a salvação do pessoal do hospital que cuidava dos pobres. Função de transição entre a vida e a morte, de salvação espiritual mais do que material, aliada à função de separação dos indivíduos perigosos para a saúde geral da população. Há um texto importante para o estudo da significação geral do hospital medieval e renascentista. Chama-se *Le Livre de la vie active de l'Hôtel-Dieu*, escrito por um parlamentar que foi chanceler do Hôtel-Dieu, no final do século XV. O livro dá uma descrição da função material e espiritual do pessoal do Hôtel-Dieu, em um vocabulário muito metafórico, espécie de *Roman de la Rose* da hospitalização, mas onde se vê claramente a mistura das funções de assistência e de transformação espiritual que o hospital deve assegurar. O hospital permanece com essas características até o começo do século XVIII e o Hospital Geral, lugar de internamento, onde se justapõem e se misturam doentes, loucos, devassos, prostitutas etc., é ainda, em meados do século XVII, uma espécie de instrumento misto de exclusão, assistência e transformação espiritual, em que a função médica não aparece.

Quanto à prática médica, nada havia, no que a constituía e lhe servia de justificação científica, que a predestinasse a ser uma medicina hospitalar. A medicina dos séculos XVII e XVIII era profundamente individualista. Individualista da parte do médico, qualificado como tal ao término de uma iniciação assegurada pela própria corporação dos médicos que compreendia conhecimento de textos e transmissão de receitas mais ou menos secretas ou públicas. A experiência hospitalar estava excluída da formação ritual do médico. O que o qualificava era a transmissão de receitas e não o campo de experiências que ele teria atravessado, assimilado e integrado. Quanto à intervenção do médico na doença, ela era organizada em torno da noção de crise. O médico devia observar o doente e a doença, desde seus primeiros sinais, para descobrir o momento em que a crise apareceria. A crise era o momento em que se afrontavam, no doente, a natureza sadia do indivíduo e o mal que o atacava. Nessa luta entre a natureza e a doença, o médico devia observar os sinais, prever a evolução, ver de que lado estaria a vitória e favorecer, na medida do possível, a vitória da saúde e da natureza sobre a doença. A cura era um jogo entre a natureza, a doença e o médico. Nessa luta o médico desempenhava o papel de prognosticador, árbitro e aliado da natureza contra a doença. Essa espécie de teatro, de batalha, de luta em que consistia a cura só podia se desenvolver em forma de relação individual entre médico e doente. A ideia de uma longa série de observações no interior do hospital, em que se poderia registrar as constâncias, as generalidades, os elementos particulares etc., estava excluída da prática médica.

Vê-se, assim, que nada na prática médica dessa época permitia a organização de um saber hospitalar, como também nada na organização do hospital permitia intervenção da medicina. As séries hospital e medicina permaneceram, portanto, independentes até meados do séc. XVIII.

Como se deu a transformação, isto é, como o hospital foi medicalizado e a medicina pôde tornar-se hospitalar?

O primeiro fator da transformação não foi a busca de uma ação positiva do hospital sobre o doente ou a doença, mas simplesmente a anulação dos efeitos negativos do hospital. Não se procurou primeiramente medicalizar o hospital, mas purificá-lo dos efeitos nocivos, da desordem que ele acarretava. E desordem aqui significa doenças que ele podia suscitar nas pessoas internadas e espalhar na cidade em que estava situado, como também a desordem econômico-social de que ele era foco perpétuo.

Essa hipótese de que o hospital primeiramente se medicalizou por intermédio da anulação das desordens de que era portador pode ser confirmada pelo fato da primeira grande organização hospitalar da Europa se situar, no século XVII, essencialmente nos hospitais marítimos e militares. O ponto de partida da reforma hospitalar foi, não o hospital civil, mas o hospital marítimo. A razão é que o hospital marítimo era um lugar de desordem econômica. Através dele se fazia, na França, tráfico de mercadorias, objetos preciosos, matérias raras, especiarias etc., trazidos das colônias. O traficante fazia-se doente e era levado para o hospital no momento do desembarque, aí escondendo objetos que escapavam, assim, do controle econômico da alfândega. Os grandes hospitais marítimos de Londres, Marseille ou La Rochelle eram lugares de um tráfico imenso, contra o que as autoridades financeiras protestavam. O primeiro regulamento de hospital, que aparece no século XVII, é sobre a inspeção dos cofres que os marinheiros, médicos e boticários detinham nos hospitais. A partir daí, se poderá fazer a inspeção desses cofres e registrar o que eles contêm. Se são encontradas mercadorias destinadas a contrabando, os donos serão punidos. Surge, assim, nesse regulamento, um primeiro esquadrinhamento econômico. Aparece também, nesses hospitais marítimos e militares, o problema da quarentena, isto é, da doença epidêmica que as pessoas que desembarcam podem trazer. Os lazaretos estabelecidos em Marseille e La Rochelle, por exemplo, são a programação de uma espécie de hospital perfeito. Mas se trata, essencialmente, de um tipo de hospitalização que não procura fazer do hospital um instrumento de cura, mas impedir que seja foco de desordem econômica ou médica.

Se os hospitais militares e marítimos tornaram-se o modelo, o ponto de partida da reorganização hospitalar, é porque as regulamentações econômicas tornaram-se mais rigorosas no mercantilismo, como também porque o preço dos homens tornou-se cada vez mais elevado. É nessa época que a formação do indivíduo, sua capacidade, suas aptidões passam a ter um preço para a sociedade.

Examine-se o exemplo do exército. Até a segunda metade do século XVII, não havia dificuldade em recrutar soldados — bastava ter dinheiro. Encontravam-se, em toda a Europa, desempregados, vagabundos, miseráveis disponíveis para entrar no exército de qualquer nacionalidade ou religião. Ora, com o surgimento do fuzil, no final dó século XVII, o exército torna-se muito mais técnico, sutil e custoso. Para se aprender a manejar um fuzil será preciso exercício, manobra, adestramento. É assim que o preço de um soldado ultrapassará o preço de uma simples mão de obra e o custo do exército tornar-se-á um importante capítulo orçamentário de todos os países. Quando se formou um soldado não se pode deixá-lo morrer. Se ele morrer, deve ser em plena forma, como soldado, na batalha, e não de doença. Não se deve esquecer que o índice de mortalidade dos soldados era imenso no século XVII. Um exército austríaco, por exemplo, que saiu de Viena para a Itália perdeu 5/6 de seus homens antes de chegar ao lugar do combate. Essa perda de homens por motivo de doença, epidemia ou deserção era um fenômeno relativamente comum.

A partir dessa mutação técnica do Exército, o hospital militar tornou-se um problema técnico e militar importante. 1º) Era preciso vigiar os homens no hospital militar para que não desertassem, à medida que tinham sido formados de modo bastante custoso. 2º) Era preciso curá-los, evitando que morressem de doença. 3º) Era preciso evitar que, quando curados, eles fingissem ainda estar doentes e permanecessem de cama etc. Surge, portanto, uma reorganização administrativa e política, um novo esquadrinhamento do poder no espaço do hospital militar. O mesmo acontece com o hospital marítimo, a partir do momento em que a técnica da Marinha torna-se muito mais complicada e não se pode mais perder alguém cuja formação foi bastante custosa.

Como se fez a reorganização do hospital? Não foi a partir de uma técnica médica que o hospital marítimo e militar foi reordenado, mas, essencialmente, a partir de uma tecnologia que pode ser chamada política: a disciplina.

A disciplina é uma técnica de exercício de poder que foi, não inteiramente inventada, mas elaborada em seus princípios fundamentais durante o século XVIII. Historicamente as disciplinas existiam há muito tempo, na Idade Média e mesmo na Antiguidade. Os mosteiros são um exemplo de região, domínio no interior do qual reinava o sistema disciplinar. A escravidão e as grandes empresas escravistas existentes nas colônias espanholas, inglesas, francesas, holandesas etc. eram modelos de mecanismos disciplinares. Pode-se recuar até a Legião Romana e, lá, também encontrar um exemplo de disciplina. Os mecanismos disciplinares são, portanto, antigos, mas existiam em estado isolado, fragmentado, até os séculos XVII e XVIII, quando o poder disciplinar foi aperfeiçoado como uma nova técnica de gestão dos homens. Fala-se, frequentemente, das invenções técnicas do século XVIII — as tecnologias químicas, metalúrgicas etc. — mas, erroneamente, nada se diz da invenção técnica dessa nova maneira de gerir os homens, controlar suas multiplicidades, utilizá-las ao máximo e majorar o efeito útil de seu trabalho e sua atividade, graças a um sistema de poder suscetível de controlá-los. Nas grandes oficinas que começam a se formar, no Exército, na escola, quando se observa na Europa um grande progresso da alfabetização, aparecem essas novas técnicas de poder que são uma das grandes invenções do século XVIII.

Tomando como exemplos o Exército e a escola, o que se vê aparecer, nessa época?

1º) Uma arte de distribuição espacial dos indivíduos. No Exército do século XVII, os indivíduos estavam amontoados. O Exército era um aglomerado de pessoas com as mais fortes e mais hábeis na frente, nos lados e no meio as que não sabiam lutar, eram covardes, tinham vontade de fugir. A força de um corpo de tropa era o efeito da densidade dessa massa. A partir do século XVIII, ao contrário, a partir do momento em que o soldado recebe um fuzil, se é obrigado a estudar a distribuição dos indivíduos e a colocá-los corretamente no lugar em que sua eficácia seja máxima. A disciplina do Exército começa no momento em que se ensina o soldado a se colocar, se deslocar e estar onde for preciso. Nas escolas do século XVII, os alunos também estavam aglomerados e o professor chamava um deles por alguns minutos, ensinava-lhe algo, mandava-o de volta, chamava outro etc. Um ensino coletivo dado simultaneamente a todos os alunos implica uma distribuição espacial. A disciplina é, antes de tudo, a análise do espaço. É a individualização pelo espaço, a inserção dos corpos em um espaço individualizado, classificatório, combinatório.

2º) A disciplina exerce seu controle, não sobre o resultado de uma ação, mas sobre seu desenvolvimento. No século XVII, nas oficinas de tipo corporativo, o que se exigia do companheiro ou do mestre era que fabricasse um produto com determinadas qualidades. A maneira de fabricá-lo dependia da transmissão de geração em geração. O controle não atingia o próprio gesto. Do mesmo modo, ensinava-se o soldado a lutar, a ser mais forte do que o adversário na luta individual da batalha. A partir do século XVIII, se desenvolve uma arte do corpo humano. Começa-se a observar de que maneira os gestos são feitos, qual o mais eficaz, rápido e mais bem-ajustado. É assim que nas oficinas aparece o famoso e sinistro personagem do contramestre, destinado não só a observar se o trabalho foi feito, mas como é feito, como pode ser feito mais rapidamente e com gestos mais adaptados. Aparece, no Exército, o suboficial e com ele os exercícios, as manobras e a decomposição dos gestos no tempo. O famoso *Regulamento da infantaria prussiana*, que assegurou as vitórias de Frederico da Prússia, consiste em mecanismos de gestão disciplinar dos corpos.

3º) A disciplina é uma técnica de poder que implica uma vigilância perpétua e constante dos indivíduos. Não basta olhá-los às vezes ou ver se o que fizeram está conforme a regra. É preciso vigiá-los durante todo o tempo da atividade e submetê-los a uma perpétua pirâmide de olhares. É assim que no Exército aparecem sistemas de graus que vão, sem interrupção, do general-chefe até o ínfimo soldado, como também os sistemas de inspeção, revistas, paradas, desfiles etc., que permitem que cada indivíduo seja observado permanentemente.

4º) A disciplina implica um registro contínuo. Anotação do indivíduo e transferência da informação de baixo para cima, de modo que, no cume da pirâmide disciplinar, nenhum detalhe, acontecimento ou elemento disciplinar escape a esse saber. No sistema clássico, o exercício do poder era confuso, global e descontínuo. Era o poder do soberano sobre grupos constituídos por famílias, cidades, paróquias, isto é, por unidades globais, e não um poder contínuo atuando sobre o indivíduo. A disciplina é o conjunto de técnicas pelas quais os sistemas de poder vão ter por alvo e resultado os indivíduos em sua singularidade. É o poder de individualização que tem o exame como instrumento fundamental. O exame é a vigilância permanente, classificatória, que permite distribuir os indivíduos, julgá-los, medi-los, localizá-los e, por conseguinte, utilizá-los ao máximo. Através do exame, a individualidade torna-se um elemento pertinente para o exercício do poder.

É a introdução dos mecanismos disciplinares no espaço confuso do hospital que vai possibilitar sua medicalização. Tudo o que foi dito até agora pode explicar por que o hospital se disciplina. As razões econômicas, o preço atribuído ao indivíduo, o desejo de evitar que as epidemias se propaguem explicam o esquadrinhamento disciplinar a que estão submetidos os hospitais. Mas se a disciplina torna-se médica, se o poder disciplinar é confiado ao médico, isso se deve a uma transformação no saber médico. A formação de uma medicina hospitalar deve-se, por um lado, à disciplinarização do espaço hospitalar, e, por outro, à transformação, nessa época, do saber e da prática médicos.

No sistema epistêmico ou epistemológico da medicina do século XVIII, o grande modelo de inteligibilidade da doença é a botânica, a classificação de Lineu. Isto significa a exigência da doença ser compreendida como um fenômeno natural. Ela terá espécies, características observáveis, curso e desenvolvimento como toda planta. A doença é a natureza, mas uma natureza devida a uma ação particular do meio sobre o indivíduo. O indivíduo sadio, quando submetido a certas ações do meio, é o suporte da doença, fenômeno limite da natureza. A água, o ar, a alimentação, o regime geral constituem o solo sobre o qual se desenvolvem em um indivíduo as diferentes espécies de doença. De modo que a cura é, nessa perspectiva, dirigida por uma intervenção médica que se endereça, não mais à doença propriamente dita, como na medicina da crise, mas ao que a circunda: o ar, a água, a temperatura ambiente, o regime, a alimentação etc. É uma medicina do meio que está se constituindo, à medida que a doença é concebida como um fenômeno natural obedecendo a leis naturais.

É, portanto, o ajuste desses dois processos, deslocamento da intervenção médica e disciplinarização do espaço hospitalar, que está na origem do hospital médico. Esses dois fenômenos, distintos em sua origem, vão poder se ajustar com o aparecimento de uma disciplina hospitalar que terá por função assegurar o esquadrinhamento, a vigilância, a disciplinarização do mundo confuso do doente e da doença, como também transformar as condições do meio em que os doentes são colocados. Os doentes serão individualizados e distribuídos em um espaço onde possam ser vigiados e onde seja registrado o que acontece; ao mesmo tempo se modificará o ar que respiram, a temperatura do meio, a água que bebem, o regime, de modo que o quadro hospitalar que os disciplina seja um instrumento de modificação com função terapêutica.

Admitindo-se a hipótese do duplo nascimento do hospital pelas técnicas de poder disciplinar e médico de intervenção sobre o meio, pode-se compreender várias características que ele possui:

1º) A questão do hospital, no final do século XVIII, é fundamentalmente a do espaço ou dos diferentes espaços a que ele está ligado. Em primeiro lugar, onde localizar o hospital, para que não continue a ser uma região sombria, obscura, confusa em pleno coração da cidade, para onde as pessoas afluem no momento da morte e de onde se difundem, perigosamente, miasmas, ar poluído, água suja etc.? É preciso que o espaço em que está situado o hospital esteja ajustado ao esquadrinhamento sanitário da cidade. É no interior da medicina do espaço urbano que deve ser calculada a localização do hospital.

Em segundo lugar, é preciso não somente calcular sua localização, mas a distribuição interna de seu espaço. Isso será feito em função de alguns critérios: se é verdade que se cura a doença por uma ação sobre o meio, será necessário constituir em torno de cada doente um pequeno meio espacial individualizado, específico, modificável segundo o doente, a doença e sua evolução. Será preciso a realização de uma autonomia funcional, médica, do espaço de sobrevivência do doente. É assim que se estabelece o princípio de que não deve haver mais de um doente por leito, devendo ser suprimido o leito dormitório onde se amontoavam até seis pessoas. Será, também, necessário construir em torno do doente um meio manipulável que possibilite aumentar a temperatura ambiente, refrescar o ar, orientá-lo para um único doente etc. Daí as pesquisas feitas para individualizar o espaço de existência, de respiração dos doentes mesmo em salas coletivas. Houve, por exemplo, o projeto de encapsular o leito de cada doente em um tecido que permitisse a circulação do ar, mas bloqueasse os miasmas.

Tudo isso mostra como, em sua estrutura espacial, o hospital é um meio de intervenção sobre o doente. A arquitetura do hospital deve ser fator e instrumento de cura. O hospital-exclusão, onde se rejeitam os doentes para a morte, não deve mais existir. A arquitetura hospitalar é um instrumento de cura de mesmo estatuto que um regime alimentar, uma sangria ou um gesto médico. O espaço hospitalar é medicalizado em sua função e em seus efeitos. Esta é a primeira característica da transformação do hospital no final do século XVIII.

2º) Transformação do sistema de poder no interior do hospital. Até meados do século XVIII quem aí detinha o poder era o pessoal religioso, raramente leigo, destinado a assegurar a vida cotidiana do hospital, a salvação e a assistência alimentar das pessoas internadas. O médico era chamado para os mais doentes entre os doentes, era mais uma garantia, uma justificação, do que uma ação real. A visita médica era um ritual feito de modo irregular, em princípio uma vez por dia, para centenas de doentes. O médico estava, além disso, sob a dependência administrativa do pessoal religioso que podia inclusive despedi-lo.

A partir do momento em que o hospital é concebido como um instrumento de cura e a distribuição do espaço torna-se um instrumento terapêutico, o médico passa a ser o principal responsável pela organização hospitalar. A ele se pergunta como se deve construí-lo e organizá-lo, e é por este motivo que Tenon faz seu inquérito. A partir de então, a forma do claustro, da comunidade religiosa, que tinha servido para organizar o hospital, é banida em proveito de um espaço que deve ser organizado medicamente. Além disso, se o regime alimentar, a ventilação, o ritmo das bebidas etc., são fatores de cura, o médico, controlando o regime dos doentes, assume, até certo ponto, o funcionamento econômico do hospital, até então privilégio das ordens religiosas. Ao mesmo tempo, a presença do médico se afirma, se multiplica, no interior do hospital. O ritmo das visitas aumenta cada vez mais durante o século XVIII. Se, em 1680, havia no Hôtel-Dieu de Paris uma visita por dia, no século XVIII, aparecem vários regulamentos que sucessivamente precisam que deve haver uma outra visita, à noite, para os doentes mais graves; que deve haver uma outra visita para todos os doentes; que cada visita deve durar duas horas e finalmente, em torno de 1770, que um médico deve residir no hospital e pode ser chamado ou se locomover a qualquer hora do dia ou da noite para observar o que se passa.

Aparece, assim, o personagem do médico de hospital, que antes não havia. O grande médico, até o século XVIII, não aparecia no hospital; era o médico de consulta privada, que tinha adquirido prestígio graças a certo número de curas espetaculares. O médico que as comunidades religiosas chamavam para fazer visitas aos hospitais era, geralmente, o pior dos médicos. O grande médico de hospital, aquele que será mais sábio quanto maior for sua experiência hospitalar, é uma invenção do final do século XVIII. Tenon, por exemplo, foi um médico de hospital e Pinel pôde fazer o que fez em Bicêtre graças a sua situação de detentor do poder no hospital.

Essa inversão das relações hierárquicas no hospital, a tomada de poder pelo médico, se manifesta no ritual da visita, desfile quase religioso em que o médico, na frente, vai ao leito de cada doente seguido de toda a hierarquia do hospital: assistentes, alunos, enfermeiras etc. Essa codificação ritual da visita, que marca o advento do poder médico, é encontrada nos regulamentos de hospitais do século XVIII, em que se diz onde cada pessoa deve estar colocada, que o médico deve ser anunciado por uma sineta, que a enfermeira deve estar na porta com um caderno nas mãos e deve acompanhar o médico quando ele entrar etc.

3º) Organização de um sistema de registro permanente e, na medida do possível, exaustivo, do que acontece. Em primeiro lugar, técnicas de identificação dos doentes. Amarra-se no punho do doente uma pequena etiqueta que permitirá distingui-lo mesmo se vier a morrer. Aparece em cima do leito a ficha com o nome e a doença do paciente. Aparece, também, uma série de registros que acumulam e transmitem informações: registro geral das entradas e saídas em que se anota o nome do doente, o diagnóstico do médico que o recebeu, a sala em que se encontra e, depois, se morreu ou saiu curado; registro de cada sala feito pela enfermeira-chefe; registro da farmácia em que se diz que receitas e para que doentes foram despachadas; registro do médico que manda anotar, durante a visita, as receitas e o tratamento prescritos, o diagnóstico etc. Aparece, finalmente, a obrigação dos médicos confrontarem suas experiências e seus registros — ao menos uma vez por mês, segundo o regulamento do Hôtel-Dieu de 1785 — para ver quais são os diferentes tratamentos aplicados, os que têm melhor êxito, que médicos têm mais sucesso, se doenças epidêmicas passam de uma sala para outra etc.

Constitui-se, assim, um campo documental no interior do hospital que não é somente um lugar de cura, mas também de registro, acúmulo e formação de saber. É então que o saber médico que, até o início do século XVIII, estava localizado nos livros, em uma espécie de jurisprudência médica encontrada nos grandes tratados clássicos da medicina, começa a ter seu lugar, não mais no livro, mas no hospital; não mais no que foi escrito e impresso, mas no que é cotidianamente registrado na tradição viva, ativa e atual que é o hospital. É assim que naturalmente se chega, entre 1780-90, a afirmar que a formação normativa de um médico deve passar pelo hospital. Além de ser um lugar de cura, é também lugar de formação de médicos. A clínica aparece como dimensão essencial do hospital.

Clínica aqui significa a organização do hospital como lugar de formação e transmissão de saber. Mas se vê também que, com a disciplinarização do espaço hospitalar que permite curar, como também registrar, formar e acumular saber, a medicina se dá como objeto de observação um imenso domínio, limitado, de um lado, pelo indivíduo e, de outro, pela população. Pela disciplinarização do espaço médico, pelo fato de se poder isolar cada indivíduo, colocá-lo em um leito, prescrever-lhe um regime etc., pretende-se chegar a uma medicina individualizante. Efetivamente, é o indivíduo que será observado, seguido, conhecido e curado. O indivíduo emerge como objeto do saber e da prática médicos. Mas, ao mesmo tempo, pelo mesmo sistema do espaço hospitalar disciplinado se pode observar grande quantidade de indivíduos. Os registros obtidos cotidianamente, quando confrontados entre os hospitais e nas diversas regiões, permitem constatar os fenômenos patológicos comuns a toda a população.

O indivíduo e a população são dados simultaneamente como objetos de saber e alvos de intervenção da medicina, graças à tecnologia hospitalar. A redistribuição dessas duas medicinas será um fenômeno próprio do século XIX. A medicina que se forma no século XVIII é tanto uma medicina do indivíduo quanto da população.

7

A CASA DOS LOUCOS[1]

No fundo da prática científica existe um discurso que diz: "Nem tudo é verdadeiro; mas em todo lugar e a todo momento existe uma verdade a ser dita e a ser vista, uma verdade talvez adormecida, mas que no entanto está somente à espera de nosso olhar para aparecer, à espera de nossa mão para ser desvelada. A nós cabe achar a boa perspectiva, o ângulo correto, os instrumentos necessários, pois de qualquer maneira ela está presente aqui e em todo lugar." Mas achamos também, e de forma tão profundamente arraigada na nossa civilização, esta ideia que repugna à ciência e à filosofia: que a verdade, como o relâmpago, não nos espera onde temos a paciência de emboscá-la e a habilidade de surpreendê-la, mas que tem instantes propícios, lugares privilegiados, não só para sair da sombra como para realmente se produzir. Se existe uma geografia da verdade, é a dos espaços onde reside, e não simplesmente a dos lugares onde nos colocamos para melhor observá-la. Sua cronologia é a das conjunções que lhe permitem se produzir como um acontecimento, e não a dos momentos que devem ser aproveitados para percebê-la, como por entre duas nuvens. Poderíamos encontrar na nossa história toda uma "tecnologia"

---

[1] *La Maison des fous*, publicado originalmente em italiano, in Franco Basaglia e Franca Basaglia Ongaro, *Crimini di Pace*. Turim: Einaudi, 1975. A tradução desta edição é de Lilian Holzmeister a partir do original francês.

da verdade: levantamento de suas localizações, calendário de suas ocasiões, saber dos rituais no meio dos quais se produz.

Exemplo dessa geografia: Delfos, onde a verdade falava, fato que surpreendia os primeiros filósofos gregos; os lugares de retiro no antigo monaquismo; mais tarde, a cátedra da prédica ou do magistério, a assembleia dos fiéis. Exemplo dessa cronologia: aquela que achamos de forma muito elaborada na noção médica de crise, e cuja importância se prolongou até o fim do século XVIII. A crise, tal como era concebida e exercida, é precisamente o momento em que a natureza profunda da doença sobe à superfície e se deixa ver. É o momento em que o processo doentio, por sua própria energia, se desfaz de seus entraves, se liberta de tudo aquilo que o impedia de completar-se e, de alguma forma, se decide a ser isto e não aquilo, decide o seu futuro — favorável ou desfavorável. Movimento em certo sentido autônomo, mas do qual o médico pode e deve participar. Este deve reunir em torno dela todas as conjunções que lhe são favoráveis e prepará-la, ou seja, invocá-la e suscitá-la. Mas deve também colhê-la como se fosse uma ocasião, nela inserir sua ação terapêutica e combatê-la no dia mais propício. Sem dúvida, a crise pode ocorrer sem o médico, mas se ele quiser intervir, que seja segundo uma estratégia que se imponha à crise como momento da verdade, pronta a sub-repticiamente conduzir o momento a uma data que seja favorável ao terapeuta. No pensamento e na prática médica, a crise era, ao mesmo tempo, momento fatal, efeito de um ritual e ocasião estratégica.

Numa ordem inteiramente diversa, a prova judiciária também era uma ocasião de se manipular a produção da verdade. O ordálio que submetia o acusado a uma prova, o duelo no qual se confrontavam acusado e acusador ou seus representantes, não eram uma maneira grosseira e irracional de "detectar" a verdade e de saber o que realmente tinha acontecido quanto à questão em litígio. Eram uma maneira de decidir de que lado Deus colocava naquele momento o suplemento de sorte ou de força que dava a vitória a um dos adversários. O êxito, se tivesse sido conquistado conforme o regulamento, indicava em proveito de quem devia ser feita a liquidação do litígio. E a posição do juiz não era a de um pesquisador tentando descobrir uma verdade oculta e restituí-la na sua forma exata, devia sim organizar a sua produção, autentificar as formas rituais na qual tinha sido suscitada. A verdade era o efeito produzido pela determinação ritual do vencedor.

Podemos então supor, na nossa civilização e ao longo dos séculos, a existência de toda uma tecnologia da verdade que foi pouco a pouco sendo desqualificada, recoberta e expulsa pela prática científica e pelo discurso filosófico. A verdade aí não é aquilo que é, mas aquilo que se dá: acontecimento. Ela não é encontrada, mas suscitada: produção em vez de apofântica. Ela não se dá por mediação de instrumentos, mas sim provocada por rituais, atraída por meio de ardis, apanhada segundo ocasiões: estratégia e não método. Desse acontecimento que assim se produz impressionando aquele que o buscava, a relação não é do objeto ao sujeito de conhecimento. É uma relação ambígua, reversível, que luta belicosamente por controle, dominação e vitória: uma relação de poder.

É claro que essa tecnologia da verdade/acontecimento-ritual/prova parece há muito ter desaparecido. Mas ela permaneceu, núcleo irredutível ao pensamento científico.

A importância da alquimia, sua teimosia em não desaparecer apesar de tantos fracassos e repetições infindáveis, o fascínio que exerceu vêm sem dúvida do fato de ter sido uma das mais elaboradas formas desse tipo de saber. Estava menos interessada em conhecer a verdade do que produzi-la segundo uma determinação de momentos propícios — donde seu parentesco com a astrologia — obedecendo a prescrições, a regras de comportamento e a exercícios — donde seu parentesco com a mística — e se propondo mais a uma vitória, um controle, uma soberania sobre um segredo, do que à descoberta de uma incógnita. O saber alquímico só é vazio ou vão se o interrogamos em termos de verdade representada. É pleno se o consideramos um conjunto de regras, de estratégias, de procedimentos, de cálculos, de articulações que permitem obter ritualmente a produção do acontecimento "verdade".

Nessa perspectiva, poderíamos também fazer uma história da confissão na ordem da penitência, da justiça criminal e da psiquiatria. Um "bom senso" que de fato repousa sobre toda uma concepção da verdade como objeto de conhecimento, reinterpreta e justifica a busca da confissão perguntando se pode haver melhor prova, indício mais seguro do que a confissão do próprio sujeito acerca de seu crime, ou seu erro ou seu desejo louco.

Mas, historicamente, bem antes de ser considerada um teste, a confissão era a produção de uma verdade que se colocava no final de uma prova e segundo formas canônicas: confissão ritual, suplício, interrogatório. Nessa forma de confissão — tal como as práticas religiosas e depois judiciárias da Idade Média buscavam —, o problema não era o de sua exatidão e de sua integração como elemento suplementar às outras prescrições; o problema era simplesmente que fosse feita, e feita segundo as regras. A sequência interrogatório/confissão, que é tão importante na prática médico-judiciária moderna, oscila de fato entre um antigo ritual da verdade/prova prescrito ao acontecimento que se produz, e uma epistemologia da verdade/constatação prescrita ao estabelecimento dos sinais e dos testes.

A passagem da verdade/prova à verdade/constatação é sem dúvida um dos processos mais importantes na história da verdade, ainda que a palavra "passagem" não seja inteiramente adequada, pois não se trata aí de duas formas estranhas entre si que se oporiam e em que uma triunfaria sobre a outra. A verdade/constatação, na forma do conhecimento talvez não passe de um caso particular da verdade/prova na forma do acontecimento; acontecimento que se produz como podendo ser de direito repetido sempre e em toda parte. Ritual de produção que toma corpo numa instrumentação e num método a todos acessíveis e uniformemente eficaz; saída que aponta um objeto permanente de conhecimento e que qualifica um sujeito universal de conhecimento. É essa forma singular de produção da verdade que pouco a pouco foi recobrindo as outras formas de produção da verdade e que, ou pelo menos, impôs sua forma como universal.

A história desse recobrimento seria aproximadamente a própria história do saber na sociedade ocidental desde a Idade Média; história que não é a do conhecimento, mas sim da maneira pela qual a produção da verdade tomou a forma e se impôs a norma do conhecimento. Podemos certamente indicar três balizamentos nesse processo. De início, o estabelecimento e a generalização do procedimento do inquérito na prática política e na prática judiciária, civil ou religiosa. Procedimento cujo resultado é determinado pela concordância de vários indivíduos sobre um fato, um acontecimento, um costume, que passam então a ser considerados como notórios, isto é, podendo e devendo ser reconhecidos. Fatos conhecidos porque por todos reconhecíveis. A forma jurídico-política do inquérito é correlata ao desenvolvimento do Estado e à lenta aparição, nos séculos XII e XIII, de um novo tipo de poder político no elemento do feudalismo. A prova era um tipo de poder/saber de característica essencialmente ritual. O inquérito é um tipo de poder/saber essencialmente administrativo. E é esse modelo que, à medida que se desenvolviam as estruturas do Estado, impôs ao saber a forma do conhecimento: a de um sujeito soberano tendo uma função de universalidade e um objeto de conhecimento que deve ser reconhecível por todos como sendo sempre dado.

O segundo grande momento se situaria na época em que o procedimento jurídico-político pôde se incorporar a uma tecnologia que permitia um inquérito sobre a natureza. Tecnologia que não é mais aquela dos instrumentos destinados à localização, aceleração e amadurecimento da verdade, mas a dos instrumentos que devem apreendê-la em qualquer tempo e em qualquer lugar. Instrumentos que têm por função atravessar a distância, levantar o obstáculo que nos separa de uma verdade, a qual nos espera em toda a parte e em todos os tempos. Essa grande reviravolta tecnológica data sem dúvida do momento da navegação, das grandes viagens, da imensa "inquisição", que não era mais dirigida para os homens e seus bens, mas para a terra e suas riquezas. Ela data mais da conquista do mar do que da conquista das terras. Do navio, elemento sempre móvel, o navegador deve saber em cada ponto, e a todo instante, o lugar onde se encontra. O instrumento deve ser tal que nenhum instante e nenhum lugar seja privilegiado. A viagem introduziu o universal na tecnologia da verdade; impôs-lhe a norma do "qualquer lugar", do "qualquer tempo" e, consequentemente, do "qualquer um". A verdade não tem mais que ser produzida. Ela terá que se representar e se apresentar cada vez que for procurada.

Enfim, terceiro momento, nos últimos anos do século XIII, quando no elemento da verdade constatada por instrumentos possuidores de função universal, a química e a eletricidade permitiram que fenômenos fossem produzidos. Essa produção de fenômenos por meio da experimentação está no ponto mais afastado da produção de verdade pela prova, pois são repetíveis, podem e devem ser constatados, controlados e medidos. A experimentação não passa de um inquérito sobre fatos artificialmente provocados. Produzir fenômenos numa aparelhagem de laboratório não é o mesmo que suscitar ritualmente o acontecimento da verdade. É uma maneira de constatar uma verdade através de uma técnica cujas entradas são universais. A partir daí, a produção de verdade tomou a forma da produção de fenômenos constatáveis por todo sujeito de conhecimento.

Como podemos ver, essa grande transformação dos procedimentos de saber acompanha as mutações essenciais das sociedades ocidentais: emergência de um poder político sob a forma do Estado, expansão das relações mercantis à escala do globo, estabelecimento das grandes técnicas de produção. Mas também podemos ver que, nessas modificações do saber, não se trata de um sujeito de conhecimento que seria afetado pelas transformações da infraestrutura. Trata-se sim de formas de poder-e-de-saber, de poder-saber que funcionam e se efetivam ao nível da "infraestrutura" e que dão lugar à relação de conhecimento sujeito-objeto como nome do saber. Norma essa que é historicamente singular. E disso não podemos nos esquecer.

Nessas condições, podemos então compreender que ela não se aplica sem problemas a tudo que resiste ou escapa às formas de poder-saber de nossa sociedade, a tudo que resiste ou escapa ao poder estatal, à universalidade mercantilista e às regras de produção. Ou seja, a tudo que é percebido e definido negativamente: doenças, crime, loucura. Por muito tempo e ainda em boa parte nos nossos dias, a medicina, a psiquiatria, a justiça penal, e a criminologia ficaram nos confins de uma manifestação da verdade nas normas de conhecimento, e de uma produção da verdade na forma da prova: esta tendendo sempre a se esconder sob aquela e procurando por meio dela justificar-se. A crise atual destas disciplinas não coloca em questão simplesmente seus limites e incertezas no campo do conhecimento. Coloca em questão o conhecimento, a forma de conhecimento, a norma "sujeito-objeto". Interroga as relações entre as estruturas econômicas e políticas de nossa sociedade e o conhecimento, não em seus conteúdos falsos ou verdadeiros, mas em suas funções de poder-saber. Crise por consequência histórico-política.

Seja inicialmente o exemplo da medicina, com o espaço que lhe é conexo, o hospital. Até pouco tempo o hospital foi um lugar ambíguo: de constatação para uma verdade escondida e de prova para uma verdade a ser produzida.

Uma ação direta sobre a doença: não só lhe permitir revelar a sua verdade aos olhos do médico, mas também produzi-la. O hospital como lugar de eclosão da verdadeira doença. Supunha-se com efeito que o doente deixado em liberdade, no seu meio, na sua família, naquilo que o cercava, com o seu regime, seus hábitos, seus preconceitos, suas ilusões, só poderia ser afetado por uma doença complexa, opaca, emaranhada, uma espécie de doença contra a natureza, que era, ao mesmo tempo, a mistura de várias doenças e o empecilho para que a verdadeira doença pudesse se produzir na autenticidade de sua natureza. O papel do hospital era então, afastando essa vegetação parasita e formas aberrantes, não só de deixar ver a doença tal como é, mas também produzi-la enfim na sua verdade até então aprisionada e entravada. Sua natureza própria, suas características essenciais, seu desenvolvimento específico poderiam enfim, pelo efeito da hospitalização, tornar-se realidade.

O hospital do século XVIII devia criar as condições para que a verdade do mal explodisse. Donde, um lugar de observação e de demonstração, mas também de purificação e de prova. Constituía uma espécie de aparelhagem complexa que devia, ao mesmo tempo, fazer aparecer e produzir realmente a doença. Lugar botânico para a contemplação das espécies, lugar ainda alquímico para a elaboração das substâncias patológicas.

As grandes estruturas hospitalares instauradas no século XIX tomaram para si durante muito tempo essa dupla função. E durante um século (1760-1860), a prática e a teoria da hospitalização, e de uma forma geral a concepção da doença, foram dominadas por este equívoco: o hospital, estrutura de acolhimento da doença, deve ser um espaço de conhecimento ou um lugar de prova.

Daí toda série de problemas que atravessaram o pensamento e a prática dos médicos. Vejamos alguns.

1. A terapêutica consiste em suprimir o mal, em reduzi-lo à inexistência. Mas para que a terapêutica seja racional, para que ela possa se fundar verdadeiramente, não será necessário permitir que a doença se desenvolva? Quando se deve intervir e em que sentido? A intervenção é mesmo necessária? Deve-se agir no sentido de permitir o desenvolvimento da doença ou no sentido de contê-la? Agir para atenuá-la ou para conduzi-la a seu termo?

2. Há doenças e modificações de doença. Doenças puras e impuras, simples e complexas. Ao fim e ao cabo não existiria uma só doença da qual todas as outras seriam formas mais ou menos longinquamente derivadas, ou deve-se admitir categorias irredutíveis? (Discussões entre Broussais e seus adversários sobre a noção de irritação. Problema das febres essenciais.)

3. O que é uma doença normal? O que é uma doença que segue seu curso? Uma doença que conduz à morte, ou uma doença que se cura espontaneamente ao término de sua evolução? É dessa forma que Bichat se interrogava acerca da posição da doença entre a vida e a morte.

Sabemos bem que a biologia de Pasteur simplificou prodigiosamente todos esses problemas. Determinando o agente do mal e fixando-o como organismo singular, permitiu que o hospital se tornasse um lugar de observação, de diagnóstico, de localização clínica e experimental, mas também de intervenção imediata, ataque voltado para a invasão microbiana.

Quanto à função da prova, vemos que pode desaparecer. O lugar onde se produzirá a doença será o laboratório, o tubo de ensaio. Mas aí a doença não se efetua numa crise. Reduz-se seu processo a um mecanismo que pode ser aumentado, e se a coloca como fenômeno verificável e controlável. O meio hospitalar não tem mais que ser para a doença o lugar favorável para um acontecimento decisivo. Ele permite simplesmente uma redução, uma transferência, um aumento, uma constatação. A prova se transforma em teste na estrutura técnica do laboratório e na representação do médico.

Se quiséssemos fazer uma "etnoepistemologia" do personagem médico, deveríamos dizer que a revolução de Pasteur o privou de seu papel sem dúvida milenar, na produção ritual e na prova da doença. E o desaparecimento desse papel, certamente dramatizado pelo fato de que Pasteur não só e simplesmente mostrou que não cabia ao médico ser o produtor da doença "na sua verdade", mas que, por ignorá-la, tinha sido por milhares de vezes o propagador e o reprodutor da doença. O médico de hospital, indo de leito em leito, era um dos agentes mais importantes do contágio. Pasteur golpeava assim os médicos, neles causando uma formidável ferida narcísica que lhe foi dificilmente perdoada. As mãos do médico, que deviam percorrer o corpo do doente, palpá-lo, examiná-lo, estas mãos que deviam descobrir a doença, trazê-la à luz e mostrá-la, Pasteur as designou como portadoras do mal. O espaço hospitalar e o saber do médico tinham tido até então o papel de produzir a verdade "crítica" da doença. E eis que o corpo do médico, o amontoamento hospitalar apareciam como produtores da realidade da doença.

Esterilizando-se o médico e o hospital, uma nova inocência lhes foi dada, da qual tiraram novos poderes e um novo estatuto na imaginação dos homens. Mas isso é uma outra história.

Essas breves anotações podem nos ajudar a compreender a posição do louco e do psiquiatra no interior do espaço asilar.

Existe sem dúvida uma correlação histórica entre dois fatos. Antes do século XVIII, a loucura não era sistematicamente internada e era essencialmente considerada como uma forma de erro ou de ilusão. Ainda no começo da Idade Clássica, a loucura era vista como pertencendo às quimeras do mundo; podia viver no meio delas e só seria separada no caso de tomar formas extremas ou perigosas. Nessas condições, compreende-se a impossibilidade de o espaço artificial do hospital ser um lugar privilegiado, onde a loucura podia e devia explodir em sua verdade. Os lugares reconhecidos como terapêuticos eram primeiramente a natureza; pois que era a forma visível da verdade; tinha nela mesma o poder de dissipar o erro, de fazer sumir as quimeras. As prescrições dadas pelos médicos eram de preferência a viagem, o repouso, o passeio, o retiro, o corte com o mundo vão e artificial da cidade. Esquirol ainda considerou isso quando, ao fazer os planos de um hospital psiquiátrico, recomendava que cada cela fosse aberta para a vista de um jardim. Outro lugar terapêutico usual era o teatro, natureza invertida. Apresentava-se ao doente a comédia da própria loucura colocando-a em cena, emprestando-lhe um instante de realidade fictícia, fazendo de conta que era verdadeira por meio de cenários e fantasias, mas de forma que, caindo nessa cilada, o engano acabasse por estourar diante dos próprios olhos daquele que era sua vítima. Essa técnica por sua vez também não tinha desaparecido completamente no século XIX. Esquirol, por exemplo, recomendava que se inventassem processos aos melancólicos, para que sua energia e seu gosto pelo combate fossem estimulados.

A prática do internamento no começo do século XIX, coincidiu com o momento em que a loucura é percebida menos com relação ao erro do que com relação à conduta regular e normal. Momento em que aparece não mais como julgamento perturbado, mas como desordem na maneira de agir, de querer, de sentir paixões, de tomar decisões e de ser livre. Enfim, em vez de se inscrever no eixo verdade-erro-consciência, se inscreve no eixo paixão-vontade-liberdade. É o momento de Hoffbauer e Esquirol.

"Existem alienados cujo delírio é quase imperceptível; não existe um no qual as paixões, as afeições morais, não sejam desordenadas, pervertidas ou anuladas... A diminuição do delírio só é um sinal efetivo de cura quando os alienados retornam às suas primeiras afeições" (Esquirol). Qual é então o processo da cura? O movimento pelo qual o erro se dissipa e a verdade novamente se faz ver? Absolutamente, mas sim "a volta às afeições morais em seus justos limites, o desejo de rever seus amigos, seus filhos, as lágrimas da sensibilidade, a necessidade de abrir o coração, de estar com sua família, de retomar seus hábitos".

Qual poderá ser então o papel do asilo nesse movimento de volta às condutas regulares? Certamente ele terá de início a função que se confiava aos hospitais no fim do século XVIII. Permitir a descoberta da verdade da doença mental, afastar tudo aquilo que, no meio do doente, possa mascará-la, confundi-la, dar-lhe formas aberrantes; alimentá-la e também estimulá-la. Mais ainda que um lugar de desvelamento, o hospital, cujo modelo foi dado por Esquirol, é um lugar de confronto. A loucura, vontade perturbada, paixão pervertida, deve aí encontrar uma vontade reta e paixões ortodoxas. Esse afrontamento, esse choque inevitável, e a bem dizer desejável, produzirão dois efeitos: a vontade doente, que podia muito bem permanecer inatingível pois não é expressa em nenhum delírio, revelará abertamente seu mal pela resistência que opõe à vontade reta do médico; e, por outro lado, a luta que a partir daí se instala, se for bem levada deverá conduzir a vontade reta à vitória, e a vontade perturbada à submissão e à renúncia. Um processo de oposição, de luta e de dominação. "Deve-se aplicar um método perturbador, quebrar o espasmo pelo espasmo... Deve-se subjugar todo o caráter de certos doentes, vencer suas pretensões, domar seus arroubos, quebrar seu orgulho, ao passo que se deve excitar e encorajar os outros."

Assim se estabelece a função muito curiosa do hospital psiquiátrico do século XIX: lugar de diagnóstico e de classificação, retângulo botânico onde as espécies de doenças são divididas em compartimentos cuja disposição lembra uma vasta horta. Mas também espaço fechado para um confronto, lugar de uma disputa, campo institucional onde se trata de vitória e de submissão. O grande médico do asilo — seja ele Leuret, Charcot ou Kraepelin — é ao mesmo tempo aquele que pode dizer a verdade da doença pelo saber que dela tem, e aquele que pode produzir a doença em sua verdade e submetê-la, na realidade, pelo poder que sua vontade exerce sobre o próprio doente. Todas as técnicas ou procedimentos efetuados no asilo do século XIX — isolamento, interrogatório particular ou público, tratamentos-punições, como a ducha, pregações morais, encorajamentos ou repreensões, disciplina rigorosa, trabalho obrigatório, recompensa, relações preferenciais entre o médico e alguns de seus doentes, relações de vassalagem, de posse, de domesticidade e às vezes de servidão entre doente e médico

⸺ tinham por função fazer do personagem do médico o "mestre da loucura"; aquele que a faz se manifestar em sua verdade quando ela se esconde, quando permanece soterrada e silenciosa, e aquele que a domina, a acalma e a absorve depois de tê-la sabiamente desencadeado.

Digamos então de uma forma esquemática: no hospital de Pasteur, a função "produzir a verdade da doença" não parou de se atenuar. O médico produtor da verdade desaparece numa estrutura de conhecimento. De forma inversa, no hospital de Esquirol ou de Charcot, a função "produção da verdade" se hipertrofia, se exalta em torno do personagem médico. E isso num jogo onde o que está em questão é o sobrepoder do médico. Charcot, taumaturgo da histeria, é certamente o personagem mais simbólico desse tipo de funcionamento.

Ora, essa exaltação se produz numa época em que o poder médico encontra suas garantias e justificações nos privilégios do conhecimento. O médico é competente, o médico conhece as doenças e os doentes, detém um saber científico que é do mesmo tipo que o do químico ou do biólogo; eis o que permite a sua intervenção e a sua decisão. O poder que o asilo dá ao psiquiatra deverá então se justificar e ao mesmo tempo se mascarar como sobrepoder primordial produzindo fenômenos integráveis à ciência médica. Compreende-se por que, durante tanto tempo (pelo menos de 1860-1890), a técnica da hipnose e da sugestão, o problema da simulação, o diagnóstico diferencial entre doença orgânica e doença psicológica formam o centro da prática e da teoria psiquiátricas. O ponto de perfeição, miraculosa em demasia, foi atingido quando as doentes do serviço de Charcot, a pedido do poder-saber médico, se puseram a reproduzir uma sintomatologia calcada na epilepsia, isto é, suscetível de decifração, conhecida e reconhecida nos termos de uma doença orgânica.

Episódio decisivo onde exatamente as duas funções do asilo — prova e produção da verdade por um lado; conhecimento e constatação dos fenômenos por outro — se redistribuem e se superpõem exatamente. O poder do médico lhe permite produzir doravante a realidade de uma doença mental cuja propriedade é a de reproduzir fenômenos inteiramente acessíveis ao conhecimento. A histérica era a doente perfeita pois permitia que se fizesse conhecer. Ela retranscrevia por si própria os efeitos do poder médico em formas que podiam ser descritas pelo médico segundo um discurso cientificamente aceitável. Resta saber sobre a relação de poder que tornava possível toda essa operação e como poderia ser detectada, já que as doentes dela se encarregavam e por ela se responsabilizavam — virtude suprema da histeria, docilidade sem igual, verdadeira santidade epistemológica. A relação de poder aparecia na sintomatologia como sugestibilidade mórbida. Tudo se desdobrava daí em diante na limpidez do conhecimento, entre o sujeito conhecedor e o objeto conhecido.

Hipótese: a crise foi inaugurada e a idade ainda mal esboçada da antipsiquiatria começa quando se desconfiou, para em seguida se ter certeza, que Charcot produzia efetivamente a crise de histeria que descrevia. Tem-se aí mais ou menos o equivalente à descoberta feita por Pasteur de que o médico transmitia as doenças que devia curar.

Em todo caso, parece-me que todos os grandes abalos que sacudiram a psiquiatria desde o fim do século XIX essencialmente colocaram em questão o poder do médico.

Seu poder e o efeito que produzia sobre o doente, mais ainda que seu saber e a verdade daquilo que dizia sobre a doença. Digamos mais exatamente que de Bernheim a Laing ou a Basaglia, o que foi questionado é a maneira pela qual o poder do médico estava implicado na verdade daquilo que dizia, e inversamente, a maneira pela qual a verdade podia ser fabricada e comprometida pelo seu poder. Cooper disse: "A violência está no cerne do nosso problema." E Basaglia: "A característica destas instituições (escola, usina, hospital) é uma separação decidida entre aqueles que têm o poder e aqueles que não o têm." Todas as grandes reformas, não só da prática psiquiátrica, mas do pensamento psiquiátrico, se situam em torno dessa relação de poder; são tentativas de deslocar a relação, mascará-la, eliminá-la e anulá-la. No fundo, o conjunto da psiquiatria moderna é atravessado pela antipsiquiatria, se por isso se entende tudo aquilo que recoloca em questão o papel do psiquiatra, antigamente encarregado de produzir a verdade da doença no espaço hospitalar.

Poder-se-ia então falar *das* antipsiquiatrias que atravessaram a história da psiquiatria moderna. Mas talvez seja melhor deslindar com cuidado dois processos que são perfeitamente distintos dos pontos de vista histórico, epistemológico e político.

Primeiramente houve o movimento de "despsiquiatrização". É o que aparece imediatamente após Charcot. E aí não se trata tanto de anular o poder do médico quanto de deslocá-lo em nome de um saber mais exato, de lhe dar um outro ponto de aplicação e novas medidas. Despsiquiatrizar a medicina mental para restabelecer na sua justa eficácia um poder médico que a imprudência (ou ignorância) de

Charcot conduziu à produção abusiva de doença, logo de falsas doenças.

1. Uma primeira forma de despsiquiatrização começa com Babinski, em quem encontra seu herói crítico. Em vez de procurar produzir teatralmente a verdade da doença, é melhor procurar reduzi-la à sua realidade estrita, que talvez seja tão somente a aptidão a se deixar teatralizar: pitiatismo. Doravante a relação de dominação do médico sobre o doente não só nada perderá de seu rigor, mas seu rigor incidirá sobre a *redução* da doença a estritamente seu mínimo: aos signos necessários e suficientes para que possa ser diagnosticada como doença mental, e às técnicas indispensáveis para que as manifestações desapareçam. De certa forma se trata de "pasteurizar" o hospital psiquiátrico, de obter no asilo o mesmo efeito de simplificação que Pasteur havia imposto aos hospitais: articular diretamente o diagnóstico e a terapêutica, o conhecimento da natureza da doença e a supressão de suas manifestações. O momento da prova, aquele em que a doença se manifesta em sua verdade e atinge sua realização, em que não tem mais que figurar no processo médico. O hospital pode se tornar um lugar silencioso onde a forma do poder médico se mantém naquilo que tem de mais estrito, mas sem que tenha que encontrar ou apontar a própria loucura. Chamemos essa despsiquiatrização de psiquiatria de produção nula. A psicocirurgia e a psiquiatria farmacológica são duas de suas formas mais notáveis.

2. Outra forma de despsiquiatrização, exatamente inversa da precedente. Trata-se de tornar a produção da loucura em sua verdade a mais intensa possível, mas fazendo de maneira que as relações de poder entre médico e doente

sejam investidas equitativamente nessa produção. Que permaneçam adequadas à produção, que não se deixe por ela transbordar e que possam guardar o controle da loucura. A primeira condição para a manutenção do poder médico "despsiquiatrizado" é o afastamento de todos os efeitos característicos do espaço asilar. Acima de tudo deve-se evitar a armadilha em que tinha caído a taumaturgia de Charcot. Deve-se impedir que a obediência hospitalar escarneça da autoridade médica e que, no lugar de cumplicidade e de obscuros saberes coletivos, a ciência soberana do médico seja envolvida em mecanismos que ela própria teria involuntariamente produzido. Logo, regra do encontro privado, do contrato livre entre o médico e o doente, regra de limitação de todos os efeitos da relação apenas no nível do discurso — "só lhe peço uma coisa que é dizer, mas dizer efetivamente, tudo o que passa pela sua cabeça". Regra da liberdade discursiva — "você não vai poder mais se gabar de enganar o médico, pois você não vai responder a perguntas; você dirá tudo o que lhe vem à cabeça sem que tente mesmo me perguntar o que penso disso, e se você quiser me enganar infringindo esta regra, não serei enganado realmente. É você que terá caído no ardil já que terá perturbado a produção da verdade e só terá acrescentado algumas sessões à soma que me deve". Regra do divã, que só dá realidade aos efeitos produzidos nesse lugar privilegiado e durante essa hora singular, em que o poder do médico é exercido, poder que não pode ser apanhado em nenhum efeito retroativo já que se retirou inteiramente no silêncio e na invisibilidade.

A psicanálise pode ser decifrada historicamente como outra grande forma de despsiquiatrização provocada pelo traumatismo-Charcot. Uma retirada para fora do espaço do asilo a fim de apagar os efeitos paradoxais do sobrepoder psiquiátrico. Mas também reconstituição do poder médico, produtor de verdade, num espaço preparado para que a produção permaneça sempre adequada ao poder. A noção de transferência como processo essencial à cura é uma maneira de pensar conceitualmente a adequação na forma do conhecimento. O pagamento, contrapartida monetária da transferência, é uma forma de garanti-la na realidade: uma forma de impedir que a produção da verdade não se torne um contrapoder que dificulte, anule e revire o poder do médico. A antipsiquiatria vem então se opor a estas duas grandes formas de despsiquiatrização, todas as duas conservadoras do poder — uma porque anula a produção da verdade, e outra porque tenta adequar a produção da verdade ao poder médico. Em vez de retirada para fora do espaço asilar, se trata então de destruição sistemática através de um trabalho interno. E se trata de transferir para o próprio doente o poder de produzir a sua loucura e a verdade de sua loucura em vez de procurar reduzi-la a nada. A partir daí creio que se pode compreender o que está em jogo na antipsiquiatria, e que não é absolutamente o valor de verdade da psiquiatria em termos de conhecimento, de precisão do diagnóstico ou de eficácia terapêutica.

No cerne da antipsiquiatria existe a luta com, dentro e contra a instituição. Quando, no começo do século XIX, foram instaladas as grandes estruturas asilares, estas eram justificadas pela maravilhosa harmonia entre as exigências da ordem social, que pedia proteção contra a desordem dos loucos, e as necessidades da terapêutica, que pediam o isolamento dos doentes. Para justificar o isolamento dos loucos, Esquirol dava cinco razões principais: 1. garantir a segurança pessoal dos loucos e de suas famílias; 2. liberá-los das influências externas; 3. vencer suas resistências pessoais; 4. submetê-los a um regime médico; 5. impor-lhes novos hábitos intelectuais e morais. Como se pode ver tudo é questão de poder: dominar o poder do louco, neutralizar os poderes que de fora possam se exercer sobre eles, estabelecer um poder terapêutico e de adestramento, de "ortopedia". Ora, é precisamente a instituição como lugar, forma de distribuição e mecanismo dessas relações de poder, que a antipsiquiatria ataca. Sob as justificações de um internamento que permitiria, num lugar purificado, constatar o que se passa e intervir onde, quando e como se deve, ela faz aparecer as relações de dominação próprias à relação institucional: "o puro poder do médico", diz Basaglia, constatando no século XX os efeitos das prescrições de Esquirol, "aumenta tão vertiginosamente quanto diminui o poder do doente; este, pelo simples fato de estar internado, passa a ser um cidadão sem direitos, abandonado à arbitrariedade dos médicos e enfermeiros, os quais podem fazer dele o que bem entendem, sem que haja possibilidade de apelo". Parece-me que poderíamos situar as diferentes formas da antipsiquiatria segundo sua estratégia em relação a esses jogos do poder institucional: escapar a eles segundo a forma de um contrato dual, livremente consentido por ambas as partes (Szasz); estabelecer um local privilegiado onde eles devam ser suspensos ou rechaçados no caso de se reconstituírem (Kingsley Hall); balizá-los um por um e destruí-los progressivamente, no interior de uma instituição de tipo clássico (Cooper no pavilhão 21); ligá-los a outras relações de poder que, do exterior do asilo já puderam determinar a segregação de um indivíduo como doente mental (Gorizia). As relações de poder constituíam o *a priori* da prática psiquiátrica. Elas condicionavam o funcionamento da instituição asilar, aí distribuíam as relações entre os indivíduos, regiam as formas de intervenção médica. A inversão característica da antipsiquiatria consiste, ao contrário, em colocá-las no centro do campo problemático e questioná-las de maneira primordial.

Ora, aquilo que estava logo de início implicado nas relações de poder, era o direito absoluto da não loucura sobre a loucura. Direito transcrito em termos de competência exercendo-se sobre uma ignorância, de bom senso no acesso à realidade corrigindo erros (ilusões, alucinações, fantasmas), de normalidade se impondo à desordem e ao desvio. É esse triplo poder que constituía a loucura como objeto de conhecimento possível para uma ciência médica, que a constituía como doença, no exato momento em que o "sujeito" que dela sofre encontrava-se desqualificado como louco, ou seja, despojado de todo poder e todo saber quanto à sua doença. "Sabemos sobre a sua doença e sua singularidade coisas suficientes, das quais você nem sequer desconfia, para reconhecer que se trata de uma doença; mas da doença conhecemos o bastante para saber que você não pode exercer sobre ela e em relação a ela nenhum direito. Sua loucura, nossa ciência permite que a chamemos doença e daí em diante, nós, médicos, estamos qualificados para intervir e diagnosticar uma loucura que lhe impede de ser um doente como os outros: você será então um doente mental." Esse jogo de uma relação de poder que dá origem a um conhecimento que, por sua vez, funda os direitos desse poder, caracteriza a psiquiatria "clássica". É esse círculo que a antipsiquiatria pretende desfazer, dando ao indivíduo a tarefa e o direito de realizar sua loucura levando-a até o fim numa experiência em que os outros podem contribuir, porém jamais em nome de um poder que lhes seria conferido por sua razão ou normalidade; mas sim destacando as condutas, os sofrimentos, os desejos do estatuto médico que lhes tinham sido conferidos, libertando-os de um diagnóstico e de uma sintomatologia que não tinham apenas valor classificatório, mas de decisão e de decreto, invalidando enfim a grande retranscrição da loucura em doença mental, que tinha sido empreendida desde o século XVII e acabada no século XIX.

A desmedicalização da loucura é correlata desse questionamento primordial do poder na prática antipsiquiátrica. A oposição entre esta e a despsiquiatrização, que me parece caracterizar tanto a psicanálise quanto a psicofarmacologia pode ser medida pelo fato de que ambas relevam preferencialmente uma medicalização excessiva da loucura. E no mesmo instante, se encontra aberto o problema da eventual libertação da loucura em relação a essa forma singular de poder-saber que é o conhecimento. É possível que a produção da verdade da loucura possa se efetuar em formas que não sejam as da relação de conhecimento? Problema fictício, dirão, pergunta que só tem seu lugar numa utopia. De fato, ela se coloca concretamente todos os dias a propósito do papel do médico, do sujeito depositário do estatuto do conhecimento, no trabalho de despsiquiatrização.

8
Sobre a prisão[1]

Magazine Littéraire: Uma das preocupações de seu livro é denunciar as lacunas dos estudos históricos. Você observa, por exemplo, que ninguém fez a história do exame. Ninguém pensou nisso, mas parece impossível que ninguém tenha pensado.

Michel Foucault: Os historiadores, como os filósofos e os historiadores da literatura, estavam habituados a uma história das sumidades. Mas hoje, diferentemente dos outros, aceitam mais facilmente trabalhar sobre um material "não nobre". A emergência desse material plebeu na história já data bem de uns cinquenta anos. Temos assim menos dificuldades em lidar com os historiadores. Você não ouvirá jamais um historiador dizer o que alguém, cujo nome não importa, disse em uma revista incrível, *Raison Présente*, a propósito de Buffon e de Ricardo: Foucault se ocupa apenas de medíocres.

M. Littéraire: Quando você estuda a prisão, lamenta, ao que parece, a ausência de material, por exemplo, de monografias sobre esta ou aquela prisão.

Foucault: Atualmente retoma-se muito a monografia, mas a monografia tomada menos como o estudo de um

---
[1] "Entretien sur la prison : le livre et sa méthode", in *Magazine Littéraire*, n° 101. Paris: 1975. Tradução de Marcelo Marques Damião.

objeto particular do que como uma tentativa de fazer vir novamente à tona os pontos em que um tipo de discurso se produziu e se formou. O que seria hoje um estudo sobre uma prisão ou sobre um hospital psiquiátrico? Fizeram centenas deles no século XIX, sobretudo acerca dos hospitais, estudando a história das instituições, a cronologia dos diretores etc. Hoje, fazer a história monográfica de um hospital consistiria em fazer emergir o arquivo do hospital no movimento mesmo de sua formação, como um discurso se constituindo e se confundindo com o movimento mesmo do hospital, com as instituições, alterando-as, reformando-as. Tentar-se-ia reconstituir a imbricação do discurso no processo, na história. Um pouco na linha do que Faye fez com relação ao discurso totalitário.

A constituição de um *corpus* coloca um problema para minhas pesquisas, mas um problema sem dúvida diferente do da pesquisa linguística, por exemplo. Quando queremos fazer um estudo linguístico, ou um estudo de mito, vemo-nos obrigados a escolher um *corpus*, a defini-lo e a estabelecer seus critérios de constituição. No domínio muito mais vago que estudo, o *corpus* é num certo sentido indefinido: não se chegará jamais a constituir o conjunto de discursos formulados sobre a loucura, mesmo limitando-nos a uma época e a um país determinados. No caso da prisão, não haveria sentido em limitarmo-nos aos discursos formulados sobre a prisão. Há igualmente aqueles que vêm da prisão: as decisões, os regulamentos que são elementos constituintes da prisão, o funcionamento mesmo da prisão, que possui suas estratégias, seus discursos não formulados, suas astúcias que finalmente não são de ninguém, mas que são, no entanto, vividas, assegurando o funcionamento e a permanência da instituição. É tudo isso que é preciso ao mesmo tempo recolher e fazer aparecer. E o trabalho, em minha maneira de entender, consiste antes em fazer aparecer esses discursos em suas conexões estratégicas do que constituí-los excluindo outros discursos.

M. Littéraire: Você determina, na história da repressão, um momento central: a passagem da punição à vigilância.

Foucault: Sim. O momento em que se percebeu ser, segundo a economia do poder, mais eficaz e mais rentável vigiar que punir. Esse momento corresponde à formação, ao mesmo tempo rápida e lenta, no século XVIII e no início do século XIX, de um novo tipo de exercício do poder. Todos conhecem as grandes transformações, os reajustes institucionais que implicaram a mudança de regime político, a maneira pela qual as delegações de poder no ápice do sistema estatal foram modificadas. Mas quando penso na mecânica do poder, penso em sua forma capilar de existir, no ponto em que o poder encontra o nível dos indivíduos, atinge seus corpos, vem se inserir em seus gestos, suas atitudes, seus discursos, sua aprendizagem, sua vida quotidiana. O século XVIII encontrou um regime por assim dizer sináptico de poder, de seu exercício *no* corpo social, e não *sobre* o corpo social. A mudança de poder oficial esteve ligada a esse processo, mas por meio de decalagens. Trata-se de uma mudança de estrutura fundamental que permitiu a realização, com uma certa coerência, da modificação dos pequenos exercícios do poder. Também é verdade que foi a constituição deste novo poder microscópico, capilar, que levou o corpo social a expulsar elementos como a corte e o personagem do rei. A mitologia do soberano não era mais possível a partir do momento em que uma certa forma de poder se exercia no corpo social. O soberano tornava-se então um personagem fantástico, ao mesmo tempo monstruoso e arcaico.

Há assim correlação entre os dois processos, mas não uma correlação absoluta. Houve na Inglaterra as mesmas modificações de poder capilar que na França. Mas lá o personagem do rei, por exemplo, foi deslocado para funções de representação, em vez de ser eliminado. Assim não se pode dizer que a mudança, no nível do poder capilar, esteja absolutamente ligada às mudanças institucionais no nível das formas centralizadas do Estado.

M. LITTÉRAIRE: Você mostra que, a partir do momento em que a prisão se constituiu sob a forma de vigilância, secretou o próprio alimento, isto é, a delinquência.

FOUCAULT: Minha hipótese é que a prisão esteve, desde sua origem, ligada a um projeto de transformação dos indivíduos. Habitualmente se acredita que a prisão era uma espécie de depósito de criminosos, depósito cujos inconvenientes se teriam constatado por seu funcionamento, de tal forma que se teria dito ser necessário reformar as prisões, fazer delas um instrumento de transformação dos indivíduos. Isso não é verdade: os textos, os programas, as declarações de intenção estão aí para mostrar. Desde o começo, a prisão devia ser um instrumento tão aperfeiçoado quanto a escola, a caserna ou o hospital, e agir com precisão sobre os indivíduos. O fracasso foi imediato e registrado quase ao mesmo tempo que o próprio projeto. Desde 1820 se constata que a prisão, longe de transformar os criminosos em gente honesta, serve apenas para fabricar novos criminosos ou para afundá-los ainda mais na criminalidade. Foi então que houve, como sempre nos mecanismos de poder, uma utilização estratégica daquilo que era um inconveniente. A prisão fabrica delinquentes, mas os delinquentes são úteis tanto no domínio econômico como no político. Os delinquentes servem para alguma coisa. Por exemplo, no proveito que se pode tirar da exploração do prazer sexual: a instauração, no século XIX, do grande edifício da prostituição só foi possível graças aos delinquentes que permitiram a articulação entre o prazer sexual quotidiano e custoso e a capitalização.

Outro exemplo: todos sabem que Napoleão III tomou o poder graças a um grupo constituído, ao menos no nível mais baixo, por delinquentes de direito comum. E basta ver o medo e o ódio que os operários do século XIX sentiam em relação aos delinquentes para compreender que estes eram utilizados contra aqueles nas lutas políticas e sociais, em missões de vigilância, de infiltração, para impedir ou furar greves etc.

M. LITTÉRAIRE: Em suma, os americanos não foram, no século XX, os primeiros a utilizar a Máfia para esse gênero de trabalho.

FOUCAULT: Não, absolutamente.

M. LITTÉRAIRE: Havia também o problema do trabalho penal: os operários temiam uma concorrência, um trabalho a preço baixo que teria arruinado seu salário.

FOUCAULT: Talvez. Mas eu me pergunto se o trabalho penal não foi organizado precisamente para produzir entre os delinquentes e os operários esse desentendimento tão importante para o funcionamento geral do sistema. O que temia a burguesia era essa espécie de ilegalismo sorridente e tolerado que se conhecia no século XVIII. Não é preciso exagerar: os castigos do século XVIII eram de grande selvageria. Mas não é menos verdadeiro que os criminosos, pelo menos alguns dentre eles, eram tolerados pela população. Não havia uma classe autônoma de delinquentes. Alguém como Mandrin era recebido pela burguesia, pela aristocracia, bem como pelo campesinato, pelos lugares em que passava, sendo protegido por todos. A partir do momento em que a capitalização pôs nas mãos da classe popular uma riqueza investida em matérias-primas, máquinas e instrumentos, foi absolutamente necessário proteger a riqueza. Já que a sociedade industrial exige que a riqueza esteja diretamente nas mãos não daqueles que a possuem, mas daqueles que permitem a extração do lucro fazendo-a trabalhar, como proteger essa riqueza? Evidentemente por uma moral rigorosa: daí a formidável ofensiva de moralização que incidiu sobre a população do século XIX. Veja as formidáveis campanhas de cristianização junto aos operários que ocorreram nessa época. Foi absolutamente necessário constituir o povo como um sujeito moral, portanto separando-o da delinquência, portanto separando nitidamente o grupo de delinquentes, mostrando-os como perigosos não apenas para os ricos, mas também para os pobres, mostrando-os carregados de todos os vícios e responsáveis pelos maiores perigos. Donde o nascimento da literatura policial e da importância, nos jornais, das páginas policiais, das horríveis narrativas de crimes.

M. LITTÉRAIRE: Você mostra que as classes pobres eram as principais vítimas da delinquência.

FOUCAULT: E que quanto mais eram vítimas da delinquência, mais dela tinham medo.

M. LITTÉRAIRE: No entanto era nessas classes que se recrutava a delinquência.

FOUCAULT: Sim, e a prisão foi o grande instrumento de recrutamento. A partir do momento em que alguém entrava na prisão, acionava-se um mecanismo que o tornava infame, e quando saía, não podia fazer nada senão voltar a ser delinquente. Caía necessariamente no sistema que dele fazia um proxeneta, um policial ou um alcaguete. A prisão profissionalizava. Em lugar de haver, como no século XVIII, bandos nômades que percorriam o campo e que frequentemente eram de grande selvageria, existe, a partir daquele momento, este meio delinquente bem fechado, bem infiltrado pela polícia, meio essencialmente urbano e que é de uma utilidade política e econômica não negligenciável.

M. *LITTÉRAIRE*: Você observa, com razão, que o trabalho penal tem a particularidade de não servir para nada. Qual é então seu papel na economia geral?

FOUCAULT: Em sua concepção primitiva, o trabalho penal não é o aprendizado deste ou daquele ofício, mas o aprendizado da própria virtude do trabalho. Trabalhar sem objetivo, trabalhar por trabalhar, deveria dar aos indivíduos a forma ideal do trabalhador. Talvez uma quimera, mas que havia sido perfeitamente programada e definida pelos *quakers* na América (constituição das *workhouses*) e pelos holandeses. Posteriormente, a partir dos anos 1835-1840, tornou-se claro que não se procurava reeducar os delinquentes, torná-los virtuosos, mas sim agrupá-los num meio bem definido, rotulado, que pudesse ser uma arma com fins econômicos ou políticos. O problema então não era ensinar-lhes alguma coisa, mas ao contrário, não lhes ensinar nada para se estar bem seguro de que nada poderão fazer saindo da prisão. O caráter de inutilidade do trabalho penal que está, no começo, ligado a um projeto preciso serve agora a uma outra estratégia.

M. Littéraire: Não pensa você que hoje, e isto é um fenômeno marcante, se passa novamente do plano da delinquência ao plano da infração, do ilegalismo, fazendo-se assim o caminho inverso do feito no século XVIII?

Foucault: Creio, efetivamente, que a grande intolerância da população com respeito ao delinquente, que a moral e a política do século XIX haviam tentado instaurar, está se desintegrando. Aceitam-se cada vez mais certas formas de ilegalismo, de irregularidades. Não apenas aquelas que outrora eram aceitas ou toleradas, como as irregularidades fiscais ou financeiras com as quais a burguesia conviveu e manteve as melhores relações, mas esta irregularidade que consiste, por exemplo, em roubar um objeto numa loja.

M. Littéraire: Mas não foi porque as primeiras irregularidades fiscais e financeiras chegaram ao conhecimento de todos que o instrumento geral em relação às "pequenas irregularidades" se modificou. Há algum tempo uma estatística do jornal *Le Monde* comparava o dano econômico considerável das primeiras e os poucos meses ou anos de prisão que lhes correspondiam ao pequeno dano econômico das segundas (até mesmo as irregularidades violentas como os assaltos) e o número considerável de anos de prisão que valeram a seus autores. E o artigo manifesta um sentimento escandalizado diante dessa disparidade.

Foucault: Essa é uma questão delicada e que é atualmente objeto de discussão nos grupos de antigos delinquentes. É bem verdade que na consciência das pessoas, mas também no sistema econômico atual, uma certa margem de ilegalismo se revela não custosa e perfeitamente tolerável. Na América, sabe-se que o assalto é um risco permanente corrido pelas grandes lojas. Calcula-se aproximadamente quanto ele custa e percebe-se que o custo de uma vigilância e de uma proteção eficazes será muito alto, e portanto não rentável. Deixa-se, então, roubar. O seguro cobre. Tudo isso faz parte do sistema.

Ante esse ilegalismo, que atualmente parece se difundir, se está diante de uma colocação em questão da linha de separação entre infração tolerável, e tolerada, e delinquência infamante, ou se está diante de uma simples distensão do sistema que, dando-se conta de sua solidez, pode aceitar dentro de seus limites algo que enfim não o compromete?

Há também, sem dúvida, uma modificação na relação que as pessoas mantêm com a riqueza. A burguesia não tem mais em relação à riqueza a ligação de propriedade que tinha no século XIX. A riqueza não é mais aquilo que se possui, mas aquilo de que se extrai lucro. A aceleração no fluxo da riqueza, suas capacidades cada vez maiores de circulação, o abandono do entesouramento, a prática do endividamento e a diminuição da parte de bens fundiários na fortuna fazem com que o roubo não apareça aos olhos das pessoas como algo mais escandaloso que a escroqueria ou que a fraude fiscal.

M. LITTÉRAIRE: Há também uma outra modificação: o discurso sobre a delinquência, simples condenação no século XIX ("ele rouba porque é mau"), torna-se hoje uma explicação ("ele rouba porque é pobre" e também "é mais grave roubar quando se é rico do que quando se é pobre").

FOUCAULT: Sim, há isso e se fosse apenas isso poderíamos nos sentir seguros e otimistas. Mas será que não existe, misturado, um discurso explicativo que, ele próprio, comporta um certo número de perigo? Ele rouba porque é pobre, mas você sabe muito bem que nem todos os pobres roubam. Assim, para que ele roube é preciso que haja nele algo que não ande muito bem. Este algo é seu caráter, seu psiquismo, sua educação, seu inconsciente, seu desejo. Assim, o delinquente é submetido a uma tecnologia penal, a da prisão, e a uma tecnologia médica, que, se não é a do asilo, é ao menos a da assistência pelas pessoas responsáveis.

M. Littéraire: Entretanto, a ligação que você faz entre técnica e repressão penal e médica ameaça escandalizar algumas pessoas.

Foucault: Há quinze anos, chegavam a fazer escândalo ao dizer coisas como essas. Observei que mesmo hoje os psiquiatras jamais me perdoaram pela *História da loucura*. Há quinze dias, recebi ainda uma carta de injúrias. Mas penso que esse gênero de análise, mesmo que ainda possa ferir alguém, sobretudo os psiquiatras que arrastam há tanto tempo sua má consciência, é hoje mais admitido.

M. Littéraire: Você mostra que o sistema médico sempre foi auxiliar do sistema penal, mesmo hoje em que o psiquiatra colabora com o juiz, com o tribunal e com a prisão. Com relação a certos médicos mais jovens, que tentaram se afastar desses compromissos, a análise é talvez injusta.

Foucault: Talvez. Aliás, em *Vigiar e punir* eu apenas traço algumas indicações preliminares. Preparo atualmente um trabalho sobre as perícias psiquiátricas em assuntos penais. Publicarei processos, alguns remontando ao século XIX, mas também outros mais contemporâneos, que são verdadeiramente estupefantes.

M. Littéraire: Você distingue duas delinquências: a que acaba na polícia e a que se dilui na estética, Vidocq e Lacenaire.

Foucault: Parei minha análise nos anos 1840, que, aliás, me parecem muito significativos. É nessa época que se inicia a longa concubinagem entre a polícia e a delinquência. Fez-se o primeiro balanço do fracasso da prisão: sabe-se que a prisão não reforma, mas fabrica a delinquência e os delinquentes. É esse o momento em que se percebe os benefícios que se pode tirar dessa fabricação. Esses delinquentes podem servir para alguma coisa, pelo menos para vigiar os delinquentes. Vidocq é um caso característico. Ele vem do século XVIII, do período revolucionário e imperial em que foi contrabandista, um pouco proxeneta, desertor. Ele fazia parte desses nômades que percorriam as cidades, os campos, os exércitos, que circulavam. Velho estilo de criminalidade. Depois ele foi absorvido pelo sistema. Foi para um campo de trabalhos forçados, de onde saiu alcaguete, tornou-se policial e finalmente chefe de segurança. E ele é, simbolicamente, o primeiro grande delinquente que foi utilizado como delinquente pelo aparelho de poder.

Quanto a Lacenaire, ele é o sinal de um outro fenômeno, diferente, mas ligado ao primeiro. O fenômeno do interesse estético, literário, que se começa a atribuir ao crime, a heroificação estética do crime. Até o século XVIII, os crimes eram heroificados apenas de duas maneiras: de um modo literário quando se tratava dos crimes de um rei, ou de um modo popular que se encontra nos *canards*, os folhetins que contam as aventuras de Mandrin ou de um famoso assassino. Dois gêneros que absolutamente não se comunicam.

Por volta de 1840, surge o herói criminoso, herói porque criminoso, que não é nem aristocrata nem popular. A burguesia se dá agora os próprios heróis criminosos. É nesse mesmo momento que se constitui o corte entre os criminosos e as classes populares: o criminoso não deve ser um herói popular, mas um inimigo das classes pobres. A burguesia, por seu lado, produz uma estética em que o crime não é mais popular, mas uma dessas belas artes de cuja realização ela é a única capaz. Lacenaire é o tipo desse novo criminoso. É de origem burguesa ou pequeno-burguesa. Seus pais fizeram maus negócios, mas ele foi bem-educado, foi ao colégio, sabe ler e escrever. Isso lhe permitiu desempenhar em seu meio um papel de líder. A maneira com que fala dos outros delinquentes é característica: são animais estúpidos, covardes e desajeitados. Ele, Lacenaire, era o cérebro lúcido e frio. Constitui-se assim o novo herói que apresenta todos os signos e todas as garantias da burguesia. Isso vai nos levar a Gaboriau e ao romance policial, no qual o criminoso é sempre proveniente da burguesia. No romance policial não se vê jamais o criminoso popular. O criminoso é sempre inteligente, mantendo com a polícia uma espécie de jogo em mesmo pé de igualdade. O divertido é que Lacenaire, na realidade, era lamentável, ridículo e desajeitado. Ele sempre havia sonhado em matar, mas não o conseguia fazer. A única coisa que sabia fazer era, no Bois de Boulogne, chantagear os homossexuais que seduzia. O único crime que havia cometido se dera com um velhinho com quem havia feito algumas porcarias na prisão. E foi por um triz que Lacenaire não foi assassinado por seus companheiros de detenção em *La Force* já que eles o acusavam, sem dúvida com propriedade, de ser um alcaguete.

M. LITTÉRAIRE: Você diz que os delinquentes são úteis, mas não se pode pensar que a delinquência faz parte mais da natureza das coisas do que da necessidade político-econômica? Porque se poderia pensar que, para uma sociedade industrial, a delinquência é uma mão de obra menos rentável que a mão de obra operária.

Foucault: Por volta dos anos 1840, o desemprego e o subemprego são uma das condições da economia. Havia mão de obra para dar e vender. Mas pensar que a delinquência faz parte da ordem das coisas também faz parte, sem dúvida, da inteligência cínica do pensamento burguês do século XIX. Seria preciso ser tão ingênuo quanto Baudelaire para imaginar que a burguesia é tola e pudica. Ela é inteligente e cínica. Basta apenas ler o que ela dizia de si mesma e, ainda melhor, o que dizia dos outros. A sociedade sem delinquência foi um sonho do século XVIII que depois acabou. A delinquência era por demais útil para que se pudesse sonhar com algo tão tolo e perigoso como uma sociedade sem delinquência. Sem delinquência não há polícia. O que torna a presença policial, o controle policial tolerável pela população senão o medo do delinquente? Você fala de um ganho prodigioso. Essa instituição tão recente e tão pesada que é a polícia não se justifica senão por isso. Aceitamos entre nós essa gente de uniforme, armada, enquanto nós não temos esse direito, que nos pede documentos, que vem rondar nossas portas. Como isso seria aceitável se não houvesse os delinquentes? Ou se não houvesse, todos os dias, nos jornais, artigos onde se conta o quão numerosos e perigosos são os delinquentes?

M. *Littéraire*: Você é muito rude em relação à criminologia e seu discurso tagarela, ramerrão.

Foucault: Você já leu alguma vez os textos dos criminologistas? Eles não têm pé nem cabeça. E digo isso com espanto, e não com agressividade, porque não consigo compreender como o discurso da criminologia pôde permanecer assim. Tem-se a impressão de que o discurso da criminologia possui uma tal utilidade, de que é tão fortemente exigido e tornado necessário pelo funcionamento do sistema, que não tem nem mesmo necessidade de se justificar teoricamente, ou mesmo apenas de ter uma coerência ou uma estrutura. Ele é inteiramente utilitário. E creio que é necessário procurar por que um discurso "científico" se tornou tão indispensável pelo funcionamento da penalidade no século XIX. Tornou-se necessário por esse álibi, que funciona desde o século XVIII, que diz que se se impõe um castigo a alguém, não é para punir o que ele fez, mas para transformá-lo no que ele é. A partir desse momento, atribuir juridicamente uma pena, ou seja, proclamar a alguém "vamos cortar sua cabeça, atirá-lo na prisão, ou mesmo simplesmente aplicar-lhe uma multa porque você fez isso ou aquilo" é um ato que não tem mais nenhuma significação. A partir do momento em que se suprime a ideia de vingança, que outrora era atributo do soberano, do soberano lesado na própria soberania pelo crime, a punição só pode ter significação numa tecnologia de reforma. E os juízes, eles mesmos, sem saber e sem se dar conta, passaram, pouco a pouco, de um veredicto que tinha ainda conotações punitivas, a um veredicto que não podem justificar no próprio vocabulário, a não ser na condição de que seja transformador do indivíduo. Mas os instrumentos que lhes foram dados, a pena de morte, outrora o campo de trabalhos forçados, atualmente a reclusão ou a detenção, sabe-se muito bem que não transformam. Daí a necessidade de passar a tarefa para pessoas que vão formular, sobre o crime e sobre os criminosos, um discurso que poderá justificar as medidas em questão.

M. LITTÉRAIRE: Em suma, o discurso criminológico é útil apenas para dar boa consciência aos juízes?

FOUCAULT: Sim, ou antes, indispensável para permitir que se julgue.

M. *Littéraire*: Em seu livro sobre Pierre Rivière, quem fala e escreve é um criminoso. Mas, diferentemente de Lacenaire, em seu crime ele foi até o fim. Primeiramente, gostaria de saber como você encontrou este espantoso texto.

Foucault: Por acaso. Procurando sistematicamente as perícias médico-legais, psiquiátricas em nível penal, nas revistas dos séculos XIX e XX.

M. *Littéraire*: Já que é raríssimo que um camponês analfabeto ou semialfabetizado se dê ao trabalho de escrever assim quarenta páginas para explicar e contar seu crime.

Foucault: É uma história absolutamente estranha. Pode-se dizer, no entanto, e isso me espantou, que nessas circunstâncias escrever sua vida, suas lembranças, o que lhe aconteceu, constituía uma prática da qual se encontra um grande número de testemunhos, precisamente nas prisões. Um certo Appert, um dos primeiros filantropos a percorrer uma quantidade de campos de trabalho forçado e de prisões, fez os detentos escreverem suas memórias, das quais publicou alguns fragmentos. Na América, encontram-se também, nesse mesmo papel, médicos e juízes. Era a primeira grande curiosidade com relação a esses indivíduos que se desejava transformar e, para cuja transformação, seria necessário produzir um determinado saber, uma determinada técnica. Essa curiosidade em relação ao criminoso não existia de maneira nenhuma no século XVIII, quando se tratava apenas de saber se o culpado havia realmente feito aquilo de que se lhe acusava. Uma vez estabelecido isso, o preço estava fixado.

A questão "quem é esse indivíduo que cometeu esse crime?" é uma nova questão. Ela não é suficiente, no entanto, para explicar a história de Pierre Rivière. Porque Pierre Rivière, e ele o diz claramente, quis começar a escrever suas memórias antes de cometer seu crime. Não quisemos de maneira nenhuma fazer nesse livro uma análise psicológica, psicanalítica ou linguística de Pierre Rivière, mas sim fazer aparecer a maquinaria médica e judiciária que cercou a história. Em relação ao resto, deixamos a tarefa de falar aos psicanalistas e aos criminologistas. O que é espantoso é que esse texto, que lhes havia deixado sem voz na época, deixou-os no mesmo mutismo hoje.

M. LITTÉRAIRE: Encontrei na *História da loucura* uma frase em que você diz que convém "desvencilhar as cronologias e as sucessões históricas de toda perspectiva de progresso".

FOUCAULT: É algo que devo aos historiadores das ciências. Tenho essa precaução de método, esse ceticismo radical mas sem agressividade, que se dá por princípio não tomar o ponto em que nos encontramos por final de um progresso que nos caberia reconstituir com precisão na história. Isto é, ter em relação a nós mesmos, a nosso presente, ao que somos, ao aqui e agora esse ceticismo que impede que se suponha que tudo isso é melhor ou que é mais do que o passado. O que não quer dizer que não se tente reconstituir os processos geradores, mas sem atribuir-lhes uma positividade, uma valoração.

M. LITTÉRAIRE: Enquanto a ciência se baseou desde há muito no postulado de que a humanidade progredia.

FOUCAULT: A ciência? Mais precisamente a história da ciência. E não digo que a humanidade não progrida. Digo que considero um mau método colocar o problema "por que progredimos?" O problema é "como isso se passa?" E o que se passa agora não é forçosamente melhor, ou mais elaborado, ou mais bem-elucidado do que o que se passou antes.

M. LITTÉRAIRE: Suas pesquisas referem-se a coisas banais ou banalizadas porque não são vistas. Por exemplo, eu estou impressionado com o fato de que as prisões estão dentro das cidades e que ninguém as vê. Ou que, quando são vistas, se pergunte distraidamente se se trata de uma prisão, de uma escola, de uma caserna ou de um hospital. O acontecimento não é fazer saltar aos olhos o que ninguém via? E isso, de uma certa maneira, tanto em estudos bem detalhados, como a situação do regime fiscal e do campesinato do Baixo Languedoc entre 1880 e 1882, quanto em um fenômeno capital que ninguém enfocava, como a prisão.

FOUCAULT: Num certo sentido a história foi feita assim. Fazer aparecer o que não se via pode ser devido à utilização de um instrumento de aumento, ao fato de que, em lugar de se estudar as instituições da monarquia entre o século XVI e o fim do século XVIII, se possa perfeitamente estudar a instituição do Conselho Superior entre a morte de Henrique IV e a ascensão de Luís XIII. Ficou-se no mesmo domínio de objeto, mas o objeto cresceu.

Mas fazer ver o que não se via pode ser mudar de nível, dirigir-se a um nível que até então não era historicamente pertinente, que não possuía nenhuma valorização, fosse ela moral, estética, política ou histórica. Que a maneira pela qual se tratam os loucos faça parte da história da razão, isso é hoje evidente. Mas não o era cinquenta anos atrás, quando a história da razão era Platão, Descartes, Kant ou ainda Arquimedes, Galileu e Newton.

M. LITTÉRAIRE: Há ainda entre a razão e a desrazão um jogo de espelhos, uma antinomia simples, o que não existe quando você escreve: "Faz-se a história das experiências feitas com os cegos de nascença, os meninos-lobo ou a hipnose. Mas quem fará a história mais geral, mais vaga, mais determinante também, do exame?... Porque nessa técnica sutil se encontram engajados todo um domínio de saber, todo um tipo de poder."

FOUCAULT: De uma maneira geral, os mecanismos de poder nunca foram muito estudados na história. Estudaram-se as pessoas que detiveram o poder. Era a história anedótica dos reis, dos generais. Ao que se opôs a história dos processos, das infraestruturas econômicas. A essas, por sua vez, se opôs uma história das instituições, ou seja, do que se considera como superestrutura em relação à economia. Ora, o poder em suas estratégias, ao mesmo tempo gerais e sutis, em seus mecanismos, nunca foi muito estudado. Um assunto que foi ainda menos estudado é a relação entre o poder e o saber, as incidências de um sobre o outro. Admite-se, e isto é uma tradição do humanismo, que a partir do momento em que se atinge o poder, deixa-se de saber: o poder enlouquece, os que governam são cegos. E somente aqueles que estão à distância do poder, que não estão em nada ligados à tirania, fechados em suas estufas, em seus quartos, em suas meditações, podem descobrir a verdade.

Ora, tenho a impressão de que existe, e tentei fazê-la aparecer, uma perpétua articulação do poder com o saber e do saber com o poder. Não podemos nos contentar em dizer que o poder tem necessidade de tal ou tal descoberta, desta ou daquela forma de saber, mas que exercer o poder cria objetos de saber, os faz emergir, acumula informações e as utiliza. Não se pode compreender nada sobre o saber econômico se não se sabe como se exerce, quotidianamente, o poder, e o poder econômico. O exercício do poder cria perpetuamente saber e, inversamente, o saber acarreta efeitos de poder. O mandarinato universitário é apenas a forma mais visível, mais esclerosada, e menos perigosa, dessa evidência. É preciso ser muito ingênuo para imaginar que é no mandarim universitário que culminam os efeitos de poder ligado ao saber. Eles estão em outros lugares, muito mais difusos, enraizados, perigosos, que no personagem do velho professor. O humanismo moderno se engana, assim, ao estabelecer a separação entre saber e poder. Eles estão integrados, e não se trata de sonhar com um momento em que o saber não dependeria mais do poder, o que seria uma maneira de reproduzir, de forma utópica, o mesmo humanismo. Não é possível que o poder se exerça sem saber, não é possível que o saber não engendre poder. "Libertemos a pesquisa científica das exigências do capitalismo monopolista" é talvez um excelente *slogan*, mas não será jamais nada além de um *slogan*.

M. Littéraire: Em relação a Marx e ao marxismo você parece manter uma certa distância, o que já lhe havia sido dito como crítica a propósito da *Arqueologia do saber*.

Foucault: Sem dúvida, mas há também de minha parte uma espécie de jogo. Ocorre-me frequentemente citar conceitos, frases e textos de Marx, mas sem me sentir obrigado a acrescentar a pequena peça autentificadora que consiste em fazer uma citação de Marx, em colocar cuidadosamente a referência de pé de página e em acompanhar a citação de uma referência elogiosa, por meio da qual eu possa ser considerado como alguém que conhece Marx, que reverencia Marx e que se verá honrado pelas revistas ditas marxistas. Cito Marx sem dizê-lo, sem colocar aspas, e como eles não são capazes de reconhecer os textos de Marx, passo por ser aquele que não cita Marx. Será que um físico, quando faz física, experimenta a necessidade de citar Newton ou Einstein? Ele os utiliza, mas não tem necessidade de aspas, de nota de pé de página ou de aprovação elogiosa que prove a que ponto ele é fiel ao pensamento do mestre. E como os demais físicos sabem o que fez Einstein, o que ele inventou e demonstrou, o reconhecem imediatamente. É impossível fazer história atualmente sem utilizar uma sequência infindável de conceitos ligados direta ou indiretamente ao pensamento de Marx e sem se colocar num horizonte descrito e definido por Marx. Em última análise, poder-se-ia perguntar que diferença poderia haver entre ser historiador e ser marxista.

M. LITTÉRAIRE: Parafraseando Astruc que dizia "o cinema americano, este pleonasmo", poderíamos dizer: o historiador marxista, este pleonasmo.

FOUCAULT: É mais ou menos isso. E é no interior desse horizonte geral definido e codificado por Marx que começa a discussão. Discussão com aqueles que vão se declarar marxistas porque empregam essa espécie de regra do jogo que não é a do marxismo, mas a da comunistologia, ou seja, a que é definida pelos partidos comunistas que indicam a maneira pela qual se deve utilizar Marx para ser, por eles, declarado marxista.

M. LITTÉRAIRE: E o que é feito de Nietzsche? Espanto-me com sua presença difusa, mas cada vez mais forte, em última análise em oposição à hegemonia de Marx, no pensamento e no sentimento contemporâneos de uns dez anos para cá.

FOUCAULT: Hoje fico mudo quando se trata de Nietzsche. No tempo em que era professor, dei frequentemente cursos sobre ele, mas não mais o faria hoje. Se fosse pretensioso, daria como título geral ao que faço "genealogia da moral".

Nietzsche é aquele que ofereceu como alvo essencial, digamos ao discurso filosófico, a relação de poder. Enquanto para Marx era a relação de produção. Nietzsche é o filósofo do poder, mas que chegou a pensar o poder sem se fechar, no interior de uma teoria política.

A presença de Nietzsche é cada vez mais importante. Mas me cansa a atenção que lhe é dada para fazer sobre ele os mesmos comentários que se fez ou que se fará sobre Hegel ou Mallarmé. Quanto a mim, os autores de que gosto, eu os utilizo. O único sinal de reconhecimento que se pode ter para com um pensamento como o de Nietzsche é precisamente utilizá-lo, deformá-lo, fazê-lo ranger, gritar. Que os comentadores digam se se é ou não fiel, isso não tem o menor interesse.

Entrevista realizada por J.J. Brochier

9
PODER-CORPO[1]

Quel Corps?: Em *Vigiar e punir*, você descreve um sistema político em que o corpo do rei desempenha um papel essencial...

MICHEL FOUCAULT: Numa sociedade como a do século XVII, o corpo do rei não era uma metáfora, mas uma realidade política: sua presença física era necessária ao funcionamento da monarquia.

Quel Corps?: E a república "una e indivisível"?

FOUCAULT: É uma fórmula imposta contra os girondinos, contra a ideia de um federalismo à americana. Mas ela nunca funciona como o corpo do rei na monarquia. Não há um corpo da República. Em compensação, é o corpo da sociedade que se torna, no decorrer do século XIX, o novo princípio. É esse corpo que será preciso proteger, de um modo quase médico: em lugar dos rituais através dos quais se restaurava a integridade do corpo do monarca, serão aplicadas receitas, terapêuticas, como a eliminação dos doentes, o controle dos contagiosos, a exclusão dos delinquentes. A eliminação pelo suplício é, assim, substituída por métodos de assepsia: a criminologia, a eugenia, a exclusão dos "degenerados"...

---
[1] "Pouvoir-corps", in *Quel Corps?*. Paris: set-out. de 1975. Tradução de José Thomaz Brum Duarte e Déborah Darrowski.

Quel Corps?: Existe um fantasma corporal no nível das diferentes instituições?

FOUCAULT: Eu acho que o grande fantasma é a ideia de um corpo social constituído pela universalidade das vontades. Ora, não é o consenso que faz surgir o corpo social, mas a materialidade do poder se exercendo sobre o próprio corpo dos indivíduos.

Quel Corps?: O século XVIII é visto pelo ângulo da libertação. Você o descreve como a realização de um esquadrinhamento. Um pode funcionar sem o outro?

FOUCAULT: Como sempre, nas relações de poder, nos deparamos com fenômenos complexos que não obedecem à forma hegeliana da dialética. O domínio e a consciência do próprio corpo só puderam ser adquiridos pelo efeito do investimento do corpo pelo poder: a ginástica, os exercícios, o desenvolvimento muscular, a nudez, a exaltação do belo corpo... tudo isso conduz ao desejo do próprio corpo por meio de um trabalho insistente, obstinado, meticuloso, que o poder exerceu sobre o corpo das crianças, dos soldados, sobre o corpo sadio. Mas, a partir do momento em que o poder produziu esse efeito, como consequência direta de suas conquistas, emerge inevitavelmente a reivindicação de seu do corpo contra o poder, da saúde contra a economia, do prazer contra as normas morais da sexualidade, do casamento, do pudor. E, assim, o que tornava forte o poder passa a ser aquilo por que ele é atacado... O poder penetrou no corpo, encontra-se exposto no próprio corpo... Lembrem-se do pânico das instituições do corpo social (médicos, políticos) com a ideia da união livre ou do aborto... Na realidade, a impressão de que o poder vacila é falsa, porque ele pode recuar, se deslocar, investir em outros lugares... e a batalha continua.

Quel Corps?: Essa seria a explicação das famosas "recuperações" do corpo pela pornografia, pela publicidade?

Foucault: Eu não estou inteiramente de acordo em falar de "recuperação". É o desenvolvimento estratégico normal de uma luta... Tomemos um exemplo preciso: o do autoerotismo. Os controles da masturbação praticamente só começaram na Europa durante o século XVIII. Repentinamente, surge um pânico: os jovens se masturbam. Em nome desse medo foi instaurado sobre o corpo das crianças — através das famílias, mas sem que elas fossem a sua origem — um controle, uma vigilância, uma objetivação da sexualidade com uma perseguição dos corpos. Mas a sexualidade, tornando-se assim um objeto de preocupação e de análise, como alvo de vigilância e de controle, produzia ao mesmo tempo a intensificação dos desejos de cada um pelo próprio corpo...

O corpo se tornou aquilo que está em jogo numa luta entre os filhos e os pais, entre a criança e as instâncias de controle. A revolta do corpo sexual é o contraefeito dessa ofensiva. Como é que o poder responde? Por meio de uma exploração econômica (e talvez ideológica) da erotização, desde os produtos para bronzear até os filmes pornográficos... Como resposta à revolta do corpo, encontramos um novo investimento que não tem mais a forma de controle-repressão, mas de controle-estimulação: "Fique nu... mas seja magro, bonito, bronzeado!" A cada movimento de um dos dois adversários corresponde o movimento do outro. Mas não é uma "recuperação" no sentido em que falam os esquerdistas. É preciso aceitar o indefinido da luta... O que não quer dizer que ela não acabará um dia.

Quel Corps?: Uma nova estratégia revolucionária de tomada do poder não passa por uma nova definição de uma política do corpo?

FOUCAULT: É no desenrolar de um processo político não sei se revolucionário que apareceu, cada vez com maior insistência, o problema do corpo. Pode-se dizer que o que aconteceu a partir de 1968 — e, provavelmente, aquilo que o preparou — era profundamente antimarxista. Como os movimentos revolucionários europeus vão poder se libertar do "efeito-Marx", das instituições próprias ao marxismo dos séculos XIX e XX? Era essa a orientação desse movimento. Neste questionamento da identidade marxismo = processo revolucionário, identidade que constituía uma espécie de dogma, o corpo é uma das peças importantes, senão essenciais.

QUEL CORPS?: Qual é a evolução da relação corporal entre as massas e o aparelho de Estado?

FOUCAULT: É preciso, em primeiro lugar, afastar uma tese muito difundida, segundo a qual o poder nas sociedades burguesas e capitalistas teria negado a realidade do corpo em proveito da alma, da consciência, da idealidade. Na verdade, nada é mais material, nada é mais físico, mais corporal que o exercício do poder... Qual é o tipo de investimento do corpo que é necessário e suficiente ao funcionamento de uma sociedade capitalista como a nossa? Eu penso que, do século XVII ao início do século XX, acreditou-se que o investimento do corpo pelo poder devia ser denso, rígido, constante, meticuloso. Daí esses terríveis regimes disciplinares que se encontram nas escolas, nos hospitais, nas casernas, nas oficinas, nas cidades, nos edifícios, nas famílias... E depois, a partir dos anos 1960, percebeu-se que esse poder tão rígido não era assim tão indispensável quanto se acreditava, que as sociedades industriais podiam se contentar com um poder muito mais tênue sobre o corpo.

Descobriu-se, desde então, que os controles da sexualidade podiam se atenuar e tomar outras formas... Resta estudar de que corpo necessita a sociedade atual...

Quel Corps?: O seu interesse pelo corpo se distingue das interpretações atuais?

Foucault: Acho que eu me distingo tanto da perspectiva marxista quanto da paramarxista. Quanto à primeira, não sou dos que tentam delimitar os efeitos de poder no nível da ideologia. Eu me pergunto se, antes de colocar a questão da ideologia, não seria mais materialista estudar a questão do corpo, dos efeitos do poder sobre ele. Pois o que me incomoda nessas análises que privilegiam a ideologia é que sempre se supõe um sujeito humano, cujo modelo foi fornecido pela filosofia clássica, que seria dotado de uma consciência de que o poder viria se apoderar.

Quel Corps?: Mas, na perspectiva marxista, existe a consciência do efeito de poder sobre o corpo na situação de trabalho.

Foucault: Certamente. Mas hoje, no momento em que as reivindicações são mais do corpo assalariado do que do assalariado, quase não se ouve falar propriamente delas. Tudo se passa como se os discursos "revolucionários" permanecessem impregnados de temas rituais que se referem às análises marxistas. E, se há coisas muito interessantes sobre o corpo em Marx, o marxismo — enquanto realidade histórica — as ocultou terrivelmente em proveito da consciência e da ideologia... É preciso distinguir dos paramarxistas como Marcuse, que dão à noção de repressão uma importância exagerada. Pois se o poder só tivesse a função de reprimir, se agisse apenas por meio da censura, da exclusão, do impedimento, do recalcamento, à maneira de um grande superego, se apenas se exercesse de um modo negativo, ele seria muito frágil. Se ele é forte, é porque produz efeitos positivos no nível do desejo — como se começa a conhecer — e também no nível do saber. O poder, longe de impedir o saber, o produz. Se foi possível constituir um saber sobre o corpo, foi através de um conjunto de disciplinas militares e escolares. Foi a partir de um poder sobre o corpo que foi possível um saber fisiológico, orgânico.

O enraizamento do poder, as dificuldades que se enfrenta para se desprender dele vêm de todos esses vínculos. É por isso que a noção de repressão, à qual geralmente se reduzem os mecanismos do poder, me parece muito insuficiente, e talvez até perigosa.

Quel Corps?: Você estuda, sobretudo, os micropoderes que se exercem no nível do quotidiano. Você não negligencia o aparelho de Estado?

Foucault: Realmente, os movimentos revolucionários marxistas ou influenciados pelo marxismo, a partir do final do século XIX, privilegiaram o aparelho de Estado como alvo da luta.

A que foi que isso levou? Para poder lutar contra um Estado que não é apenas um governo, é preciso que o movimento revolucionário se atribua o equivalente em termos de forças político-militares, que ele se constitua, portanto, como partido, organizado — interiormente — como um aparelho de Estado, com os mesmos mecanismos de disciplina, as mesmas hierarquias, a mesma organização de poderes. Essa consequência é grave. Em segundo lugar, a tomada do aparelho de Estado — uma grande discussão no interior do próprio marxismo — deve ser considerada como uma simples ocupação com modificações eventuais ou deve ser a ocasião de sua destruição? Você sabe como finalmente se resolveu esse problema: é preciso minar o aparelho, mas não completamente, já que quando a ditadura do proletariado se estabelecer, a luta de classes não estará, por conseguinte, terminada... É preciso, portanto, que o aparelho de Estado esteja suficientemente intacto para que se possa utilizá-lo contra os inimigos de classe. Chegamos à segunda consequência: o aparelho de Estado deve ser mantido, pelo menos até certo ponto, durante a ditadura do proletariado. Finalmente, terceira consequência: para fazer funcionar os aparelhos de Estado que serão ocupados, mas não destruídos, convém apelar para os técnicos e os especialistas. E, para isso, utiliza-se a antiga classe familiarizada com o aparelho, isto é, a burguesia. Eis, sem dúvida, o que se passou na URSS. Eu não estou querendo dizer que o aparelho de Estado não seja importante, mas parece que, entre todas as condições que se deve reunir para não recomeçar a experiência soviética, para que o processo revolucionário não seja interrompido, uma das primeiras coisas a compreender é que o poder não está localizado no aparelho de Estado e que nada mudará na sociedade se os mecanismos de poder que funcionam fora, abaixo, ao lado dos aparelhos de Estado, em um nível muito mais elementar, quotidiano, não forem modificados.

Quel Corps?: E quanto às ciências humanas, à psicanálise em particular?

Foucault: O caso da psicanálise é realmente interessante. Ela se estabeleceu contra um certo tipo de psiquiatria (a da degenerescência, da eugenia, da hereditariedade). Foi em oposição a essa prática e a essa teoria — representadas na França por Magnan — que ela se constituiu e, efetivamente, em relação a essa psiquiatria (que continua sendo, aliás, a psiquiatria dos psiquiatras de hoje), a psicanálise desempenhou um papel liberador. E em certos países ainda (eu penso no Brasil), a psicanálise desempenhava um papel político positivo de denúncia da cumplicidade entre os psiquiatras e o poder. Veja o que se passa nos países do Leste. Aqueles que se interessam pela psicanálise não são os psiquiatras mais disciplinados... O que não significa dizer que, em nossas sociedades, o processo não continue e não seja investido de outra maneira... A psicanálise, em algumas de suas atuações, tem efeitos que entram no quadro do controle e da normalização.

Se conseguirmos modificar essas relações, ou tornar intoleráveis os efeitos de poder que aí se propagam, tornaremos muito mais difícil o funcionamento dos aparelhos de Estado...

Outra vantagem de se fazer a crítica das relações em um nível mais elementar: no interior dos movimentos revolucionários, não se poderá mais reconstituir a imagem do aparelho de Estado.

Quel Corps?: Com seus estudos sobre a loucura e a prisão, assistimos à constituição de uma sociedade cada vez mais disciplinar. Essa evolução histórica parece guiada por uma lógica quase inelutável...

FOUCAULT: Eu procuro analisar como, no início das sociedades industriais, instaurou-se um aparelho punitivo, um dispositivo de seleção entre os normais e os anormais. Devo, em seguida, fazer a história do que se passou no século XIX, mostrar como, através de uma série de ofensivas e contraofensivas, de efeitos e contraefeitos, pôde-se chegar ao tão complexo estado atual de forças e ao perfil contemporâneo da batalha. A coerência não resulta do desvelamento de um projeto, mas da lógica de estratégias que se opõem umas às outras. É pelo estudo dos mecanismos que penetraram nos corpos, nos gestos, nos comportamentos, que é preciso construir a arqueologia das ciências humanas.

Ela encontra, assim, uma das condições de sua emergência: o grande esforço de disciplinarização e de normalização realizado pelo século XIX. Freud sabia bem disso. Em matéria de normalização, ele tinha consciência de ser mais forte que os outros. Por que, então, esse pudor sacralizante que consiste em dizer que a psicanálise não tem nada a ver com a normalização?

Quel Corps?: Qual o papel do intelectual na prática militante?

Foucault: O intelectual não tem mais que desempenhar o papel daquele que dá conselhos. Cabe àqueles que se batem e se debatem encontrar, eles mesmos, o projeto, as táticas, os alvos de que necessitam. O que o intelectual pode fazer é fornecer os instrumentos de análise, e é este hoje, essencialmente, o papel do historiador. Trata-se, com efeito, de ter do presente uma percepção densa, de longo alcance, que permita localizar onde estão os pontos frágeis, onde estão os pontos fortes, a que estão ligados os poderes — segundo uma organização que já tem 150 anos —, onde eles se implantaram. Em outros termos, fazer um sumário topográfico e geológico da batalha... Eis aí o papel do intelectual. Mas de maneira alguma dizer: eis o que vocês devem fazer!

Quel Corps?: Quem coordena a ação dos agentes da política do corpo?

Foucault: É um conjunto extremamente complexo sobre o qual somos obrigados a perguntar como ele pode ser tão sutil em sua distribuição, em seus mecanismos, em seus controles recíprocos, em seus ajustamentos, se não há quem tenha pensado o conjunto. É um mosaico muito complicado. Em certos períodos, aparecem agentes de ligação... Tomemos o exemplo da filantropia no início do século XIX: pessoas que vêm se ocupar da vida dos outros, de sua saúde, da alimentação, da moradia... Mais tarde, dessa função confusa saíram personagens, instituições, saberes... higiene pública, inspetores, assistentes sociais, psicólogos. E hoje assistimos a uma proliferação de categorias de trabalhadores sociais...

Naturalmente, a medicina desempenhou o papel de denominador comum... Seu discurso passava de um a outro. Era em nome da medicina que se vinha ver como eram instaladas as casas, mas era também em seu nome que se catalogavam um louco, um criminoso, um doente... Mas existe, de fato, um mosaico bastante variado de todos esses "trabalhadores sociais" a partir de uma matriz confusa como a filantropia...

O interessante não é ver que projeto está na base de tudo isso, mas, em termos de estratégia, como as peças foram dispostas.

Junho de 1975

10
Sobre a geografia[1]

Hérodote: O trabalho que você realizou recobre (e alimenta) em grande parte a reflexão que realizamos em geografia e, de modo mais geral, a que realizamos sobre as ideologias e estratégias do espaço.

Ao questionar a geografia, deparamos com certo número de conceitos: saber, poder, ciência, formação discursiva, olhar, *épistémè*, e a arqueologia que você elaborou contribuiu para orientar a nossa reflexão. Assim, a hipótese proposta na *Arqueologia do saber* de que uma formação discursiva não se define nem por um objeto nem por um estilo nem por um jogo de conceitos permanentes nem pela persistência de uma temática, mas deve ser apreendida como um sistema de dispersão regulado, nos permitiu delimitar melhor o discurso geográfico.

Por outro lado, ficamos surpresos com o seu silêncio no que diz respeito à geografia (salvo erro, você só evocou sua existência em uma comunicação consagrada a Cuvier, e assim mesmo para relegá-la às ciências naturais). Paradoxalmente, seria motivo de estupor se a geografia fosse levada em conta, pois, apesar de Kant e Hegel, os filósofos ignoram a geografia. Deve-se incriminar os geógrafos que,

---
[1] "Question à Michel Foucault sur la géographie", in *Hérodote*, n°1. Paris: 1976. Tradução de Roberto Machado e Angela Loureiro de Souza.

desde Vidal de la Blanche, resolveram se resguardar, ao abrigo das ciências sociais, do marxismo, da epistemologia e da história das ciências, ou devemos incriminar filósofos, indispostos com uma geografia inclassificável, "deslocada", dividida entre as ciências naturais e as ciências sociais? A geografia terá um "lugar" na sua arqueologia do saber? Você não estará reproduzindo, ao arqueologizá-la, a separação entre ciências da natureza (o inquérito, o quadro) e ciências do homem (o exame, a disciplina), dissolvendo assim o lugar onde a geografia poderia se estabelecer?

MICHEL FOUCAULT: Para começar, uma resposta empírica. Tentaremos em seguida ver se há outra coisa por detrás. Se eu fizesse a lista de todas as ciências, de todos os conhecimentos, de todos os domínios do saber de que não falo e deveria falar, e de que estou próximo de uma maneira ou de outra, essa lista seria quase infinita. Eu não falo de bioquímica, eu não falo de arqueologia. Nem mesmo fiz uma arqueologia da história. Tomar uma ciência porque ela é interessante, porque é importante ou porque sua história teria alguma coisa de exemplar não me parece um bom método. Será sem dúvida bom método se o que se quer é fazer uma história correta, limpa, conceitualmente asséptica. Mas desde o momento em que se quer fazer uma história que tenha um sentido, uma utilização, uma eficácia política, só se pode fazê-la corretamente sob a condição de que se esteja ligado, de uma maneira ou de outra, aos combates que se desenrolam nesse domínio. Dos domínios cuja genealogia tentei fazer, o primeiro foi a psiquiatria, porque eu tinha certa prática e certa experiência de hospital psiquiátrico e senti que ali havia combates, linhas de força, pontos de confronto, tensões. A história que fiz, só a fiz em função desses combates. O problema, o desafio, o prêmio era poder formular um discurso verdadeiro e estrategicamente eficaz; ou ainda, de que modo a verdade da história pode ter efeito político.

HÉRODOTE: Isso vai ao encontro de uma hipótese que eu lhe submeto: se existem pontos de confronto, tensões, linhas de força na geografia, eles são subterrâneos pela própria ausência de polêmica em geografia. Ora, o que pode atrair um filósofo, um epistemólogo, um arqueólogo é ser árbitro ou tirar proveito de uma polêmica já iniciada.

FOUCAULT: É verdade que a importância de uma polêmica pode atrair. Mas eu não sou de forma alguma dessa espécie de filósofo que formula ou quer formular um discurso de verdade sobre uma ciência qualquer. Legislar para toda a ciência é o projeto positivista. Eu me pergunto se em certas formas de marxismo "renovado" não se caiu em tentação semelhante, que consistiria em dizer: o marxismo, como ciência das ciências, pode fazer a teoria das ciências e estabelecer a separação entre ciência e ideologia. Ora, essa posição de árbitro, de juiz, de testemunha universal, é um papel a que me recuso absolutamente, pois me parece ligado à instituição universitária da filosofia. Se faço as análises que faço, não é porque há uma polêmica que gostaria de arbitrar, mas porque estive ligado a certos combates: medicina, psiquiatria, penalidade. Nunca pretendi fazer uma história geral das ciências humanas, nem uma crítica geral da possibilidade das ciências. O subtítulo de *As palavras e as coisas* não é a arqueologia, mas *uma* arqueologia das ciências humanas.

Cabe a vocês, que estão diretamente ligados ao que se passa na geografia, que se deparam com todos esses confrontos de poder em que a geografia está envolvida, cabe a vocês enfrentá-los, forjar os instrumentos para esse combate. E, no fundo, vocês deveriam me dizer: "Você não se ocupou com essa coisa que não lhe diz muito respeito e que você não conhece bem." E eu lhes responderia: "Se uma ou outra 'coisa' (em termos de abordagem ou de método) que acreditei poder utilizar na psiquiatria, na penalidade, na história natural pode lhes servir, fico satisfeito. Se forem obrigados a recorrer a outros ou a transformar os meus instrumentos, mostrem-me, porque também poderei lucrar com isso."

HÉRODOTE: Você se refere com muita frequência aos historiadores: Lucien Febvre, Braudel, Le Roy Ladurie. E muitas vezes os homenageou. Acontece que esses historiadores tentaram dialogar com a geografia e até instaurar uma geo-história ou uma antropogeografia. Havia, por meio desses historiadores, a oportunidade de um encontro com a geografia. Por outro lado, ao estudar a economia política e a história natural, você se aproximou bastante do domínio geográfico. Podemos assinalar assim uma aproximação constante com a geografia, sem que ela jamais seja levada em conta. Não existe em minha pergunta nem a exigência de uma hipotética arqueologia da geografia nem realmente uma decepção: somente uma surpresa.

FOUCAULT: Tenho um certo escrúpulo em só responder por argumentos concretos, mas creio que é preciso também desconfiar dessa vontade de essencialidade: se você não fala de algo é porque certamente tem obstáculos maiores que iremos eliminar. Pode-se muito bem não falar de algo simplesmente porque não se conhece, não porque tenhamos disso um saber inconsciente e, portanto, inacessível. Você me pergunta se a geografia tem um lugar na arqueologia do saber. Sim, contanto que se mude a formulação. Achar um lugar para a geografia seria o mesmo que dizer que a arqueologia do saber tem um projeto de recobrimento total e exaustivo de todos os domínios do saber, o que de modo algum é o que tenho em mente. A arqueologia do saber é simplesmente um modo de abordagem.

É verdade que a filosofia, ao menos a partir de Descartes, sempre esteve ligada, no Ocidente, ao problema do conhecimento. Não se escapa disso. Quem se pretender filósofo e não se colocar a questão "o que é o conhecimento?" ou "o que é a verdade?" em que sentido se poderia dizer que é um filósofo? E mesmo que eu diga que não sou filósofo, se for da verdade que me ocupo, eu sou apesar de tudo filósofo. A partir de Nietzsche, essa questão se transformou. Não mais: qual é o caminho mais seguro da Verdade?, mas qual foi o caminho aleatório da verdade? Era essa a questão de Nietzsche e é também a questão de Husserl em *A crise das ciências europeias*. A ciência, a coerção ao verdadeiro, a obrigação de verdade, os procedimentos ritualizados para produzi-la há milênios atravessam completamente toda a sociedade ocidental e agora se universalizaram para se tornar a lei geral de toda a civilização. Qual é a sua história, quais são os seus efeitos, como isso se entrelaça com as relações de poder? Se se toma esse caminho, a geografia é concernida por um semelhante método. É preciso tentar esse método em relação à geografia, como também em relação à farmacologia, à microbiologia, à demografia etc. Ela não tem, propriamente falando, um lugar, mas seria preciso poder fazer esta arqueologia do saber geográfico.

Hérodote: Se a geografia não é visível, não é captável no campo que você explora, em que pratica suas escavações, isto talvez se ligue à *démarche* deliberadamente histórica ou arqueológica que privilegia de fato o fator tempo. Pode-se notar assim que você tem um cuidado rigoroso com a periodização, que contrasta com o indefinido, a relativa indeterminação das suas localizações. Seus espaços de referência são indistintamente a cristandade, o mundo ocidental, a Europa do Norte, a França, sem que esses espaços de referência sejam realmente justificados ou mesmo precisados. Você escreveu que "cada periodização recorta na história um certo nível de acontecimentos e, inversamente, cada camada de acontecimentos pede sua periodização, uma vez que, segundo o nível que se escolha, dever-se-á delimitar periodizações diferentes e, segundo a periodização que se dê, níveis diferentes serão atingidos. Chega-se assim à metodologia complexa da descontinuidade". É possível e mesmo desejável conceber e construir uma metodologia da descontinuidade a respeito do espaço e das escalas espaciais. Você privilegia de fato o fator tempo, com o risco de delimitações ou de espacializações nebulosas, nômades. Espacializações incertas que contrastam com o cuidado de recortar etapas, períodos, idades.

FOUCAULT: Coloca-se aí um problema de método, mas também de suporte material, ou seja, simplesmente a possibilidade de um homem sozinho percorrer esse caminho. Com efeito, eu poderia perfeitamente dizer: história da penalidade na França. Afinal foi essencialmente o que fiz, com algumas incursões, referências, investidas fora. Se não digo isso, se deixo oscilar uma espécie de fronteira vaga, um pouco ocidental, um pouco nomadizante, é porque a documentação que pesquisei ultrapassa um pouco as fronteiras da França e porque frequentemente, para compreender um fenômeno francês, fui obrigado a me referir a alguma coisa que se passava em outros lugares, que lá seria pouco explícita, que era anterior no tempo, que lhe serviu de modelo. O que me permite, ressalvando modificações regionais ou locais, situar esses fenômenos nas sociedades anglo-saxã, espanhola, italiana etc. Eu não especifico mais porque seria tão abusivo dizer "eu só falo da França" quanto dizer "eu falo de toda a Europa". Efetivamente seria necessário precisar — mas este é um trabalho a ser feito em grupo — onde esse tipo de processo não é mais encontrado, com base nisso se pode dizer: "é outra coisa que acontece."

HÉRODOTE: Essa espacialização incerta contrasta com a profusão de metáforas espaciais: posição, deslocamento, lugar, campo; e às vezes mesmo geográficas: território, domínio, solo, horizonte, arquipélago, geopolítica, regiões, paisagem.

FOUCAULT: Pois bem, vejamos o que são essas metáforas geográficas. Território é sem dúvida uma noção geográfica, mas é antes de tudo uma noção jurídico-política: aquilo que é controlado por um certo tipo de poder.

Campo: noção econômico-jurídica.

Deslocamento: um exército, uma tropa, uma população se deslocam.

Domínio: noção jurídico-política.

Solo: noção histórico-geológica.

Região: noção fiscal, administrativa, militar.

Horizonte: noção pictórica, mas também estratégica.

Dessas, só uma noção é verdadeiramente geográfica, a de arquipélago. Só a utilizei uma vez, para designar, e por causa de Soljenitsyne — o arquipélago carcerário —, essa dispersão e ao mesmo tempo o recobrimento universal de uma sociedade por um tipo de sistema punitivo.

HÉRODOTE: De fato, essas noções não são estritamente geográficas. São, contudo, noções básicas de todo enunciado geográfico. Evidencia-se assim o fato de que o discurso geográfico produz poucos conceitos e os extrai de tudo que é lugar. Paisagem é uma noção pictórica, mas é um objeto essencial da geografia tradicional.

FOUCAULT: Mas você tem certeza de que eu tirei essas noções da geografia e não precisamente de onde a geografia as retirou?

HÉRODOTE: O que se deve enfatizar, a respeito de certas metáforas espaciais, é que elas são tanto geográficas quanto estratégicas, e isso é muito normal visto que a geografia se desenvolveu à sombra do Exército. Entre o discurso geográfico e o discurso estratégico, pode-se observar uma circulação de noções: a região dos geógrafos é a mesma que a região militar (de *regere*, comandar), e província, o mesmo que território vencido (de *vincere*). O campo remete ao campo de batalha...

FOUCAULT: Reprovaram-me muito por essas obsessões espaciais, e elas de fato me obcecaram. Mas, por elas, creio ter descoberto o que no fundo procurava: as relações que podem existir entre poder e saber. Desde o momento em que se pode analisar o saber em termos de região, de domínio, de implantação, de deslocamento, de transferência, pode-se apreender o processo pelo qual o saber funciona como um poder e reproduz os seus efeitos. Existe uma administração do saber, uma política do saber, relações de poder que passam pelo saber e que naturalmente, quando se quer descrevê-las, remetem àquelas formas de dominação a que se referem noções, como campo, posição, região, território. E o termo político-estratégico indica como o militar e o administrativo efetivamente se inscrevem em um solo ou em formas de discurso. Quem encarasse a análise dos discursos somente em termos de continuidade temporal seria necessariamente levado a analisá-la e encará-la como a transformação interna de uma consciência individual. Construiria ainda uma grande consciência coletiva no interior da qual se passariam as coisas.

Metaforizar as transformações do discurso através de um vocabulário temporal conduz necessariamente à utilização do modelo da consciência individual, com sua temporalidade própria. Tentar, ao contrário, decifrá-lo por meio de metáforas espaciais, estratégicas, permite perceber exatamente os pontos pelos quais os discursos se transformam em, através de e a partir das relações de poder.

HÉRODOTE: Althusser, no *Ler o capital*, coloca uma questão análoga: "O recurso às metáforas espaciais, de que (...) o presente texto faz uso, coloca um problema teórico: o das suas condições de existência em um discurso com pretensão científica. Esse problema pode ser exposto da seguinte maneira: por que um certo tipo de discurso requer necessariamente o uso de metáforas retiradas de discursos não científicos?" Althusser apresenta assim o recurso às metáforas espaciais como necessário, mas ao mesmo tempo como regressivo, não rigoroso. Tudo leva a pensar, ao contrário, que as metáforas espaciais, longe de serem reacionárias, tecnocráticas, abusivas ou ilegítimas, são antes de tudo o sintoma de um pensamento "estratégico", "combatente", que coloca o espaço do discurso como terreno e objeto de práticas políticas.

FOUCAULT: É efetivamente de guerra, de administração, de implantação, de gestão de um saber que se trata em tais expressões. Seria necessário fazer uma crítica dessa desqualificação do espaço que vem reinando há várias gerações. Foi com Bergson, ou mesmo antes, que isso começou. O espaço é o que estava morto, fixo, não dialético, imóvel. Em compensação, o tempo era rico, fecundo, vivo, dialético.

A utilização de termos espaciais tem um quê de anti-história para todos que confundem a história com as velhas formas da evolução, da continuidade viva, do desenvolvimento orgânico, do progresso da consciência ou do projeto da existência. Se alguém falasse em termos de espaço, é porque era contra o tempo. É porque "negava a história", como diziam os tolos, é porque era "tecnocrata". Eles não compreendem que, na demarcação das implantações, das delimitações, dos recortes de objetos, das classificações, das organizações de domínios, o que se fazia aflorar eram processos — históricos certamente — de poder. A descrição espacializante dos fatos discursivos desemboca na análise dos efeitos de poder que lhe estão ligados.

Hérodote: Com *Vigiar e punir*, essa estrategização do pensamento entrou em uma nova etapa. Com o pan-optismo, estamos além da metáfora. O que está em jogo é a descrição de instituições em termos de arquitetura, de figuras espaciais. Concluindo, você evoca até a "geopolítica imaginária" da cidade carcerária. Essa figura pan-óptica dá conta do aparelho de Estado em seu conjunto? Surge, em seu último livro, um modelo implícito do poder: uma disseminação de micropoderes, uma rede de aparelhos dispersos, sem aparelho único, sem foco nem centro, e uma coordenação transversal de instituições e de tecnologias. Entretanto, você assinala a estatização das escolas, hospitais, casas de correção e de educação até então geridos pelos grupos religiosos ou pelas associações de beneficência. E, paralelamente, se estabelece uma polícia centralizada, exercendo uma vigilância permanente, exaustiva, capaz de tornar tudo visível à condição de se tornar ela própria invisível. "A organização do aparelho policial sanciona, no século XVIII, a generalização das disciplinas e atinge as dimensões do Estado."

FOUCAULT: Com o pan-optismo, eu viso a um conjunto de mecanismos que ligam os feixes de procedimentos de que se serve o poder. O pan-optismo foi uma invenção tecnológica na ordem do poder, como a máquina a vapor o foi na ordem da produção. Essa invenção tem de particular o fato de ter sido utilizada em níveis inicialmente locais: escolas, casernas, hospitais. Fez-se nesses lugares a experimentação da vigilância integral. Aprendeu-se a preparar os dossiês, a estabelecer as notações e as classificações, a fazer a contabilidade integrativa desses dados individuais. Claro que a economia — e o sistema fiscal — já tinham utilizado alguns desses processos. Mas a vigilância permanente de um grupo escolar ou de um grupo de doentes é outra coisa. E esses métodos foram, a partir de determinado momento, generalizados. Dessa extensão, o aparelho policial, como também a administração napoleônica, foi um dos principais vetores. Creio ter citado uma belíssima descrição do papel dos procuradores-gerais do império como sendo o olho do imperador. E, do primeiro procurador-geral em Paris ao simples substituto de província, é um único olhar que vigia as desordens, prevê os perigos de criminalidade, sanciona todos os desvios. E se por acaso qualquer coisa nesse olhar universal viesse a se relaxar, se ele cochilasse em algum lugar, o Estado não estaria longe da ruína. O pan-optismo não foi confiscado pelos aparelhos de Estado, mas estes se apoiaram nessa espécie de pequenos pan-optismos regionais e dispersos. De modo que, se quisermos apreender os mecanismos de poder em sua complexidade e detalhe, não poderemos nos ater unicamente à análise dos aparelhos de Estado. Haveria um esquematismo a evitar — esquematismo que aliás não se encontra no próprio Marx — que consiste em localizar o poder no aparelho de Estado e em fazer do aparelho de Estado o instrumento privilegiado, capital, maior, quase único, do poder de uma classe sobre outra classe. De fato, o poder em seu exercício vai muito mais longe, passa por canais muito mais sutis, é muito mais ambíguo, porque cada um de nós é, no fundo, titular de um certo poder e, por isso, veicula o poder. O poder não tem por função única reproduzir as relações de produção. As redes da dominação e os circuitos da exploração se recobrem, se apoiam e interferem uns nos outros, mas não coincidem.

HÉRODOTE: Se o aparelho de Estado não é o vetor de todos os poderes, não é menos verdade, e especialmente na França com o sistema pan-óptico-prefeitoral, que ele abranja o essencial das práticas disciplinares.

FOUCAULT: A monarquia administrativa de Luís XIV e Luís XV, tão fortemente centralizada, foi certamente um primeiro modelo. Foi na França de Luís XV que se inventou a polícia. Não tenho de forma alguma a intenção de diminuir a importância e a eficácia do poder de Estado. Creio simplesmente que de tanto se insistir em seu papel, e em seu papel exclusivo, corre-se o risco de não se dar conta de todos os mecanismos e efeitos de poder que não passam diretamente pelo aparelho de Estado, que muitas vezes o sustentam, o reproduzem, elevam sua eficácia ao máximo.

A sociedade soviética é um exemplo de aparelho de Estado que mudou de mãos e que mantém as hierarquias sociais, a vida familiar, a sexualidade, o corpo quase como eram em uma sociedade de tipo capitalista. Os mecanismos de poder que funcionam na fábrica entre o engenheiro, o contramestre e o operário serão muito diferentes na União Soviética e aqui?

HÉRODOTE: Você mostrou como o saber psiquiátrico trazia consigo, pressupunha, exigia a reclusão asilar, como o saber disciplinar trazia consigo o modelo da prisão; a medicina de Bichat, o espaço do hospital e a economia política, a estrutura da fábrica. Pode-se perguntar, tanto para fazer efeito quanto para lançar uma hipótese, se o saber geográfico não traz consigo o círculo da fronteira, seja nacional, provincial ou municipal. E, portanto, se às figuras de enclausuramento que você assinalou — louco, delinquente, doente, proletário — não se deve acrescentar a do cidadão soldado. O espaço do enclausuramento não seria então infinitamente mais vasto e menos estanque?

FOUCAULT: É uma ideia bastante sedutora. E ele seria o homem das nacionalidades? Pois o discurso geográfico que justifica as fronteiras é o discurso do nacionalismo...

HÉRODOTE: A geografia sendo, portanto, com a história, constitutiva do discurso nacional, o que marca bem a instauração da escola de Jules Ferry, que confia à história-geografia a tarefa de enraizamento e de inculcação do espírito cívico e patriótico.

FOUCAULT: Tendo como efeito a constituição de uma identidade. Pois minha hipótese é de que o indivíduo não é o dado sobre o qual se exerce e se abate o poder. O indivíduo, com suas características, sua identidade, fixado a si mesmo, é o produto de uma relação de poder que se exerce sobre corpos, multiplicidades, movimentos, desejos, forças.

Além disso, sobre os problemas de identidade regional e sobre todos os conflitos que podem ocorrer entre ela e a identidade nacional, haveria muita coisa a dizer.

HÉRODOTE: O mapa como instrumento de saber-poder se encontra nos três limiares que você distinguiu: medida entre os gregos, investigação na Idade Média e inquérito no século XVIII. O mapa se amolda a cada um dos limiares, se transforma de instrumento de medida em instrumento de inquérito, para se transformar hoje em instrumento de exame (mapa eleitoral, mapa das arrecadações de impostos etc.). É verdade que a história do mapa (ou a sua arqueologia) não obedece à cronologia que você estabeleceu.

FOUCAULT: Um mapa dos votos ou das opções eleitorais é um instrumento de exame. Creio que houve historicamente essa sucessão dos três modelos. Mas é claro que essas três técnicas não ficaram isoladas umas das outras. Elas imediatamente se contaminaram. O inquérito utilizou a medida e o exame utilizou o inquérito. Depois o exame sobressaiu com relação aos outros dois, de modo que reencontramos um aspecto da sua primeira pergunta: será que distinguir exame de inquérito não reproduz a divisão ciência social/ciência da natureza? Com efeito, gostaria de ver como o inquérito como modelo, como esquema administrativo, fiscal e político, pôde servir de matriz a esses grandes percursos, realizados do final da Idade Média até o século XVIII, em que as pessoas que vasculhavam o mundo colhiam informações. Elas não as colhiam em estado bruto. Literalmente, elas inquiriam, seguindo esquemas para elas mais ou menos claros, mais ou menos conscientes. E acredito que as ciências da natureza se alojaram de fato no interior desta forma geral que era o inquérito — como as ciências do homem nasceram a partir do momento em que foram aperfeiçoados os procedimentos de vigilância e de registro dos indivíduos. Mas isso foi somente o ponto de partida.

E, pelas inter-relações que imediatamente se produziram, inquérito e exame interferiram um no outro, e por conseguinte ciências da natureza e ciências do homem igualmente intercruzaram seus conceitos, seus métodos, seus resultados. Creio que a geografia seria um bom exemplo de disciplina que utiliza sistematicamente inquérito, medição e exame.

HÉRODOTE: Há, aliás, no discurso geográfico, uma figura onipresente: a do inventário ou catálogo. E esse tipo de inventário utiliza o triplo registro do inquérito, da medição e do exame. O geógrafo — talvez seja a sua função essencial, estratégica — coleta a informação. Inventário que em estado bruto não tem grande interesse, e que de fato só é utilizável pelo poder. O poder não tem necessidade de ciência, mas de uma massa de informações, que ele, por sua posição estratégica, é capaz de explorar.

Compreende-se assim melhor a pouca importância epistemológica dos trabalhos geográficos; enquanto, por outro lado, são (ou melhor, eram) de uma utilidade considerável para os aparelhos de poder. Os viajantes do século XVII ou os geógrafos do XIX eram, na verdade, agentes de informações que coletavam e cartografavam a informação, a qual era diretamente explorável pelas autoridades coloniais, os estrategistas, os negociantes ou os industriais.

FOUCAULT: Posso citar, com reservas, um fato. Uma pessoa especializada em documentos da época de Luís XIV, consultando a correspondência diplomática do século XVII, percebeu que muitas narrativas, que foram em seguida reproduzidas como de viajantes e que relatavam um monte de maravilhas, plantas incríveis, animais monstruosos, eram na verdade narrativas codificadas. Eram informações precisas sobre a situação militar do país visitado, os recursos econômicos, os mercados, as riquezas, as possibilidades de relação. De modo que muita gente atribui à ingenuidade tardia de certos naturalistas e geógrafos do século XVIII coisas que na realidade eram informações extraordinariamente precisas, cuja chave parece ter sido descoberta agora.

Hérodote: Quando nos perguntamos por que a geografia não conheceu nenhuma polêmica, nós logo pensamos na fraca influência que Marx exerceu sobre os geógrafos. Não houve geografia marxista, nem mesmo tendência marxista em geografia. Os geógrafos que se dizem marxistas na verdade se desviam para a economia ou a sociologia, privilegiam as escalas planetária e média. Marxismo e geografia dificilmente se articulam. Talvez o marxismo, em todo o caso *O capital*, e de modo geral os textos econômicos, privilegiando o fator tempo, não se prestam bem à espacialização. Trata-se disso naquela passagem de uma entrevista em que você diz: "Seja qual for a importância das modificações introduzidas nas análises de Ricardo, eu não creio que estas análises econômicas escapem ao espaço epistemológico instaurado por Ricardo"?

Foucault: Marx, para mim, não existe. Quero dizer, essa espécie de entidade que se construiu em torno de um nome próprio e que se refere às vezes a um certo indivíduo, às vezes à totalidade do que escreveu e às vezes a um imenso processo histórico que deriva dele. Creio que suas análises econômicas, a maneira como ele analisa a formação do capital são em grande parte comandadas pelos conceitos que ele deriva da própria trama da economia ricardiana. O mérito de dizer isso não é meu, foi Marx mesmo quem o disse. Mas, em contrapartida, sua análise da Comuna de Paris ou o seu *18 Brumário de Luís Bonaparte* é um tipo de análise histórica que manifestamente não depende de um modelo do século XVIII.

Fazer Marx funcionar como um "autor", localizável em um manancial discursivo único e suscetível de uma análise em termos de originalidade ou de coerência interna, é sempre possível. Afinal de contas, tem-se o direito de "academizar" Marx. Mas isso é desconhecer a explosão que ele produziu.

HÉRODOTE: Se relemos Marx a partir de uma exigência espacial, sua obra parece heterogênea. Há passagens inteiras que denotam uma sensibilidade espacial espantosa.

FOUCAULT: Há algumas admiráveis. Como tudo que Marx escreveu sobre o Exército e seu papel no desenvolvimento do poder político. São coisas muito importantes que praticamente foram deixadas de lado, em proveito dos incessantes comentários sobre a mais-valia.

Gostei muito desta entrevista com vocês, porque mudei de opinião entre o começo e o fim. Confesso que, no começo, pensei que vocês reivindicavam o lugar da geografia como aqueles professores que protestam quando se lhes propõe uma reforma do ensino: "Vocês diminuíram a carga horária das ciências naturais, ou da música etc." Então eu pensei: "É interessante que eles queiram que se faça a sua arqueologia, mas, afinal de contas, que eles a façam!" Eu não tinha percebido o sentido da objeção de vocês. Agora me dou conta de que os problemas que vocês colocam a respeito da geografia são essenciais para mim. Entre um certo número de coisas que relacionei estava a geografia, que era o suporte, a condição de possibilidade da passagem de uma para outra. Deixei as coisas em suspenso ou fiz relações arbitrárias.

Cada vez mais me parece que a formação dos discursos e a genealogia do saber devem ser analisadas a partir não dos tipos de consciência, das modalidades de percepção ou das formas de ideologia, mas das táticas e estratégias de poder. Táticas e estratégias que se desdobram através das implantações, das distribuições, dos recortes, dos controles de territórios, das organizações de domínios que poderiam constituir uma espécie de geopolítica, por onde minhas preocupações encontrariam os métodos de vocês. Há um tema que gostaria de estudar nos próximos anos: o exército como matriz de organização e de saber — a necessidade de estudar a fortaleza, a "campanha", o "movimento", a colônia, o território. A geografia deve estar bem no centro das coisas de que me ocupo.

11
Genealogia e poder[1]

Esse ano eu gostaria de concluir uma série de pesquisas que fizemos nos últimos quatro ou cinco anos e de que hoje me dou conta que acumularam inconvenientes. Trata-se de pesquisas próximas umas das outras, mas que não chegaram a formar um conjunto coerente, a ter continuidade e que nem mesmo terminaram. Pesquisas dispersas e ao mesmo tempo bastante repetitivas, que seguiam os mesmos caminhos, recaíam nos mesmos temas, retomavam os mesmos conceitos etc.

O que fiz, vocês se lembram: pequenas exposições sobre a história do procedimento penal; alguns capítulos sobre a evolução e a institucionalização da psiquiatria no século XIX; considerações sobre a sofística, sobre a moeda grega ou sobre a Inquisição na Idade Média; o esboço de uma história da sexualidade, através das práticas da confissão no século XVII ou do controle da sexualidade infantil nos séculos XVIII-XIX; a demarcação da gênese de um saber sobre a anomalia, com todas as técnicas que o acompanham. Essas pesquisas se arrastam, não avançam, se repetem e não se articulam; em uma palavra, não chegam a nenhum resultado.

---
[1] Curso no Collège de France, em 7 de janeiro de 1976. Tradução de Roberto Machado e Angela Loureiro de Souza.

Poderia dizer que, afinal de contas, se tratava de indicações, pouco importando aonde conduziam ou mesmo se conduziam a algum lugar, a alguma direção predeterminada. Eram como linhas pontilhadas; cabe a vocês continuá-las ou modificá-las, a mim eventualmente dar-lhes prosseguimento ou uma outra configuração. Veremos o que fazer com esses fragmentos. Eu agia como um boto que salta na superfície da água só deixando um vestígio provisório de espuma e que deixa que acreditem, faz acreditar, quer acreditar ou acredita efetivamente que lá embaixo, onde não é percebido ou controlado por ninguém, segue uma trajetória profunda, coerente e refletida.

Que o trabalho que eu apresentei tenha tido esse aspecto, ao mesmo tempo fragmentário, repetitivo e descontínuo, isso corresponde a algo que se poderia chamar de preguiça febril. Preguiça que afeta caracterialmente os amantes de biblioteca, de documentos, referências, dos escritos empoeirados e dos textos nunca lidos, dos livros que, logo que publicados, são guardados e dormem em prateleiras de onde só são tirados séculos depois; pesquisa que conviria muito bem à inércia profunda dos que professam um saber inútil, uma espécie de saber suntuoso, uma riqueza de novos-ricos cujos signos exteriores estão localizados nas notas de pé de página; que conviria a todos aqueles que se sentem solidários com uma das mais antigas ou mais características sociedades secretas do Ocidente, estranhamente indestrutível, desconhecida na Antiguidade e que se formou no início do cristianismo, na época dos primeiros conventos, em meio às invasões, aos incêndios, às florestas: a grande, terna e calorosa maçonaria da erudição inútil.

Mas não foi simplesmente o gosto por essa maçonaria que me levou a fazer o que fiz. Parece-me que o trabalho que fizemos — que se produziu de maneira empírica e aleatória entre nós — poderia ser justificado dizendo que convinha muito bem a um período limitado, aos últimos dez, quinze ou no máximo vinte anos.

Nesse período, podemos notar dois fenômenos que, se não foram realmente importantes, foram ao menos bastante interessantes. Por um lado, ele se caracterizou pelo que se poderia chamar de eficácia das ofensivas dispersas e descontínuas. Penso em várias coisas: por exemplo, na estranha eficácia, quando se tratou de entravar o funcionamento da instituição psiquiátrica, dos discursos bastante localizados da antipsiquiatria, discursos que não têm uma sistematização global, mesmo que tenha tido referências, como a inicial à análise existencial ou como a atual ao marxismo, à teoria de Reich; ou na estranha eficácia dos ataques contra a moral ou contra a hierarquia tradicional, que só se referiam vaga e longinquamente a Reich ou a Marcuse; na eficácia dos ataques contra o aparelho judiciário e penal, alguns dos quais se referiam longinquamente à noção geral e duvidosa de justiça de classe, enquanto outros se articulavam apenas um pouco mais precisamente a uma temática anarquista; na eficácia de algo — nem ouso dizer livro — como o *Anti-Édipo*, que praticamente só se referia à própria e prodigiosa inventividade teórica, livro, ou melhor, coisa ou acontecimento, que chegou a enrouquecer, penetrando na prática mais cotidiana, o murmúrio durante muito tempo não interrompido que flui do divã para a poltrona.

Portanto, assistimos há dez ou quinze anos a uma imensa proliferação de críticas das coisas, das instituições, das práticas, dos discursos; uma espécie de friabilidade geral dos solos, mesmo dos mais familiares, dos mais sólidos,

dos mais próximos de nós, de nosso corpo, de nossos gestos cotidianos. Mas com essa friabilidade e essa surpreendente eficácia das críticas descontínuas, particulares e locais, e mesmo devido a elas, se descobre nos fatos algo que de início não estava previsto, aquilo que se poderia chamar de efeito inibidor próprio às teorias totalitárias, globais. O que não quer dizer que essas teorias globais forneçam constantemente instrumentos utilizáveis localmente: o marxismo e a psicanálise estão aí para prová-lo. Mas creio que elas só forneceram esses instrumentos à condição de que a unidade teórica do discurso fosse como que suspensa ou, em todo caso, recortada, despedaçada, deslocada, invertida, caricaturada, teatralizada. Em todo caso, toda volta, nos próprios termos, à totalidade conduziu de fato a um efeito de refreamento.

Portanto, o primeiro ponto, a primeira característica do que se passou nesses anos é o caráter local da crítica; o que não quer dizer empirismo obtuso, ingênuo ou simplório, nem ecletismo débil, oportunismo, permeabilidade a qualquer empreendimento teórico; o que também não quer dizer ascetismo voluntário que se reduziria à maior pobreza teórica possível. O caráter essencialmente local da crítica indica na realidade algo que seria uma espécie de produção teórica autônoma, não centralizada, isto é, que não tem necessidade, para estabelecer sua validade, da concordância de um sistema comum.

Chegamos assim à segunda característica do que acontece há algum tempo: essa crítica local se efetuou através do que se poderia chamar de retorno de saber. O que quero dizer com retorno de saber é o seguinte: é verdade que durante os últimos anos encontramos frequentemente, ao menos em nível superficial, toda uma temática do tipo: não mais o saber, mas a vida; não mais o conhecimento, mas o real; não o livro, mas a *trip* etc. Parece-me que por essa temática, através dela ou nela mesma, o que se produziu é o que se poderia chamar insurreição dos saberes dominados.

Por saber dominado, entendo duas coisas: por um lado, os conteúdos históricos que foram sepultados, mascarados em coerências funcionais ou em sistematizações formais. Concretamente: não foi uma semiologia da vida asilar, nem uma sociologia da delinquência, mas simplesmente o aparecimento de conteúdos históricos que permitiu fazer a crítica efetiva tanto do manicômio quanto da prisão; e isso simplesmente porque só os conteúdos históricos podem permitir encontrar a clivagem dos confrontos, das lutas que as organizações funcionais ou sistemáticas têm por objetivo mascarar. Portanto, os saberes dominados são os blocos de saber histórico que estavam presentes e mascarados no interior dos conjuntos funcionais e sistemáticos e que a crítica pode fazer reaparecer, evidentemente por meio do instrumento da erudição.

Em segundo lugar, por saber dominado se deve entender outra coisa e, em certo sentido, uma coisa inteiramente diferente: uma série de saberes que tinham sido desqualificados como não competentes ou insuficientemente elaborados: saberes ingênuos, hierarquicamente inferiores, saberes abaixo do nível requerido de conhecimento ou de cientificidade. Foi o reaparecimento desses saberes que estão embaixo — saberes não qualificados, e mesmo desqualificados, do psiquiatrizado, do doente, do enfermeiro, do médico paralelo e marginal em relação ao saber médico, do delinquente etc., que chamarei de saber das pessoas e que não é de forma alguma um saber comum, um bom senso mas, ao contrário, um saber particular, regional, local, um saber diferencial incapaz de unanimidade e que só deve sua força à dimensão que o opõe a todos aqueles que o circundam — que realizou a crítica.

Poder-se-ia dizer que existe um estranho paradoxo em querer agrupar em uma mesma categoria de saber dominado os conteúdos do conhecimento histórico, meticuloso, erudito, exato e os saberes locais, singulares, esses saberes das pessoas que são saberes sem senso comum e que foram deixados de lado, quando não foram efetiva e explicitamente subordinados. Parece-me que, de fato, foi o acoplamento entre o saber sem vida da erudição e o saber desqualificado pela hierarquia dos conhecimentos e das ciências que deu à crítica dos últimos anos sua força essencial.

Em um caso como no outro, no saber da erudição como naquele desqualificado, nessas duas formas de saber sepultado ou dominado, se tratava na realidade do saber histórico da luta. Nos domínios especializados da erudição como nos saberes desqualificados das pessoas, jazia a memória dos combates, exatamente aquela que até então tinha sido subordinada.

Delineou-se assim o que se poderia chamar uma genealogia, ou melhor, pesquisas genealógicas múltiplas, ao mesmo tempo redescoberta exata das lutas e memória bruta dos combates. E essa genealogia, como acoplamento do saber erudito e do saber das pessoas, só foi possível e só se pôde tentar realizá-la na condição de que fosse eliminada a tirania dos discursos englobantes com suas hierarquias e com os privilégios da vanguarda teórica.

Chamemos provisoriamente genealogia o acoplamento do conhecimento com as memórias locais, que permite a constituição de um saber histórico das lutas e a utilização desse saber nas táticas atuais. Nessa atividade, que se pode chamar genealógica, não se trata, de modo algum, de opor a unidade abstrata da teoria à multiplicidade concreta dos fatos e de desclassificar o especulativo para lhe opor, em forma de cientificismo, o rigor de um conhecimento sistemático. Não é um empirismo nem um positivismo, no sentido habitual do termo, que permeiam o projeto genealógico. Trata-se de ativar saberes locais, descontínuos, desqualificados, não legitimados, contra a instância teórica unitária que pretenderia depurá-los, hierarquizá-los, ordená-los em nome de um conhecimento verdadeiro, em nome dos direitos de uma ciência detida por alguns. As genealogias não são, portanto, retornos positivistas a uma forma de ciência mais atenta ou mais exata, mas anticiências. Não que reivindiquem o direito lírico à ignorância ou ao não saber; não que se trate da recusa de saber ou de ativar ou ressaltar os prestígios de uma experiência imediata não ainda captada pelo saber. Trata-se da insurreição dos saberes não tanto contra os conteúdos, os métodos e os conceitos de uma ciência, mas de uma insurreição dos saberes antes de tudo contra os efeitos de poder centralizadores que estão ligados à instituição e ao funcionamento de um discurso científico organizado no interior de uma sociedade como a nossa. Pouco importa que a institucionalização do discurso científico se realize em uma universidade ou, de modo mais geral, em um aparelho político com todas as suas aferências, como no caso do marxismo; são os efeitos de poder próprios a um discurso considerado como científico que a genealogia deve combater.

De modo mais preciso, há alguns anos, provavelmente há mais de um século, têm sido numerosos os que se perguntam se o marxismo é ou não uma ciência. Mesma questão que tem sido colocada à psicanálise ou à semiologia dos textos literários. A essa questão — é ou não uma ciência? — as genealogias ou os genealogistas responderiam: o que lhe reprovamos é fazer do marxismo, da psicanálise ou de qualquer outra coisa uma ciência. Se temos uma objeção a fazer ao marxismo é de ele poder efetivamente ser uma ciência. Antes mesmo de saber em que medida algo como o marxismo ou a psicanálise é análogo a uma prática científica em seu funcionamento cotidiano, nas regras de construção, nos conceitos utilizados, antes mesmo de colocar a questão da analogia formal e estrutural de um discurso marxista ou psicanalítico com o discurso científico, não se deve antes interrogar sobre a ambição de poder que a pretensão de ser uma ciência traz consigo? As questões a colocar são: que tipo de saber vocês querem desqualificar no momento em que vocês dizem "é uma ciência"? Que sujeito falante, que sujeito de experiência ou de saber vocês querem "menorizar" quando dizem: "Eu que formulo esse discurso, enuncio um discurso científico e sou um cientista"? Qual vanguarda teórico-política vocês querem entronizar para separá-la de todas as numerosas, circulantes e descontínuas formas de saber? Quando vejo seus esforços para estabelecer que o marxismo é uma ciência, não os vejo na verdade demonstrando que o marxismo tem uma estrutura racional e que, portanto, suas proposições relevam procedimentos de verificação. Vejo-os atribuindo ao discurso marxista e àqueles que o detêm efeitos de poder que o Ocidente, a partir da Idade Média, atribuiu à ciência e reservou àqueles que formulam um discurso científico.

A genealogia seria portanto, com relação ao projeto de uma inscrição dos saberes na hierarquia de poderes próprios à ciência, um empreendimento para libertar da sujeição os saberes históricos, isto é, torná-los capazes de oposição e de luta contra a coerção de um discurso teórico, unitário, formal e científico. A reativação dos saberes locais — menores, diria talvez Deleuze — contra a hierarquização científica do conhecimento e seus efeitos intrínsecos de poder, eis o projeto dessas genealogias desordenadas e fragmentárias. Enquanto a arqueologia é o método próprio à análise da discursividade local, a genealogia é a tática que, a partir da discursividade local assim descrita, ativa os saberes libertos da sujeição que emergem dessa discursividade. Isso para situar o projeto geral.

Todos esses fragmentos de pesquisa, todos esses discursos, poderiam ser considerados como elementos dessas genealogias, que não fui o único a fazer. Questão: por que então não continuar com uma teoria da descontinuidade, tão graciosa e tão pouco verificável, por que não analisar um novo problema da psiquiatria ou da teoria da sexualidade etc.? É verdade que poderíamos continuar — e até certo ponto procurarei continuar — se não fosse um certo número de mudanças na conjuntura. Em relação à situação que conhecemos nos últimos quinze anos, as coisas provavelmente mudaram; a batalha talvez não seja mais a mesma. Existiria ainda a mesma relação de força que permitiria fazer prevalecer, fora de qualquer relação de sujeição, esses saberes desenterrados? Que força eles têm? E, a partir do momento em que se extraem fragmentos da genealogia e se coloca em circulação esses elementos de saber que se procurou desenterrar, não correm eles o risco de serem recodificados, recolonizados pelo discurso unitário que, depois de tê-los desqualificado e ignorado quando apareceram, estão agora prontos a anexá-los ao seu discurso e a seus efeitos de saber e de poder? Se queremos proteger esses fragmentos libertos, não corremos o risco de construir um discurso unitário, ao qual nos convidam, como para uma armadilha, aqueles que nos dizem: "Tudo isso está certo, mas em que direção vai, para formar que unidade?" A tentação seria de dizer: continuemos, acumulemos, afinal de contas ainda não chegou o momento em que corremos o risco de ser colonizados. Poderíamos mesmo lançar o desafio: "Tentem colonizar-nos!" Poderíamos dizer: "Desde o momento em que a antipsiquiatria ou a genealogia das instituições psiquiátricas tiveram início, há uns quinze anos, algum marxista, algum psicanalista ou algum psiquiatra procurou refazê-las em seus próprios termos e mostrar que eram falsas, mal-elaboradas, mal-articuladas, malfundadas?" De fato, esses fragmentos de genealogias que fizemos permanecem cercados por um silêncio prudente. O que se lhes opõe, no máximo, são proposições como a de um deputado do Partido Comunista Francês: "Tudo isso está certo, mas não há dúvida de que a psiquiatria soviética é a primeira do mundo." Ele tem razão. A psiquiatria soviética é a primeira do mundo. E é exatamente isso que nós lhe reprovamos.

O silêncio, ou melhor, a prudência com que as teorias unitárias cercam a genealogia dos saberes seria talvez uma razão para continuar. Poderíamos multiplicar os fragmentos genealógicos. Mas seria otimista, tratando-se de uma batalha — batalha dos saberes contra os efeitos de poder do discurso científico — tomar o silêncio do adversário como a prova de que lhe metemos medo. O silêncio do adversário — esse é um princípio metodológico, um princípio tático que se deve sempre ter em mente — talvez seja também o sinal de que nós de modo algum lhe metemos medo. Em todo caso, deveríamos agir como se não lhe metêssemos medo. Trata-se, portanto, não de dar um fundamento teórico contínuo e sólido a todas as genealogias dispersas, nem de impor uma espécie de coroamento teórico que as unificaria, mas de precisar ou evidenciar o problema que está em jogo nessa oposição, nessa luta, nessa insurreição dos saberes contra a instituição e os efeitos de poder e de saber do discurso científico.

A questão de todas essas genealogias é: o que é o poder, poder cuja irrupção, força, dimensão e absurdo apareceram concretamente nos últimos quarenta anos, com o desmoronamento do nazismo e o recuo do stalinismo? O que é o poder, ou melhor — pois a questão o que é o poder seria uma questão teórica que coroaria o conjunto, o que eu não quero —, quais são, em seus mecanismos, em seus efeitos, em suas relações, os diversos dispositivos de poder que se exercem em níveis diferentes da sociedade, em domínios e com extensões tão variados? Creio que a questão poderia ser formulada assim: a análise do poder ou dos poderes pode ser, de uma maneira ou de outra, deduzida da economia?

Eis por que coloco esse problema e o que quero dizer com isso. Não quero abolir as inúmeras e gigantescas diferenças mas, apesar e através dessas diferenças, parece-me que existe um ponto em comum entre a concepção jurídica ou liberal do poder político — tal como encontramos nos filósofos do século XVIII — e a concepção marxista, ou uma certa concepção corrente que passa como sendo a concepção marxista. Esse ponto em comum é o que chamarei o economicismo na teoria do poder.

Com isso quero dizer o seguinte: no caso da teoria jurídica clássica, o poder é considerado como um direito de que se seria possuidor como de um bem e que se poderia, por conseguinte, transferir ou alienar, total ou parcialmente, por um ato jurídico ou um ato fundador de direito, que seria da ordem da cessão ou do contrato. O poder é o poder concreto que cada indivíduo detém e que cederia, total ou parcialmente, para constituir um poder político, uma soberania política. Nesse conjunto teórico a que me refiro, a constituição do poder político se faz segundo o modelo de uma operação jurídica que seria da ordem da troca contratual. Por conseguinte, analogia manifesta, que percorre toda a teoria, entre o poder e os bens, o poder e a riqueza. No outro caso — concepção marxista geral do poder —, nada disso é evidente; a concepção marxista trata de outra coisa, da funcionalidade econômica do poder. Funcionalidade econômica no sentido em que o poder teria essencialmente como papel manter relações de produção e reproduzir uma dominação de classe que o desenvolvimento e uma modalidade própria da apropriação das forças produtivas tornaram possível. O poder político teria, nesse caso, encontrado na economia sua razão de ser histórica. De modo geral, em um caso, temos um poder político que encontraria no procedimento de troca, na economia da circulação dos bens, o seu modelo formal e, no outro, o poder político teria na economia sua razão de ser histórica, o princípio de sua forma concreta e do seu funcionamento atual.

O problema que se coloca nas pesquisas de que falo pode ser analisado da seguinte forma: em primeiro lugar, o poder está sempre em posição secundária em relação à economia, ele é sempre "finalizado" e "funcionalizado" pela economia? Tem essencialmente como razão de ser e fim servir a economia, está destinado a fazê-la funcionar, a solidificar, manter e reproduzir as relações que são características dessa economia e essenciais ao seu funcionamento? Em segundo lugar, o poder é modelado pela mercadoria, por algo que se possui, se adquire, se cede por contrato ou por força, que se aliena ou se recupera, que circula, que herda esta ou aquela região? Ou, ao contrário, os instrumentos necessários para analisá-lo são diversos, mesmo se efetivamente as relações de poder estão profundamente intrincadas nas e com as relações econômicas e sempre constituem com elas um feixe? Nesse caso, a indissociabilidade da economia e do político não seria da ordem da subordinação funcional nem do isomorfismo formal, mas de uma outra ordem, que se deveria explicitar.

Para fazer uma análise não econômica do poder, de que instrumentos dispomos hoje? Creio que de muito poucos. Dispomos da afirmação que o poder não se dá, não se troca nem se retoma, mas se exerce, só existe em ação, como também da afirmação que o poder não é principalmente manutenção e reprodução das relações econômicas, mas acima de tudo uma relação de força. Questão: se o poder se exerce, o que é esse exercício, em que consiste, qual é sua mecânica?

Uma primeira resposta que se encontra em várias análises atuais consiste em dizer: o poder é essencialmente repressivo. O poder é o que reprime a natureza, os indivíduos, os instintos, uma classe. Quando o discurso contemporâneo define repetidamente o poder como sendo repressivo, não é uma novidade. Hegel foi o primeiro a dizê-lo; depois, Freud e Reich também o disseram. Em todo caso, ser órgão de repressão é no vocabulário atual o qualificativo quase onírico do poder. Não será, então, que a análise do poder deveria ser essencialmente uma análise dos mecanismos de repressão?

Uma segunda resposta: se o poder é em si próprio ativação e desdobramento de uma relação de força, em vez de analisá-lo em termos de cessão, contrato, alienação, ou em termos funcionais de reprodução das relações de produção, não deveríamos analisá-lo acima de tudo em termos de combate, de confronto e de guerra? Teríamos, portanto, ante a primeira hipótese, que afirma que o mecanismo do poder é fundamentalmente de tipo repressivo, uma segunda hipótese que afirma que o poder é guerra, guerra prolongada por outros meios.

Inverteríamos assim a posição da Clausewitz, afirmando que a política é a guerra prolongada por outros meios. O que significa três coisas: em primeiro lugar, que as relações de poder nas sociedades atuais têm essencialmente por base uma relação de força estabelecida, em um momento historicamente determinável, na guerra e pela guerra. E se é verdade que o poder político, acabada a guerra, tenta impor a paz na sociedade civil, não é para suspender os efeitos da guerra ou neutralizar os desequilíbrios que se manifestaram na batalha final, mas para reinscrever perpetuamente essas relações de força, através de uma espécie de guerra silenciosa, nas instituições e nas desigualdades econômicas, na linguagem e até no corpo dos indivíduos. A política é a sanção e a reprodução do desequilíbrio das forças manifestadas na guerra. Em segundo lugar, quer dizer que, no interior da "paz civil", as lutas políticas, os confrontos a respeito do poder, com o poder e pelo poder, as modificações das relações de força em um sistema político, tudo isso deve ser interpretado apenas como continuações da guerra, como episódios, fragmentações, deslocamentos da própria guerra. Sempre se escreve a história da guerra, mesmo quando se escreve a história da paz e de suas instituições. Em terceiro lugar, que a decisão final só pode vir da guerra, de uma prova de força em que as armas deverão ser os juízes. O final da política seria a última batalha, isto é, só a última batalha suspenderia finalmente o exercício do poder como guerra prolongada.

A partir do momento em que tentamos escapar do esquema economicista para analisar o poder, nos encontramos imediatamente em presença de duas hipóteses: por um lado, os mecanismos do poder seriam do tipo repressivo, ideia que chamarei por comodidade de hipótese de Reich; por outro lado, a base das relações de poder seria o confronto belicoso das forças, ideia que chamarei, também por comodidade, de hipótese de Nietzsche.

Essas duas hipóteses não são inconciliáveis, elas parecem se articular. Não seria a repressão a consequência política da guerra, assim como a opressão, na teoria clássica do direito político, era, na ordem jurídica, o abuso da soberania?

Poderíamos assim opor dois grandes sistemas de análise do poder: um seria o antigo sistema dos filósofos do século XVIII, que se articularia em torno do poder como direito originário que se cede, constitutivo da soberania, tendo o contrato como matriz do poder político. Poder que corre o risco, quando se excede, quando rompe os termos do contrato, de se tornar opressivo. Poder-contrato, para o qual a opressão seria a ultrapassagem de um limite. O outro sistema, ao contrário, tentaria analisar o poder político não mais segundo o esquema contrato-opressão, mas segundo o esquema guerra-repressão; nesse sentido, a repressão não seria mais o que era a opressão com respeito ao contrato, isto é, um abuso, mas, ao contrário, o simples efeito e a simples continuação de uma relação de dominação. A repressão seria a prática, no interior da pseudopaz, de uma relação perpétua de força.

Portanto, esses são dois esquemas de análise do poder. O esquema contrato-opressão, que é o jurídico, e o esquema dominação-repressão ou guerra-repressão, em que a oposição pertinente não é entre legítimo-ilegítimo como no precedente, mas entre luta e submissão. São essas noções que analisarei nos próximos cursos.

12
Soberania e disciplina[1]

O QUE TENTEI INVESTIGAR, de 1970 até agora, *grosso modo*, foi o *como* do poder; tentei discernir os mecanismos existentes entre dois pontos de referência, dois limites: por um lado, as regras do direito que delimitam formalmente o poder e, por outro, os efeitos de verdade que esse poder produz, transmite e que, por sua vez, reproduzem-no. Um triângulo, portanto: poder, direito e verdade.

A questão tradicional da filosofia política poderia ser esquematicamente formulada nestes termos: como pode o discurso da verdade, ou simplesmente a filosofia entendida como o discurso da verdade por excelência, fixar os limites de direito do poder? Eu preferiria colocar outra, mais elementar e muito mais concreta em relação a essa pergunta tradicional, nobre e filosófica: de que regras de direito as relações de poder lançam mão para produzir discursos de verdade? Em uma sociedade como a nossa, que tipo de poder é capaz de produzir discursos de verdade dotados de efeitos tão poderosos? Quero dizer que, em uma sociedade como a nossa, mas no fundo em qualquer sociedade, existem relações de poder múltiplas que atravessam, caracterizam e constituem o corpo social e que essas relações de poder não

---
[1] Curso no Collège de France, em 14 de janeiro de 1976. Tradução de Maria Teresa de Oliveira e Roberto Machado.

podem se dissociar, se estabelecer nem funcionar sem uma produção, uma acumulação, uma circulação e um funcionamento do discurso. Não há possibilidade de exercício do poder sem certa economia dos discursos de verdade que funcione segundo essa dupla exigência e a partir dela. Somos submetidos pelo poder à produção da verdade e só podemos exercê-lo através da produção da verdade. Isso vale para qualquer sociedade, mas creio que na nossa as relações entre poder, direito e verdade se organizam de uma maneira especial.

Para caracterizar não o seu mecanismo, mas sua intensidade e constância, poderia dizer que somos obrigados pelo poder a produzir a verdade, somos obrigados ou condenados a confessar a verdade ou a encontrá-la. O poder não para de nos interrogar, de indagar, registrar e institucionalizar a busca da verdade, profissionaliza-a e recompensa-a. No fundo, temos que produzir a verdade como temos que produzir riquezas, ou melhor, temos que produzir a verdade para poder produzir riquezas. Por outro lado, estamos submetidos à verdade também no sentido em que ela é lei e produz o discurso verdadeiro que decide, transmite e reproduz, ao menos em parte, efeitos de poder. Afinal, somos julgados, condenados, classificados, obrigados a desempenhar tarefas e destinados a um certo modo de viver ou morrer em função dos discursos verdadeiros que trazem consigo efeitos específicos de poder. Portanto, regras de direito, mecanismos de poder, efeitos de verdade, ou regras de poder e poder dos discursos verdadeiros, constituem aproximadamente o campo muito geral que escolhi percorrer apesar de saber claramente que de maneira parcial e ziguezagueando muito.

Gostaria de dizer algumas palavras sobre aquilo que me guiou como princípio geral nesse percurso e sobre os imperativos e precauções metodológicos que adotei. Um princípio geral no que diz respeito às relações entre direito e poder: parece-me que nas sociedades ocidentais, desde a Idade Média, a elaboração do pensamento jurídico se fez essencialmente em torno do poder real. É a pedido do poder real, em seu proveito e para servir-lhe de instrumento ou justificação que o edifício jurídico das nossas sociedades foi elaborado. No Ocidente, o direito é encomendado pelo rei. Todos conhecem o papel famoso, célebre e sempre lembrado dos juristas na organização do poder real. É preciso não esquecer que a reativação do Direito Romano no século XII foi o grande fenômeno em torno e a partir de que foi reconstituído o edifício jurídico que se desagregou depois da queda do império romano. Essa ressurreição do Direito Romano foi efetivamente um dos instrumentos técnicos e constitutivos do poder monárquico autoritário, administrativo e finalmente absolutista. Quando, nos séculos subsequentes, esse edifício jurídico escapar ao controle real, mais precisamente quando se abater sobre ele, o que se questionará serão os limites desse poder e seus privilégios. Em outras palavras, o personagem central de todo o edifício jurídico ocidental é o rei. É essencialmente do rei, dos seus direitos, do seu poder e de seus limites eventuais, que se trata a organização geral do sistema jurídico ocidental. Que os juristas tenham sido servidores do rei ou seus adversários, é sempre do poder real que se fala nesses grandes edifícios do pensamento e do saber jurídico.

Fala-se desse poder de duas maneiras. Ou para mostrar sob que couraça jurídica se exercia o poder real, como o monarca encarnava de fato o corpo vivo da soberania, como seu poder, por mais absoluto que fosse, era exatamente adequado ao seu direito fundamental. Ou, ao contrário, para mostrar como era necessário limitar o poder do soberano, a que regras de direito ele deveria submeter-se e os limites dentro dos quais ele deveria exercer o poder para que este conservasse sua legitimidade. A teoria do direito, da Idade Média em diante, tem essencialmente o papel de fixar a legitimidade do poder; isto é, o problema maior em torno do qual se organiza toda a teoria do direito é o da soberania.

Afirmar que a soberania é o problema central do direito nas sociedades ocidentais implica, no fundo, dizer que o discurso e a técnica do direito tiveram basicamente a função de dissolver o fato da dominação dentro do poder para, em seu lugar, fazer aparecer duas coisas: por um lado, os direitos legítimos da soberania e, por outro, a obrigação legal da obediência. O sistema do direito é inteiramente centrado no rei e é, portanto, a eliminação da dominação e de suas consequências.

Nos últimos anos, o meu projeto geral consistiu, no fundo, em inverter a direção da análise do discurso do direito a partir da Idade Média. Procurei fazer o inverso: fazer sobressair o fato da dominação no seu íntimo e em sua brutalidade e a partir daí mostrar não só como o direito é, de modo geral, o instrumento dessa dominação — o que é consenso —, mas também como, até que ponto e sob que forma o direito (e quando digo direito não penso simplesmente na lei, mas no conjunto de aparelhos, instituições e regulamentos que aplicam o direito) põe em prática, veicula relações que não são relações de soberania, e sim de dominação. Por dominação não entendo o fato de uma dominação global de um sobre outros, ou de um grupo sobre outro, mas as múltiplas formas de dominação que podem se exercer na sociedade. Portanto, não o rei em sua posição central, mas os súditos em suas relações recíprocas: não a soberania em seu edifício único, mas as múltiplas sujeições que existem e funcionam no interior do corpo social.

O sistema do direito e o campo judiciário são canais permanentes de relações de dominação e técnicas de sujeição polimorfas. O direito deve ser visto como um procedimento de sujeição, que ele desencadeia, e não como uma legitimidade a ser estabelecida. Para mim, o problema é evitar a questão — central para o direito — da soberania e da obediência dos indivíduos que lhe são submetidos e fazer aparecer em seu lugar o problema da dominação e da sujeição.

Sendo essa a linha geral da análise, algumas precauções metodológicas impunham-se para desenvolvê-la. Em primeiro lugar: não se trata de analisar as formas regulamentares e legítimas do poder em seu centro, no que possam ser seus mecanismos gerais e seus efeitos constantes. Trata-se, ao contrário, de captar o poder em suas extremidades, em suas últimas ramificações, lá onde ele se torna capilar; captar o poder nas suas formas e instituições mais regionais e locais, principalmente no ponto em que, ultrapassando as regras de direito que o organizam e delimitam, ele se prolonga, penetra em instituições, corporifica-se em técnicas e se mune de instrumentos de intervenção material, eventualmente violentos. Exemplificando: em vez de tentar saber onde e como o direito de punir se fundamenta na soberania tal como é apresentada pela teoria do direito monárquico ou do direito democrático, procurei examinar como a punição e o poder de punir materializavam-se em instituições locais, regionais e materiais, quer se trate do suplício ou do encarceramento, no âmbito ao mesmo tempo institucional, físico, regulamentar e violento dos aparelhos de punição. Em outras palavras, captar o poder na extremidade cada vez menos jurídica de seu exercício.

Segunda precaução metodológica: não analisar o poder no plano da intenção ou da decisão, não tentar abordá-lo pelo lado interno, não formular a pergunta sem resposta: "quem tem o poder e o que pretende, ou o que procura aquele que tem o poder?"; mas estudar o poder onde sua intenção — se é que há uma intenção — está completamente investida em práticas reais e efetivas; estudar o poder em sua face externa, onde ele se relaciona direta e imediatamente com aquilo que podemos chamar provisoriamente de seu objeto, seu alvo ou campo de aplicação, quer dizer, onde ele se implanta e produz efeitos reais. Portanto, não perguntar por que alguns querem dominar, o que procuram e qual é sua estratégia global, mas como funcionam as coisas no nível do processo de sujeição ou dos processos contínuos e ininterruptos que sujeitam os corpos, dirigem os gestos, regem os comportamentos etc. Em outras palavras, em vez de perguntar como o soberano aparece no topo, tentar saber como foram constituídos, pouco a pouco, progressiva, real e materialmente os súditos, a partir da multiplicidade dos corpos, das forças, das energias, das matérias, dos desejos, dos pensamentos etc. Captar a instância material da sujeição enquanto constituição dos sujeitos, precisamente o contrário do que Hobbes quis fazer no Leviatã e, no fundo, do que fazem os juristas, para quem o problema é saber como, a partir da multiplicidade dos indivíduos e das vontades, é possível formar uma vontade única, ou melhor, um corpo único, movido por uma alma que seria a soberania. Recordem o esquema do Leviatã: enquanto homem construído, o Leviatã não é outra coisa senão a coagulação de um certo número de individualidades separadas, unidas por um conjunto de elementos constitutivos do Estado; mas no coração do Estado, ou melhor, em sua cabeça, existe algo que o constitui como tal e este algo é a soberania, que Hobbes diz ser precisamente a alma do Leviatã. Portanto, em vez de formular o problema da alma central, creio que seria preciso procurar estudar os corpos periféricos e múltiplos, os corpos constituídos como sujeitos pelos efeitos de poder.

Terceira precaução metodológica: não tomar o poder como um fenômeno de dominação maciço e homogêneo de um indivíduo sobre os outros, de um grupo sobre os outros, de uma classe sobre as outras; mas ter bem presente que o poder — desde que não seja considerado de muito longe — não é algo que se possa dividir entre aqueles que o possuem e o detêm exclusivamente e aqueles que não o possuem e lhe são submetidos. O poder deve ser analisado como algo que circula, ou melhor, como algo que só funciona em cadeia. Nunca está localizado aqui ou ali, nunca está nas mãos de alguns, nunca é apropriado como uma riqueza ou um bem. O poder funciona e se exerce em rede. Nas suas malhas, os indivíduos não só circulam, mas estão sempre em posição de exercer esse poder e de sofrer sua ação; nunca são o alvo inerte ou consentido do poder, são sempre centros de transmissão. Em outros termos, o poder não se aplica aos indivíduos, passa por eles. Não se trata de conceber o indivíduo como uma espécie de núcleo elementar, átomo primitivo, matéria múltipla e inerte que o poder golpearia e sobre o qual se aplicaria, submetendo os indivíduos ou estraçalhando-os. Efetivamente, aquilo que faz com que um corpo, gestos, discursos e desejos sejam identificados e constituídos enquanto indivíduos é um dos primeiros efeitos de poder. Ou seja, o indivíduo não é o outro do poder: é um de seus primeiros efeitos. O indivíduo é um efeito do poder e simultaneamente, ou pelo próprio fato de ser um efeito, seu centro de transmissão. O poder passa através do indivíduo que ele constituiu.

Quarta precaução metodológica: o importante não é fazer uma espécie de dedução do poder que, partindo do centro, procuraria ver até onde se prolonga para baixo, em que medida se reproduz, até chegar aos elementos moleculares da sociedade. Deve-se, antes, fazer uma análise ascendente do poder: partir dos mecanismos infinitesimais que têm uma história, um caminho, técnicas e táticas e depois examinar como esses mecanismos de poder foram e ainda são investidos, colonizados, utilizados, subjugados, transformados, deslocados, desdobrados etc., por mecanismos cada vez mais gerais e por formas de dominação global. Não é a dominação global que se pluraliza e repercute até embaixo. Creio que deva ser analisada a maneira como os fenômenos, as técnicas e os procedimentos de poder atuam nos níveis mais baixos; como esses procedimentos se deslocam, se expandem, se modificam; mas sobretudo como são investidos e anexados por fenômenos mais globais; como poderes mais gerais ou lucros econômicos podem inserir-se no jogo dessas tecnologias de poder que são, ao mesmo tempo, relativamente autônomas e infinitesimais. Para que isso fique mais claro, pode-se dar o exemplo da loucura. A análise descendente, de que se deve desconfiar, poderia dizer que a burguesia se tornou a classe dominante a partir do final do século XVI e início do século XVII; como é então possível deduzir desse fato a internação dos loucos? A dedução é sempre possível, é sempre fácil e é exatamente essa a crítica que lhe faço. De fato, é fácil mostrar como se torna obrigatório desfazer-se do louco justamente porque ele é inútil na produção industrial. Poder-se-ia dizer a mesma coisa a respeito da sexualidade infantil e, de resto, foi o que algumas pessoas fizeram, como, por exemplo e até certo ponto, W. Reich: após a dominação da classe burguesa, como é possível compreender a repressão da sexualidade infantil? De maneira muito simples: já que o corpo humano se tornou essencialmente força produtiva, a partir dos séculos XVII e XVIII, todas as formas de desgastes irredutíveis à constituição das forças produtivas — manifestando, portanto, a própria inutilidade — foram banidas, excluídas e reprimidas. Essas deduções são sempre possíveis, são simultaneamente verdadeiras e falsas, são sobretudo demasiado fáceis porque se pode fazer exatamente o contrário e mostrar como o fato de a burguesia ter-se tornado uma classe dominante não implica que os controles da sexualidade infantil fossem, de modo nenhum, desejáveis. Pelo contrário, teria sido preciso um adestramento sexual, uma precocidade sexual, à medida que se tratava, no fundo, de reconstituir uma força de trabalho cujo estatuto ótimo, como bem o sabemos, pelo menos no começo do século XIX, era o de ser infinita: quanto mais força de trabalho houvesse, mais condições teria o sistema de produção capitalista de funcionar melhor e em plena capacidade.

Creio que é possível deduzir qualquer coisa do fenômeno geral da dominação da classe burguesa. O que faço é o inverso: examinar historicamente, partindo de baixo, a maneira como os mecanismos de controle puderam funcionar; por exemplo, quanto à exclusão da loucura ou à repressão e proibição da sexualidade, ver como, no nível efetivo da família, da vizinhança, das células ou níveis mais elementares da sociedade, esses fenômenos de repressão ou exclusão se dotaram de instrumentos próprios, de uma lógica própria, responderam a determinadas necessidades; mostrar quais foram seus agentes, sem procurá-los na burguesia em geral, e sim nos agentes reais (que podem ser a família, a vizinhança, os pais, os médicos etc.) e como esses mecanismos de poder, em dado momento, em uma conjuntura precisa e por meio de um determinado número de transformações começaram a se tornar economicamente vantajosos e politicamente úteis. Desse modo, creio ser possível demonstrar com facilidade que, no fundo, a burguesia não precisou da exclusão dos loucos ou da vigilância e proibição da masturbação infantil, e nem foi por isso que o sistema demonstrou interesse (o sistema burguês pode perfeitamente suportar o contrário), mas pela técnica e pelo próprio procedimento de exclusão. São os mecanismos de exclusão, os aparelhos de vigilância, a medicalização da sexualidade, da loucura, da delinquência, é toda essa micromecânica do poder que representou um interesse para a burguesia a partir de determinado momento. Melhor ainda: à medida que essa noção de burguesia e de interesse da burguesia não tem aparentemente conteúdo real, ao menos para os problemas que ora nos colocamos, poderíamos dizer que não foi a burguesia que achou que a loucura devia ser excluída ou a sexualidade infantil reprimida. Ocorreu que os mecanismos de exclusão da loucura e de vigilância da sexualidade infantil evidenciaram, a partir de determinado momento, e por motivos que é preciso estudar, um lucro econômico e uma utilidade política, tornando-se, de repente, naturalmente colonizados e sustentados por mecanismos globais do sistema do Estado. É focalizando essas técnicas de poder e mostrando os lucros econômicos ou as utilidades políticas que delas derivam, num determinado contexto e por determinadas razões, que se pode compreender como esses mecanismos acabam efetivamente fazendo parte do conjunto.

Em outras palavras, a burguesia não se importa com os loucos; mas os procedimentos de exclusão dos loucos puseram em evidência e produziram, a partir do século XIX, novamente devido a determinadas transformações, um lucro político e alguma eventual utilidade econômica que consolidaram o sistema e fizeram-no funcionar em conjunto. A burguesia não se interessa pelos loucos, mas pelo poder; não se interessa pela sexualidade infantil, mas pelo sistema de poder que a controla; a burguesia não se importa absolutamente com os delinquentes nem com sua punição ou reinserção social, que não têm muita importância do ponto de vista econômico, mas se interessa pelo conjunto de mecanismos que controlam, seguem, punem e reformam o delinquente.

Quinta precaução metodológica: é bem possível que as grandes máquinas de poder tenham sido acompanhadas de produções ideológicas. Houve provavelmente, por exemplo, uma ideologia da educação; uma ideologia do poder monárquico, uma ideologia da democracia parlamentar etc.; mas não creio que aquilo que se forma na base sejam ideologias: é muito menos e muito mais do que isso. São instrumentos reais de formação e de acumulação do saber: métodos de observação, técnicas de registro, procedimentos de inquérito e de pesquisa, aparelhos de verificação.

Tudo isso significa que o poder, para exercer-se nesses mecanismos sutis, é obrigado a formar, organizar e pôr em circulação um saber, ou melhor, aparelhos de saber que não são construções ideológicas.

Recapitulando as cinco precauções metodológicas: em vez de orientar a pesquisa sobre o poder no sentido do edifício jurídico da soberania, dos aparelhos de Estado e das ideologias que o acompanham, deve-se orientá-la para a dominação, os operadores materiais, as formas de sujeição, os usos e as conexões da sujeição pelos sistemas locais e os dispositivos estratégicos. É preciso estudar o poder colocando-se fora do modelo do Leviatã, fora do campo delimitado pela soberania jurídica e pela instituição estatal. É preciso estudá-lo com base em técnicas e táticas de dominação. Essa é, *grosso modo*, a linha metodológica a ser seguida e que procurei seguir nas várias pesquisas que fizemos nos últimos anos a propósito do poder psiquiátrico, da sexualidade infantil, dos sistemas políticos etc.

Percorrendo esses domínios e tomando essas precauções, deparei-me com um fato histórico capaz de nos introduzir aos problemas sobre os quais gostaria de falar esse ano. Este fato histórico é a teoria jurídico-política da soberania. Ela desempenhou quatro papéis. Antes de tudo, referiu-se a um mecanismo de poder efetivo, o da monarquia feudal. Em segundo lugar, serviu de instrumento, assim como de justificativa, para a constituição das grandes monarquias administrativas. Em terceiro lugar, a partir do século XVI e sobretudo do século XVII, mas já na época das guerras de religião, a teoria da soberania foi uma arma que circulou tanto num campo como no outro, tendo sido usada em duplo sentido, seja para limitar, seja, ao contrário, para reforçar o poder real: nós a encontramos tanto entre os católicos monarquistas como entre os protestantes antimonarquistas; entre os protestantes monarquistas mais ou menos liberais como também entre os católicos partidários do regicídio ou da mudança de dinastia; tanto funciona nas mãos de aristocratas como nas dos parlamentares; tanto entre os representantes do poder real como entre os últimos vassalos. Em suma, ela foi o grande instrumento da luta política e teórica em relação aos sistemas de poder dos séculos XVI e XVII. Finalmente, é ainda essa teoria da soberania, reativada com base no Direito Romano, que encontramos, no século XVIII, em Rousseau e seus contemporâneos, desempenhando um quarto papel: trata-se agora de construir um modelo alternativo contra as monarquias administrativas, autoritárias ou absolutas, o das democracias parlamentares. É este mesmo papel que ela desempenha no momento da Revolução Francesa.

Se examinarmos esses quatro papéis, dar-nos-emos conta de uma coisa: enquanto durou a sociedade do tipo feudal, os problemas a que a teoria da soberania se referia diziam respeito realmente à mecânica geral do poder, à maneira como ele se exerce, desde os níveis mais altos até os mais baixos. Em outras palavras, a relação de soberania, quer no sentido amplo, quer no restrito, recobria a totalidade do corpo social. Com efeito, o modo como o poder era exercido podia ser transcrito, ao menos no essencial, nos termos da relação soberano-súdito. Mas, nos séculos XVII e XVIII, ocorre um fenômeno importante: o aparecimento, ou melhor, a invenção de uma nova mecânica de poder, com procedimentos específicos, instrumentos totalmente novos e aparelhos bastante diferentes, o que é absolutamente incompatível com as relações de soberania.

Esse novo mecanismo de poder apoia-se mais nos corpos e seus atos do que na terra e seus produtos. É um mecanismo que permite extrair dos corpos tempo e trabalho mais do que bens e riqueza. É um tipo de poder que se exerce continuamente através da vigilância e não descontinuamente por meio de sistemas de taxas e obrigações distribuídas no tempo; que supõe mais um sistema minucioso de coerções materiais do que a existência física de um soberano. Finalmente, ele se apoia no princípio, que representa uma nova economia do poder, segundo o qual se deve propiciar simultaneamente o crescimento das forças dominadas e o aumento da força e da eficácia de quem as domina.

Esse tipo de poder se opõe, em seus mínimos detalhes, ao mecanismo que a teoria da soberania descrevia ou tentava transcrever. A teoria da soberania está vinculada a uma forma de poder que se exerce muito mais sobre a terra e seus produtos do que sobre os corpos e seus atos: se refere à extração e apropriação pelo poder dos bens e da riqueza e não do trabalho; permite transcrever em termos jurídicos obrigações descontínuas e distribuídas no tempo; possibilita fundamentar o poder na existência física do soberano, sem recorrer a sistemas de vigilância contínuos e permanentes; permite fundar o poder absoluto no gasto irrestrito, mas não calcular o poder com um gasto mínimo e uma eficiência máxima.

Esse novo tipo de poder, que não pode mais ser transcrito nos termos da soberania, é uma das grandes invenções da sociedade burguesa. Ele foi um instrumento fundamental para a constituição do capitalismo industrial e do tipo de sociedade que lhe é correspondente; esse poder não soberano, alheio à forma da soberania, é o poder disciplinar.

Indescritível nos termos da teoria da soberania, radicalmente heterogêneo, o poder disciplinar deveria ter causado o desaparecimento do grande edifício jurídico daquela teoria. Mas, na verdade, a teoria da soberania continuou não só existindo como uma ideologia do direito como também organizando os códigos jurídicos inspirados nos códigos napoleônicos de que a Europa se dotou no século XIX.

A teoria da soberania persistiu como ideologia e como princípio organizador dos grandes códigos jurídicos por dois motivos. Por um lado, ela foi, no século XVIII e ainda no século XIX, um instrumento permanente de crítica contra a monarquia e todos os obstáculos capazes de se opor ao desenvolvimento da sociedade disciplinar. Por outro lado, a teoria da soberania e a organização de um código jurídico nela centrado permitiram sobrepor aos mecanismos da disciplina um sistema de direito que ocultava seus procedimentos e técnicas de dominação e garantia o exercício dos direitos soberanos de cada um através da soberania do Estado. Os sistemas jurídicos — teorias ou códigos — permitiram uma democratização da soberania, por meio da constituição de um direito público articulado com a soberania coletiva, no exato momento em que a democratização fixava-se com mais profundidade, através dos mecanismos de coerção disciplinar.

Mais rigorosamente: a partir do momento em que as coações disciplinares tinham que funcionar como mecanismos de dominação e, ao mesmo tempo, se camuflar enquanto exercício efetivo de poder, era preciso que a teoria da soberania estivesse presente no aparelho jurídico e fosse reativada pelos códigos. Temos, portanto, nas sociedades modernas, a partir do século XIX até hoje, por um lado, uma legislação, um discurso e uma organização do direito público articulados em torno do princípio do corpo social e da delegação de poder; e por outro, um sistema minucioso de coerções disciplinares que garante efetivamente a coesão desse mesmo corpo social. Ora, esse sistema disciplinar não pode absolutamente ser transcrito no interior do direito que é, no entanto, o seu complemento necessário.

Um direito de soberania e um mecanismo de disciplina: é dentro desses limites que se dá o exercício do poder. Esses limites são, porém, tão heterogêneos quanto irredutíveis. Nas sociedades modernas, os poderes se exercem através e a partir do próprio jogo da heterogeneidade entre um direito público da soberania e o mecanismo polimorfo das disciplinas. O que não quer dizer que exista, de um lado, um sistema de direito, sábio e explícito — o da soberania — e de outro, as disciplinas obscuras e silenciosas trabalhando em profundidade, constituindo o subsolo da grande mecânica do poder. Na realidade, as disciplinas têm o seu discurso. Elas são criadoras de aparelhos de saber e de múltiplos domínios de conhecimento. São extraordinariamente inventivas no nível dos aparelhos que produzem saber e conhecimento. As disciplinas são portadoras de um discurso que não pode ser o do direito; o discurso da disciplina é alheio ao da lei e da regra enquanto efeito da vontade soberana. As disciplinas veicularão um discurso que será o da regra, não da regra jurídica derivada da soberania, mas o da regra "natural", quer dizer, da norma; definirão um código que não será o da lei, mas o da normalização; referir-se-ão a um horizonte teórico que não pode ser de maneira alguma o edifício do direito, mas o domínio das ciências humanas; a sua jurisprudência será a de um saber clínico.

Em suma, o que quis mostrar, ao longo dos últimos anos, não foi a anexação gradual do comportamento humano — terreno incerto, difícil e confuso — à ciência, pela vanguarda das ciências exatas: as ciências humanas não se constituíram gradualmente por meio do progresso da racionalidade das ciências exatas. O processo que possibilitou fundamentalmente o discurso das ciências humanas foi a justaposição, o confronto de duas linhas, de dois mecanismos, de dois tipos de discurso absolutamente heterogêneos: de um lado, a organização do direito em torno da soberania, e do outro, o mecanismo das coerções exercidas pelas disciplinas. Que em nossos dias o poder se exerça simultaneamente através desse direito e dessas técnicas; que as técnicas e os discursos criados pelas disciplinas invadam o direito; que os procedimentos de normalização colonizem cada vez mais os da lei; tudo isso pode explicar o funcionamento global daquilo que gostaria de chamar sociedade de normalização. As normalizações disciplinares chocam-se cada vez mais frequentemente com os sistemas jurídicos da soberania: a incompatibilidade de umas com os outros é cada vez mais nítida; torna-se então cada vez mais necessária a presença de um discurso mediador, de um tipo de poder e de saber que a sacralização científica neutralizaria. É precisamente com a medicina que observamos, eu não diria a combinação, mas a permuta e o confronto perpétuos dos mecanismos das disciplinas com o princípio do direito. Os desenvolvimentos da medicina, a medicalização geral do comportamento, dos discursos, dos desejos etc. se dão onde os dois planos heterogêneos da disciplina e da soberania se encontram.

Contra as usurpações da mecânica disciplinar, contra a ascensão de um poder ligado ao saber científico, estamos hoje numa situação tal que o único recurso aparentemente sólido que nos resta é exatamente o recurso ou o retorno a um direito organizado em torno da soberania. Quando se quer objetar algo contra as disciplinas e todos os efeitos de poder e de saber que lhes estão vinculados, o que se faz concretamente, o que faz o sindicato da magistratura e outras instituições semelhantes senão invocar precisamente esse direito, o famoso direito formal, dito burguês, que nada mais é do que o direito da soberania? Creio, porém, que chegamos assim a uma espécie de beco sem saída: não é recorrendo à soberania contra a disciplina que os efeitos do poder disciplinar poderão ser limitados, porque soberania e disciplina, direito da soberania e mecanismos disciplinares são duas partes intrinsecamente constitutivas dos mecanismos gerais do poder em nossa sociedade. Na luta contra o poder disciplinar, não é em direção do velho direito da soberania que se deve marchar, mas na direção de um novo direito antidisciplinar e, ao mesmo tempo, liberado do princípio de soberania.

Encontramos aqui a noção de repressão. Em seu emprego usual, ela tem um duplo inconveniente: por um lado, de referir-se obscuramente a uma determinada teoria da soberania — a dos direitos soberanos do indivíduo — e, por outro, de utilizar um sistema de referências psicológicas retirado das ciências humanas, isto é, dos discursos e práticas que pertencem ao domínio disciplinar. Creio que a noção de repressão permanece sendo jurídico-disciplinar, independentemente do uso crítico que se queira fazer dela. Desse modo, o uso da noção de repressão como carro-chefe da crítica política fica viciado, prejudicado de antemão pela referência — jurídica e disciplinar — à soberania e à normalização.

13
A POLÍTICA DA SAÚDE NO SÉCULO XVIII[1]

DUAS OBSERVAÇÕES PARA COMEÇAR.

1) Uma medicina privada, "liberal", submetida aos mecanismos da iniciativa individual e às leis do mercado; uma política médica que se apoia em uma estrutura de poder e que visa à saúde de uma coletividade; não resulta em quase nada, sem dúvida, procurar uma relação de anterioridade ou de derivação entre elas. É um tanto mítico supor, na origem da medicina ocidental, uma prática coletiva a que as instituições mágico-religiosas teriam proporcionado seu caráter social e que a organização das clientelas privadas teria, em seguida, desmantelado pouco a pouco.[2] Mas é também inadequado supor, no início da medicina moderna, uma relação singular, privada, individual, "clínica" em seu funcionamento econômico e na sua forma epistemológica que uma série de correções, de ajustamentos ou coações teria socializado lentamente, tornando-a responsável pela coletividade.

O que o século XVIII mostra, em todo o caso, são duas faces de um mesmo processo: o desenvolvimento de um mercado médico sob a forma de clientelas privadas, a extensão de

---
[1] "La Politique de la santé au XVIIIème siècle", in *Les Machines à guérir*. Paris: Institut de l'Environnement, 1976. Tradução de José Thomaz Brum Duarte.
[2] Cf. George Rosen. *History of Public Health*, Nova York: MD Publications Inc., 1958.

uma rede de pessoal que oferece intervenções medicamente qualificadas, o aumento de uma demanda de cuidados por parte dos indivíduos e das famílias, a emergência de uma medicina clínica fortemente centrada no exame, no diagnóstico e nas terapêuticas individuais, a exaltação explicitamente moral e científica (secretamente econômica) do "colóquio singular", em suma, o surgimento progressivo da grande medicina do século XIX não pode ser dissociado da organização, na mesma época, de uma política da saúde e de uma consideração das doenças como problema político e econômico, que se coloca às coletividades e que elas devem tentar resolver no nível de suas decisões de conjunto. Medicina "privada" e medicina "socializada" relevam-se, em seu apoio recíproco e em sua oposição, de uma estratégia global. Não há, sem dúvida, sociedade que não realize uma certa "nosopolítica". O século XVIII não a inventou. Mas lhe prescreveu novas regras e, sobretudo, a fez passar a um nível de análise explícita e sistematizada que ela ainda não tinha conhecido. Entra-se, portanto, menos na era da medicina social que na da nosopolítica refletida.

2) Não se deve situar somente nos aparelhos de Estado o polo de iniciativa, de organização e de controle dessa nosopolítica. Existiram, de fato, múltiplas políticas de saúde e diversos meios de se encarregar dos problemas médicos: grupos religiosos (importância considerável, por exemplo, dos *quakers* e dos diversos movimentos *dissent*, na Inglaterra); associações de socorro e beneficência (desde as repartições de paróquia até as sociedades filantrópicas que também funcionam como órgãos da vigilância que uma classe social privilegiada exerce sobre as outras, mais desprotegidas e, por isso mesmo, portadoras de perigo coletivo); sociedades

científicas (as Academias do século XVIII ou as sociedades de estatística do início do século XIX) tentam organizar um saber global e quantificável dos fenômenos de morbidade. A saúde — a doença como fato de grupo e de população — é problematizada no século XVIII a partir de instâncias múltiplas em relação às quais o Estado desempenha papéis diversos. Intervém diretamente: as distribuições gratuitas de medicamentos são efetuadas na França, com uma amplitude variável, de Luís XIV a Luís XVI. Cria órgãos de consulta e de informação (o *Collegium* sanitário da Prússia data de 1685; a Sociedade Real de Medicina fundou-se na França em 1776). Fracassa em seus projetos de organização médica autoritária (o Código de Saúde elaborado por Mai e aceito pelo Eleitor Palatino em 1800 nunca foi aplicado). O Estado é também objeto de solicitações às quais ele resiste.

A problematização da nosopolítica, no século XVIII, não traduz, portanto, uma intervenção uniforme do Estado na prática da medicina, mas sobretudo a emergência, em pontos múltiplos do corpo social, da saúde e da doença como problemas que exigem, de uma maneira ou de outra, um encargo coletivo. A nosopolítica, mais do que o resultado de uma iniciativa vertical, aparece, no século XVIII, como um problema de origens e direções múltiplas: a saúde de todos como urgência para todos; o estado de saúde de uma população como objetivo geral.

O traço mais marcante dessa "nosopolítica" que inquieta a sociedade francesa — e europeia — no século XVIII é, sem dúvida, o deslocamento dos problemas de saúde em relação às técnicas de assistência. Esquematicamente, pode-se dizer que até o fim do século XVII os encargos coletivos da doença eram realizados pela assistência aos pobres. Há exceções, certamente: as regras a aplicar em época de epidemias, as medidas que eram tomadas nas cidades pestilentas, as quarentenas que eram impostas em alguns grandes portos constituíam formas de medicalização autoritária que não estavam organicamente ligadas às técnicas de assistência. Mas fora desses casos-limite, a medicina entendida e exercida como "serviço" foi apenas uma das componentes dos "socorros". Ela se dirigia à categoria importante, não obstante a imprecisão de suas fronteiras, dos "pobres doentes". Do ponto de vista econômico, essa medicina-serviço estava essencialmente assegurada por fundações de caridade. Do ponto de vista institucional, ela era exercida dentro dos limites de organizações (leigas ou religiosas) que se propunham fins múltiplos: distribuição de víveres, vestuário, recolhimento de crianças abandonadas, educação elementar e proselitismo moral, abertura de ateliês e de oficinas, eventualmente vigilância e sanções de elementos "instáveis" ou "perturbadores" (as repartições hospitalares tinham, nas cidades, jurisdição sobre os vagabundos e os mendigos; as repartições paroquiais e as sociedades de caridade se outorgavam também, e muito explicitamente, o direito de denunciar os "maus elementos"). Do ponto de vista técnico, a parte desempenhada pela terapêutica no funcionamento dos hospitais na época clássica era limitada, relativamente à ajuda material e ao enquadramento administrativo. Na figura do "pobre necessitado" que merece hospitalização, a doença era apenas um dos elementos em um conjunto que compreendia também a enfermidade, a idade, a impossibilidade de encontrar trabalho, a ausência de cuidados. A série doença-serviços médicos-terapêutica ocupa um lugar limitado e raramente autônomo na política e na economia complexa dos "socorros".

Primeiro fenômeno a destacar durante o século XVIII: o deslocamento progressivo dos procedimentos mistos e polivalentes de assistência. Esse desmantelamento se opera, ou melhor, ele se faz necessário (pois só se tornará efetivo no final do século), a partir do reexame do modo de investimento e capitalização: a prática das "fundações" que imobilizam somas importantes e cuja renda serve para entreter ociosos que podem, assim, permanecer fora dos circuitos de produção, é criticada pelos economistas e pelos administradores. Opera-se, igualmente, após um esquadrinhamento mais rigoroso da população e das distinções que se tenta estabelecer entre as diferentes categorias de infelizes aos quais, confusamente, a caridade se destinava: na atenuação lenta dos estatutos tradicionais, o "pobre" é um dos primeiros a desaparecer e ceder lugar a toda uma série de distinções funcionais (os bons e os maus pobres, os ociosos voluntários e os desempregados involuntários; aqueles que podem fazer determinado trabalho e aqueles que não podem). Uma análise da ociosidade — de suas condições e seus efeitos — tende a substituir a sacralização um tanto global do "pobre". Análise que, na prática, tem por objetivo, na melhor das hipóteses, tornar a pobreza útil, fixando-a ao aparelho de produção; e, na pior, aliviar tanto quanto possível seu peso para o resto da sociedade: como fazer trabalhar os pobres "válidos", como transformá-los em mão de obra útil; mas, também, como assegurar o autofinanciamento pelos menos ricos da própria doença e de sua incapacidade transitória ou definitiva de trabalhar; ou ainda, como tornar lucrativas a curto ou a longo prazo as despesas com a instrução das crianças abandonadas e dos órfãos. Delineia-se, assim, toda uma decomposição utilitária da pobreza, onde começa a aparecer o problema específico da doença dos pobres em sua relação com os imperativos do trabalho e a necessidade da produção.

Mas é preciso, também, chamar atenção para outro processo, mais geral que o primeiro e que não é o seu simples desdobramento: o surgimento da saúde e do bem-estar físico da população em geral como um dos objetivos essenciais do poder político. Não se trata mais do apoio a uma franja particularmente frágil — perturbada e perturbadora — da população, mas da maneira como se pode elevar o nível de saúde do corpo social em seu conjunto. Os diversos aparelhos de poder devem se encarregar dos "corpos" não simplesmente para exigir deles o serviço do sangue ou para protegê-los contra os inimigos, não simplesmente para assegurar os castigos ou extorquir as rendas, mas para ajudá-los a garantir sua saúde. O imperativo da saúde: dever de cada um e objetivo geral.

Recuando um pouco, se poderia dizer que, desde o início da Idade Média, o poder exerca tradicionalmente duas grandes funções: a da guerra e a da paz, que ele assegurava pelo monopólio dificilmente adquirido das armas; a da arbitragem dos litígios e a da punição dos delitos, que ele assegurava pelo controle das funções judiciárias. *Pax et Justitia*. A estas funções foram acrescentadas, desde o fim da Idade Média, a da manutenção da ordem e a da organização do enriquecimento. Eis que surge, no século XVIII, uma nova função: a disposição da sociedade como meio de bem-estar físico, saúde perfeita e longevidade. O exercício dessas três últimas funções (ordem, enriquecimento, saúde) foi assegurado menos por um aparelho único que por um conjunto de regulamentos e de instituições múltiplas que recebem, no século XVIII, o nome genérico de "polícia". O que se chamará até o fim do Antigo Regime de polícia não é somente a instituição policial, é o conjunto dos mecanismos pelos quais são assegurados a ordem, o crescimento canalizado das riquezas e as condições de manutenção da saúde "em geral": o *Traité* de Delamare — grande carta das funções da polícia na época clássica — é, nesse sentido, significativo. As onze rubricas segundo as quais ele classificava as atividades da polícia se repartem, facilmente, segundo estas três grandes direções: respeito da regulamentação econômica (circulação das mercadorias, procedimentos de fabricação, obrigações dos profissionais entre eles e com relação à sua clientela); respeito das medidas de ordem (vigilância dos indivíduos perigosos, caça aos vagabundos e eventualmente aos mendigos, perseguição dos criminosos); respeito às regras gerais de higiene (cuidar da qualidade dos gêneros postos à venda, do abastecimento de água, da limpeza das ruas).

No momento em que os procedimentos mistos de assistência são decompostos e decantados, e em que se delimita, em sua especificidade econômica, o problema da doença dos pobres, a saúde e o bem-estar físico das populações aparecem como um objetivo político que a "polícia" do corpo social deve assegurar ao lado das regulações econômicas e obrigações da ordem. A súbita importância que ganha a medicina no século XVIII tem seu ponto de origem no cruzamento de uma nova economia "analítica" da assistência com a emergência de uma "polícia" geral da saúde. A nova nosopolítica inscreve a questão específica da doença dos pobres no problema geral da saúde das populações; e se desloca do contexto estreito dos socorros de caridade para a forma mais geral de uma "polícia médica" com suas obrigações e seus serviços. Os textos de Th. Rau: *Medizinische Polizei Ordnung* (1764) e sobretudo a grande obra de J.P. Frank: *System einer Medizinischen Polizei* são a expressão mais coerente dessa transformação.

Qual o suporte dessa transformação? *Grosso modo*, pode-se dizer que se trata da preservação, manutenção e conservação da "força de trabalho". Mas, sem dúvida, o problema é mais amplo: ele também diz respeito aos efeitos econômico-políticos da acumulação dos homens. O grande crescimento demográfico do Ocidente europeu durante o século XVIII, a necessidade de coordená-lo e de integrá-lo ao desenvolvimento do aparelho de produção, a urgência de controlá-lo por mecanismos de poder mais adequados e mais rigorosos fazem aparecer a "população" — com suas variáveis de números, de repartição espacial ou cronológica, de longevidade e de saúde — não somente como problema teórico, mas como objeto de vigilância, análise, intervenções, operações transformadoras etc. Esboça-se o projeto de uma tecnologia da população: estimativas demográficas, cálculo da pirâmide das idades, das diferentes esperanças de vida, das taxas de morbidade, estudo do papel que desempenham um em relação ao outro o crescimento das riquezas e da população, diversas incitações ao casamento e à natalidade, desenvolvimento da educação e da formação profissional. Nesse conjunto de problemas, os "corpos" — corpo dos indivíduos e corpo das populações — surgem como portadores de novas variáveis: não mais simplesmente raros ou numerosos, submissos ou renitentes, ricos ou pobres, válidos ou inválidos, vigorosos ou fracos e sim mais ou menos utilizáveis, mais ou menos suscetíveis de investimentos rentáveis, tendo maior ou menor chance de sobrevivência, de morte ou de doença, sendo mais ou menos capazes de aprendizagem eficaz. Os traços biológicos de uma população se tornam elementos pertinentes para uma gestão econômica e é necessário organizar em volta deles um dispositivo que assegure não apenas sua sujeição, mas o aumento constante de sua utilidade.

A partir daí, pode-se compreender várias características da nosopolítica do século XVIII.

1) O *privilégio da infância e a medicalização da família*. Ao problema "das crianças" (quer dizer de seu número no nascimento e da relação natalidade mortalidade) se acrescenta o da "infância" (isto é, da sobrevivência até a idade adulta, das condições físicas e econômicas dessa sobrevivência, dos investimentos necessários e suficientes para que o período de desenvolvimento se torne útil, em suma, da organização dessa "fase" que é entendida como específica e finalizada). Não se trata, apenas, de produzir um melhor número de crianças, mas de gerir convenientemente essa época da vida.

São codificadas, então, segundo novas regras — e bem precisas — as relações entre pais e filhos. São certamente mantidas, e com poucas alterações, as relações de submissão e o sistema de signos que elas exigem, mas elas devem estar regidas, doravante, por todo um conjunto de obrigações que se impõe tanto aos pais quanto aos filhos: obrigações de ordem física (cuidados, contatos, higiene, limpeza, proximidade atenta); amamentação das crianças pelas mães; preocupação com um vestuário sadio; exercícios físicos para assegurar o bom desenvolvimento do organismo: corpo a corpo permanente e coercitivo entre os adultos e as crianças. A família não deve ser mais apenas uma teia de relações que se inscreve em um estatuto social, em um sistema de parentesco, em um mecanismo de transmissão de bens. Deve-se tornar um meio físico denso, saturado, permanente, contínuo, que envolva, mantenha e favoreça o corpo da criança. Adquire, então, uma figura material, organiza-se como o meio mais próximo da criança; tende a tornar-se, para ela, um espaço imediato de sobrevivência e de evolução. O que acarreta um efeito de limitação ou, pelo menos, uma intensificação dos elementos e das relações que constituem a família no sentido estrito (o grupo pais-filhos). O que acarreta, também, uma certa inversão de eixos: o laço conjugal não serve mais apenas (nem mesmo, talvez, em primeiro lugar) para estabelecer a junção entre duas ascendências, mas para organizar o que servirá de matriz para o indivíduo adulto. Sem dúvida, ela serve ainda para dar continuidade a duas linhagens e portanto para produzir descendência, mas também para fabricar, nas melhores condições possíveis, um ser humano elevado ao estado de maturidade. A nova "conjugalidade" é, sobretudo, aquela que congrega pais e filhos. A família — aparelho estrito e localizado de formação — se solidifica no interior da grande e tradicional família-aliança. E, ao mesmo tempo, a saúde — em primeiro plano a saúde das crianças — se torna um dos objetivos mais obrigatórios da família. O retângulo pais-filhos deve-se tornar uma espécie de homeostase da saúde. Em todo o caso, desde o fim do século XVIII, o corpo sadio, limpo, válido, o espaço purificado, límpido, arejado, a distribuição medicamente perfeita dos indivíduos, dos lugares, dos leitos, dos utensílios, o jogo do "cuidadoso" e do "cuidado", constituem algumas das leis morais essenciais da família. E, desde essa época, a família se tornou o agente mais constante da medicalização. A partir da segunda metade do século XVIII, ela foi alvo de um grande empreendimento de aculturação médica. A primeira leva disse respeito aos cuidados ministrados às crianças e, sobretudo, aos bebês. Audry: *L'orthopédie* (1749), Vandermonde: *Essai sur la manière de perfectionner l'espèce humaine* (1756), Cadogan: *Manière de nourrir et d'élever les enfants* (a tradução francesa é de 1752), Des Essartz: *Traité de l'éducation corporelle en bas âge* (1760), Ballexsert: *Dissertation sur l'Éducation physique des enfants* (1762), Raulin: *De la conservation des enfants* (1768), Nicolas: *Le cri de la nature en faveur des enfants nouveau-nés* (1775), Daignan: *Tableau des sociétés de la vie humaine* (1786), Saucerotte: *De la conservation des enfants* (ano IV), W. Buchanam: *Le conservateur de santé des mères et des enfants* (tradução francesa de 1804), J. A. Millot: *Le Nestor français* (1807), Laplace Chanvre: *Dissertation sur quelques points de l'éducation physique et morale des enfants* (1813), Leretz: *Hygiène des enfants* (1814), Prévost Leygonie: *Essai sur l'éducation physique des enfants* (1813). Essa literatura aumentará logo com a publicação, no século XIX, de uma série de periódicos e de jornais mais diretamente dirigidos às classes populares.

A longa campanha a respeito da inoculação e da vacinação se insere no movimento que procurou cercar as crianças de cuidados médicos, tendo a família a responsabilidade moral e, pelo menos, uma parte do encargo econômico. A política em favor dos órfãos segue, por caminhos diferentes, uma estratégia análoga. São abertas instituições especialmente destinadas a recolhê-los e a ministrar-lhes cuidados particulares (o Foundling Hospital de Londres, o Enfants Trouvés de Paris); é organizado, também, um sistema de acolhimento por amas de leite ou em famílias onde eles serão úteis, participando, ainda que pouco, da vida doméstica, e onde, além disso, encontrarão um meio de desenvolvimento mais favorável e economicamente menos custoso que um asilo, onde ficariam confinados até à adolescência.

A política médica, que se delineia no século XVIII em todos os países da Europa, tem como reflexo a organização da família, ou melhor, do complexo família-filhos, como instância primeira e imediata da medicalização dos indivíduos; fizeram-na desempenhar o papel de articulação dos objetivos gerais relativos à boa saúde do corpo social com o desejo ou a necessidade de cuidados dos indivíduos; ela permitiu articular uma ética "privada" da boa saúde (dever recíproco de pais e filhos) com um controle coletivo da higiene e uma técnica científica da cura, assegurada pela demanda dos indivíduos e das famílias, por um corpo profissional de médicos qualificados e como que recomendados pelo Estado. Os direitos e os deveres dos indivíduos concernindo à sua saúde e à dos outros, o mercado onde coincidem as demandas e as ofertas de cuidados médicos, as intervenções autoritárias do poder na ordem da higiene e das doenças, a institucionalização e a defesa da relação privada com o médico, tudo isso, em sua multiplicidade e coerência, marca o funcionamento global da política de saúde do século XIX, que entretanto não se pode compreender abstraindo-se este elemento central, formado no século XVIII: a família medicalizada-medicalizante.

2) *O privilégio da higiene e o funcionamento da medicina como instância de controle social.* A velha noção de regime, entendida como regra de vida e como forma de medicina preventiva, tende a se alargar e a se tornar o "regime" coletivo de uma população considerada, em geral, tendo como tríplice objetivo: o desaparecimento dos grandes surtos epidêmicos, a baixa taxa de morbidade, o aumento da duração média de vida e de supressão de vida para cada idade. Essa higiene, como regime de saúde das populações implica, por parte da medicina, um determinado número de intervenções autoritárias e de medidas de controle.

E, antes de tudo, sobre o espaço urbano em geral: porque ele é, talvez, o meio mais perigoso para a população. A localização dos diferentes bairros, sua umidade, sua exposição, o arejamento total da cidade, seu sistema de esgotos e de evacuação de águas utilizadas, a localização dos cemitérios e dos matadouros, a densidade da população constituem fatores que desempenham um papel decisivo na mortalidade e morbidade dos habitantes. A cidade com suas principais variáveis espaciais aparece como um objeto a medicalizar. Enquanto as topografias médicas das regiões analisam dados climáticos ou fatos geológicos que não controlam e só podem sugerir medidas de proteção ou de compensação, as topografias das cidades delineiam, pelo menos negativamente, os princípios gerais de um urbanismo sistemático. A cidade patogênica deu lugar, no século XVIII, a toda uma mitologia e a pânicos bem reais (o Cemitério dos Inocentes, em Paris, foi um desses lugares saturados de medo); ela exigiu, em todo caso, um discurso médico sobre a morbidade urbana e uma vigilância médica de todo um conjunto de disposições, de construções e de instituições

(Cf., por exemplo, J.P.L. Morel: *Dissertation sur les causes que contribuent le plus à rendre cachectique et rachitique la constitution d'un grand nombre d'enfants de la ville de Lille, 1812*).

De um modo mais preciso e mais localizado, as necessidades da higiene exigem uma intervenção médica autoritária sobre o que aparece como foco privilegiado das doenças: as prisões, os navios, as instalações portuárias, os hospitais gerais onde se encontravam os vagabundos, os mendigos, os inválidos; os próprios hospitais, cujo enquadramento médico é na maior parte do tempo insuficiente, e que avivam ou complicam as doenças dos pacientes, quando não difundem no exterior os germes patológicos. Isolam-se, portanto, no sistema urbano, regiões de medicalização de urgência, que devem se tornar pontos de aplicação para o exercício de um poder médico intensificado.

Além disso, os médicos deverão ensinar aos indivíduos as regras fundamentais de higiene que estes devem respeitar em benefício da própria saúde e da saúde dos outros: higiene da alimentação e do *habitat*, incitação a se deixar tratar em caso de doença.

A medicina como técnica geral de saúde, mais do que como serviço das doenças e arte das curas, assume um lugar cada vez mais importante nas estruturas administrativas e nessa maquinaria de poder que, durante o século XVIII, não cessa de se estender e de se afirmar. O médico penetra em diferentes instâncias de poder. A administração serve de ponto de apoio e, por vezes, de ponto de partida aos grandes inquéritos médicos sobre a saúde das populações; por outro lado, os médicos consagram uma parte cada vez maior de suas atividades a tarefas tanto gerais quanto administrativas que lhes foram fixadas pelo poder. Acerca da sociedade, de sua saúde e suas doenças, de sua condição de vida, de sua habitação e de seus hábitos, começa a se formar um saber médico-administrativo que serviu de núcleo originário à "economia social" e à sociologia do século XIX. E constitui-se, igualmente, uma ascendência político-médica sobre uma população que se enquadra com uma série de prescrições que dizem respeito não só à doença, mas às formas gerais da existência e do comportamento (a alimentação e a bebida, a sexualidade e a fecundidade, a maneira de se vestir, a disposição ideal do *habitat*).

O excesso de poder de que se beneficia o médico comprova, desde o século XVIII, esta interpretação do que é político e médico na higiene: presença cada vez mais numerosa nas academias e nas sociedades científicas; participação ampla nas enciclopédias; presença a título de conselheiro, junto aos representantes do poder; organização de sociedades médicas oficialmente encarregadas de certo número de responsabilidades administrativas e qualificadas para tomar ou sugerir medidas autoritárias; papel desempenhado por muitos médicos como programadores de uma sociedade bem administrada (o médico reformador da economia ou da política é um personagem frequente na segunda metade do século XVIII); sobrerrepresentação dos médicos nas assembleias revolucionárias. O médico se torna o grande conselheiro e o grande perito, se não na arte de governar, pelo menos na de observar, corrigir, melhorar o "corpo" social e mantê-lo em um permanente estado de saúde. E é sua função de higienista, mais que seus prestígios de terapeuta, que lhe assegura essa posição politicamente privilegiada no século XVIII, antes de sê-la econômica e socialmente no século XIX.

O questionamento do hospital, durante o século XVIII, pode ser compreendido a partir destes três fenômenos principais: a emergência da "população" com suas variáveis biomédicas de longevidade e de saúde; a organização da família estritamente parental como centro de transmissão de uma medicalização em que ela desempenha um papel de permanente demanda e de instrumento último; o emaranhado médico-administrativo em torno dos controles de higiene coletiva.

É que, em relação a esses novos problemas, o hospital aparecia como uma estrutura em muitos pontos ultrapassada. Fragmento de espaço fechado sobre si, lugar de internamento de homens e de doenças, arquitetura solene, mas desajeitada, que multiplica o mal no interior sem impedir que ele se difunda no exterior, ele é mais um foco de morte para as cidades onde se acha situado do que um agente terapêutico para a população inteira. A dificuldade de encontrar vagas, as exigências impostas àqueles que desejam entrar, mas também a desordem incessante das idas e vindas, a precária vigilância médica ali exercida, a dificuldade em tratar efetivamente os doentes fazem do hospital um instrumento inadequado, uma vez que o objeto da medicalização deve ser a população em geral e seu objetivo uma melhoria de conjunto do nível de saúde. No espaço urbano que a medicina deve purificar ele é uma mancha sombria. E para a economia, um peso inerte, já que dá uma assistência que nunca permite a diminuição da pobreza, mas, no máximo, a sobrevivência de certos pobres e, assim, o crescimento de seu número, o prolongamento de suas doenças, a consolidação de sua má saúde, com todos os efeitos de contágio que dele podem resultar.

Daí a ideia que se espalha no século XVIII de uma substituição do hospital por três mecanismos principais. Pela organização de uma hospitalização em domicílio: ela é, sem dúvida, perigosa quando se trata de moléstias epidêmicas, mas apresenta vantagens econômicas à medida que o custo da manutenção de um doente é bem menor para a sociedade se ele é sustentado e alimentado na própria casa como antes da doença (o custo para o corpo social resume-se apenas na falta de ganho que representa sua ociosidade forçada e isso somente no caso em que ele tivesse efetivamente um trabalho); ela representa, também, vantagens médicas à medida que a família — desde que seja aconselhada — pode assegurar cuidados mais constantes e apropriados do que se pode pedir de uma administração hospitalar: toda a família deve poder funcionar como um pequeno hospital provisório, individual e não custoso.

Mas um tal procedimento implica que a substituição do hospital seja, além disso, assegurada por um corpo médico espalhado pela sociedade e suscetível de oferecer cuidados totalmente gratuitos ou o menos custosos possível. Um enquadramento médico da população, se for permanente, flexível e facilmente utilizável, pode tornar inútil uma boa parte dos hospitais tradicionais. Enfim, pode-se conceber que se generalizem os cuidados, consultas e distribuições de medicamentos que alguns hospitais já oferecem a doentes de passagem, sem retê-los ou interná-los: método dos dispensários, que procuram conservar as vantagens técnicas da hospitalização sem ter os inconvenientes médicos ou econômicos.

Esses três métodos deram lugar, sobretudo na segunda metade do século XVIII, a uma série de projetos e programas. Eles provocaram várias experiências. Em 1769, foi fundado, em Londres, o dispensário para crianças pobres do *Red Lion Square*; trinta anos mais tarde, quase todos os bairros da cidade tinham seu dispensário e era estimado em cerca de 50 mil o número daqueles que lá recebiam a cada ano cuidados gratuitos. Na França, parece que se procurou, sobretudo, a melhoria, a extensão e uma distribuição homogênea do corpo médico nas cidades e no campo: a reforma dos estudos médicos e cirúrgicos (1772 e 1784), a obrigatoriedade dos médicos de exercerem a profissão nos burgos e nas pequenas cidades, antes de serem recebidos em algumas grandes cidades, os trabalhos de inquérito e coordenação feitos pela Sociedade Real de Medicina, o lugar cada vez maior que o controle da saúde e da higiene ocupa na responsabilidade dos Intendentes, o desenvolvimento das distribuições gratuitas de medicamentos sob a responsabilidade de médicos designados pela administração, tudo isso remete a uma política de saúde que se apoia na presença extensiva do pessoal médico no corpo social. No bojo das críticas ao hospital e do projeto de substituição, encontra-se, durante a Revolução, uma acentuada tendência para a "des-hospitalização"; ela já é sensível nos relatórios do Comitê de Mendicidade (projeto de estabelecer, em cada distrito do campo, um médico ou um cirurgião que trataria os indigentes, velaria pelas crianças assistidas e praticaria a inoculação). Mas ela se formula claramente na época da Convenção (projeto de três médicos por distrito, assegurando o essencial dos cuidados de saúde para o conjunto da população).

Mas o desaparecimento do hospital foi apenas uma utopia. De fato, o verdadeiro trabalho se fez quando se quis elaborar um funcionamento complexo em que o hospital tende a desempenhar um papel específico em relação à família, constituída como primeira instância da saúde, à rede extensa e contínua do pessoal médico e ao controle administrativo da população. É em relação a esse conjunto que se tenta reformar o hospital.

Trata-se, em primeiro lugar, de ajustá-lo ao espaço e, mais precisamente, ao espaço urbano onde ele se acha situado. Daí uma série de discussões e conflitos entre diferentes fórmulas de implantação: grandes hospitais suscetíveis de acolher uma população numerosa, onde os cuidados assim agrupados seriam mais coerentes, mais fáceis de controlar e menos custosos; ou, ao contrário, hospitais de pequenas dimensões, onde os doentes seriam melhor vigiados e onde os riscos de contágio interno seriam menos graves. Outro problema, ligado ao precedente: devem-se colocar os hospitais fora da cidade, onde a ventilação é melhor e onde eles não correm o risco de difundir miasmas pela população, solução que combina bem com a disposição dos grandes conjuntos arquitetônicos? Ou se deve construir uma multiplicidade de pequenos hospitais nos pontos em que eles possam ser o mais facilmente acessíveis à população que deve utilizá-los, solução que implica, frequentemente, o ajustamento hospital-dispensário? O hospital, em todo o caso, deve se tornar um elemento funcional em um espaço urbano onde seus efeitos devem poder ser medidos e controlados.

É preciso, em segundo lugar, dispor o espaço interno do hospital de modo a torná-lo medicamente eficaz: não mais lugar de assistência, mas lugar de operação terapêutica. O hospital deve funcionar como uma "máquina de curar". De um modo negativo: é preciso suprimir todos os fatores que o tornam perigoso para aqueles que o habitam (problema de circulação do ar, que deve ser sempre renovado sem que seus miasmas ou suas qualidades mefíticas passem de um doente para outro; problema da renovação, lavagem e transporte da roupa de cama). De modo positivo, é preciso organizá-lo em função de uma estratégia terapêutica sistematizada: presença ininterrupta e privilégio hierárquico dos médicos; sistema de observações, anotações e registros que permita fixar o conhecimento dos diferentes casos, seguir sua evolução particular e globalizar dados referentes a toda uma população e a longos períodos; substituição dos regimes pouco diferenciados em que consistia, tradicionalmente, o essencial dos cuidados por curas médicas e farmacêuticas mais adequadas. O hospital tende a se tornar um elemento essencial na tecnologia médica: não apenas um lugar onde se pode curar, mas um instrumento que, em certo número de casos graves, permite curar.

É preciso, por conseguinte, que nele se articulem o saber médico e a eficácia terapêutica. Surgem, no século XVIII, os hospitais especializados. Se existiram, anteriormente, certos estabelecimentos reservados aos loucos e aos "venéreos", foi mais por uma medida de exclusão ou receio dos perigos do que em razão de uma especialização dos cuidados. O hospital "unifuncional" só se organiza a partir do momento em que a hospitalização se torna o suporte e, por vezes, a condição de uma ação terapêutica mais ou menos complexa. O Middlesex Hospital de Londres foi inaugurado em 1745; ele se destinava a tratar a varíola e a praticar a vacinação. O London Fever Hospital data de 1802 e o Royal Ophtalmic Hospital, de 1804. A primeira Maternidade de

Londres foi aberta em 1749. O Enfants Malades, em Paris, foi fundado em 1802. Constitui-se, lentamente, uma rede hospitalar em que a função terapêutica é bastante acentuada. Ela deve, por um lado, cobrir com bastante continuidade o espaço urbano ou rural de cuja população ela se encarrega e, por outro lado, se articular com o saber médico, suas classificações e suas técnicas.

Por último, o hospital deve servir de estrutura de apoio ao enquadramento permanente da população pelo pessoal médico.

Deve-se poder passar dos cuidados em domicílio ao regime hospitalar por razões que são tanto econômicas quanto médicas. Os médicos, da cidade ou do campo, deverão, com suas visitas, aliviar os hospitais e evitar seu acúmulo; por outro lado, o hospital só deve receber doentes por meio de parecer e requerimento dos médicos. Além disso, o hospital, como lugar de acumulação e desenvolvimento do saber, deve permitir a formação dos médicos que exercerão a medicina para a clientela privada. O ensino clínico em meio hospitalar, cujos primeiros rudimentos aparecem na Holanda com Sylvius, depois com Boerhaave, em Viena, com Van Swieten, em Edimburgo (pela união da Escola de Medicina e da Edinburgh Infirmary), se torna, no fim do século, o princípio geral em torno do qual se tenta reorganizar os estudos de medicina. O hospital, instrumento terapêutico para aqueles que o habitam, contribui, pelo ensino clínico e pela boa qualidade dos conhecimentos médicos, para a elevação do nível de saúde da população.

A reforma dos hospitais, mais particularmente os projetos de sua reorganização arquitetônica, institucional e técnica, adquiriu importância, no século XVIII, graças a este conjunto de problemas que articulam o espaço urbano, a massa da população com suas características biológicas, a célula familiar densa e o corpo dos indivíduos. É na história dessas materialidades — tanto políticas quanto econômicas — que se inscreve a transformação física dos hospitais.

14
O OLHO DO PODER[1]

Jean-Pierre Barou: O *Panopticon* de Jeremy Bentham foi editado no final do século XVIII, mas continuou desconhecido; entretanto, você escreveu frases surpreendentes a seu respeito, como: "Um acontecimento na história do espírito humano", "Um tipo de ovo de Colombo na ordem da política". Quanto a seu autor, Jeremy Bentham, um jurista inglês, você o apresentou como o "Fourier de uma sociedade policial".[2] Para nós, o mistério é total. Como você descobriu o *Panopticon*?

Michel Foucault: Estudando as origens da medicina clínica; eu havia pensado em fazer um estudo sobre a arquitetura hospitalar na segunda metade do século XVIII, época do grande movimento de reforma das instituições médicas. Eu queria saber como o olhar médico havia se institucionalizado; como ele se havia inscrito efetivamente no espaço social; como a nova forma hospitalar era ao mesmo tempo o efeito e o suporte de um novo tipo de olhar. E, examinando os diferentes projetos arquitetônicos elaborados depois do segundo incêndio do *Hôtel-Dieu*, em 1772,

---
[1] "L'Œil du pouvoir", in Jeremy Bentham, *Le Panoptique*. Paris: Pierre Belfon, 1977. Tradução de Angela Loureiro de Souza.
[2] Michel Foucault situa assim o Panopticon e Jeremy Bentham em seu livro: *Surveiller et punir*, Gallimard, 1976 (traduzido pela Ed. Vozes com o título Vigiar e punir, 1978 [2001]).

percebi até que ponto o problema da visibilidade total dos corpos, dos indivíduos e das coisas para um olhar centralizado havia sido um dos princípios diretores mais constantes. No caso dos hospitais, esse problema apresentava uma dificuldade suplementar: era preciso evitar os contatos, os contágios, as proximidades e o amontoamento, garantindo a ventilação e a circulação do ar: da mesma forma, dividir o espaço e deixá-lo aberto, assegurar uma vigilância que fosse ao mesmo tempo global e individualizante, separando cuidadosamente os indivíduos que deviam ser vigiados. Durante muito tempo acreditei que esses eram problemas específicos da medicina do século XVIII e de suas crenças.

Em seguida, estudando os problemas da penalidade, me dei conta de que todos os grandes projetos de reorganização das prisões (que, além disso, datam de um pouco mais tarde, da primeira metade do século XIX) retomavam o mesmo tema, mas já sob a influência, quase sempre explicitada, de Bentham. Eram poucos os textos, os projetos referentes às prisões em que o "troço" de Bentham não se encontrasse. Ou seja, o *panopticon*.

O princípio é: na periferia, uma construção em anel; no centro, uma torre, a qual possui grandes janelas que se abrem para a parte interior do anel. A construção periférica é dividida em celas, cada uma ocupando toda a largura da construção. As celas têm duas janelas: uma abrindo-se para o interior, correspondendo às janelas da torre; outra, dando para o exterior, permite que a luz atravesse a cela de um lado a outro. Basta então colocar um vigia na torre central e em cada cela trancafiar um louco, um doente, um condenado, um operário ou um estudante. Devido ao efeito de contraluz, pode-se perceber da torre, recortando-se na luminosidade, as pequenas silhuetas prisioneiras nas celas da periferia. Em suma, inverte-se o princípio da masmorra; a luz e o olhar de um vigia captam melhor que o escuro que, no fundo, protegia.

Mas é impressionante constatar que, muito antes de Bentham, já existia a mesma preocupação. Parece que um dos primeiros modelos da visibilidade isolante foi colocado em prática nos dormitórios da Escola Militar de Paris, em 1751. Cada aluno devia dispor de uma cela envidraçada onde ele podia ser visto durante a noite sem ter nenhum contato com seus colegas, nem mesmo com os empregados. Existia, além disso, um mecanismo muito complicado que tinha como único objetivo evitar que o cabeleireiro tocasse fisicamente o pensionista quando fosse penteá-lo: a cabeça do aluno passava por um tipo de lucarna, o corpo ficando do outro lado de uma divisão de vidro que permitia ver tudo o que se passava. Bentham contou que foi seu irmão que, visitando a Escola Militar, teve a ideia do *panopticon*. De qualquer forma, o tema está no ar. As realizações de Claude-Nicolas Ledoux, especialmente a salina que ele construiu em Arc-et-Senans, procuram atingir o mesmo efeito de visibilidade, mas com um elemento suplementar: a existência de um ponto central que deve ser o local de exercício do poder e, ao mesmo tempo, o lugar de registro do saber. Mas, se a ideia do *panopticon* é anterior a Bentham, na verdade foi Bentham que realmente a formulou. E batizou. A própria palavra *panopticon* é fundamental. Designa um princípio de conjunto. Sendo assim, Bentham não imaginou simplesmente uma figura arquitetural destinada a resolver um problema específico, como o da prisão, o da escola ou o dos hospitais. Ele anuncia uma verdadeira invenção que ele diz ser o "ovo de Colombo". E, na verdade, é aquilo que os médicos, os penalistas, os industriais, os educadores procuravam que Bentham lhes propõe: ele descobriu uma tecnologia de poder própria para resolver os problemas de vigilância. Algo importante a ser assinalado: Bentham pensou e disse que seu sistema ótico era *a* grande inovação que permitia exercer bem e facilmente o poder. Na verdade, ela foi amplamente utilizada depois do final do século XVIII. Mas os procedimentos de poder colocados em prática nas sociedades modernas são bem mais numerosos, diversos e ricos. Seria falso dizer que o princípio da visibilidade comanda toda a tecnologia do poder desde o século XIX.

MICHELLE PERROT: Passando pela arquitetura! O que pensar, além disso, da arquitetura como modo de organização política? Afinal de contas, tudo é espacial, não só mental, mas também materialmente nesse pensamento do século XVIII.

FOUCAULT: Parece-me que, no final do século XVIII, a arquitetura começa a se especializar, ao se articular com os problemas da população, da saúde, do urbanismo. Outrora, a arte de construir respondia sobretudo à necessidade de manifestar o poder, a divindade, a força. O palácio e a igreja constituíam as grandes formas, às quais é preciso acrescentar as fortalezas; manifestava-se a força, manifestava-se o soberano, manifestava-se Deus. A arquitetura durante muito tempo se desenvolveu em torno dessas exigências. Ora, no final do século XVIII, novos problemas aparecem: trata-se de utilizar a organização do espaço para alcançar objetivos econômico-políticos.

Aparece uma arquitetura específica. Philippe Ariès escreveu coisas que me parecem importantes a respeito do fato da casa, até o século XVIII, continuar sendo um espaço indiferenciado. Existem peças: nelas se dorme, se come, se recebe, pouco importa. Depois, pouco a pouco, o espaço se especifica e torna-se funcional. Nós temos um exemplo disso na edificação das cidades operárias dos anos 1830-70. A família operária será fixada; será prescrito para ela um tipo de moralidade, através da determinação de seu espaço de vida, com uma peça que serve como cozinha e sala de jantar, o quarto dos pais (que é o lugar da procriação) e o quarto das crianças. Às vezes, nos casos mais favoráveis, há o quarto das meninas e o quarto dos meninos. Seria preciso fazer uma "história *dos* espaços" — que seria ao mesmo tempo uma "história *dos* poderes" — que estudasse desde as grandes estratégias da geopolítica até as pequenas táticas do *habitat*, da arquitetura institucional, da sala de aula ou da organização hospitalar, passando pelas implantações econômico-políticas. É surpreendente ver como o problema dos espaços levou tanto tempo para aparecer como problema histórico-político: ou o espaço era remetido à "natureza" — ao dado, às determinações primeiras, à "geografia física", ou seja, a um tipo de camada "pré-histórica", ou era concebido como local de residência ou de expansão de um povo, de uma cultura, de uma língua ou de um Estado. Em suma, analisava-se o espaço como *solo* ou como *ar*; o que importava era o *substrato* ou as *fronteiras*. Foi preciso Marc Bloch e Fernand Braudel para que se desenvolvesse uma história dos espaços rurais ou dos espaços marítimos. É preciso dar continuidade a ela e não ficar somente dizendo que o espaço predetermina uma história que por sua vez o modifica e que se sedimenta nele. A fixação espacial é uma forma econômico-política que deve ser detalhadamente estudada.

Entre as razões que fizeram com que durante tanto tempo houvesse certa negligência em relação aos espaços, eu citarei apenas uma, que diz respeito ao discurso dos filósofos. No momento em que se começava a desenvolver uma política sistemática dos espaços (no final do século XVIII), as novas aquisições da física teórica e experimental desalojavam a filosofia de seu velho direito de falar do mundo, do *cosmos*, do espaço finito ou infinito. Esse duplo assenhoramento do espaço por uma tecnologia política e por uma prática científica lançou a filosofia em uma problemática do tempo. Após Kant, cabe ao filósofo pensar o tempo. Hegel, Bergson, Heidegger. Com uma desqualificação correlata do espaço, que aparece do lado do entendimento, do analítico, do conceitual, do morto, do imóvel, do inerte. Lembro-me de ter falado, há uns dez anos, dos problemas de uma política dos espaços e de me terem respondido que era bastante reacionário insistir tanto sobre o espaço e que o tempo, o projeto, era a vida e o progresso. É preciso dizer que essa censura foi feita por um psicólogo — verdade e vergonha da filosofia do século XIX.

Perrot: Parece-me que a noção de sexualidade é muito importante. Você mostrou isso no caso da vigilância entre os militares, problema que aparece novamente em relação à família; sem dúvida, é fundamental.

Foucault: Certamente. Nos temas de vigilância, e particularmente de vigilância escolar, parece que os controles da sexualidade se inscrevem na arquitetura. No caso da Escola Militar, a luta contra a homossexualidade e a masturbação é contada pelas próprias paredes.

Perrot: Ainda a respeito da arquitetura, não lhe parece que pessoas como os médicos, que tiveram uma participação social considerável no final do século XVIII, desempenharam um papel mais ou menos de organizadores do espaço? A higiene social nasce nessa época; em nome da limpeza, da saúde, controla-se a alocação de uns e de outros. E os médicos, com o renascimento da medicina hipocrática, estão entre os mais sensibilizados pelo problema do ambiente, do lugar, da temperatura, dados que encontramos na investigação de Howard sobre as prisões.[3]

FOUCAULT: Nessa época, os médicos eram, de certa forma, especialistas do espaço. Eles formulavam quatro problemas fundamentais: o das localizações (climas regionais, natureza dos solos, umidade e secura: sob o nome de "constituição", eles estudavam essa combinação dos determinantes locais e das variações sazonais que favorece em dado momento determinado tipo de doença); o das coexistências (seja dos homens entre si: questão da densidade e da proximidade; seja dos homens e das coisas: questão das águas, dos esgotos, da ventilação; seja dos homens e dos animais: questão dos matadouros, dos estábulos; seja dos homens e dos mortos: questão dos cemitérios); o das moradias (*hábitat*, urbanismo); o dos deslocamentos (migração dos homens, propagação das doenças). Eles foram, juntamente com os militares, os primeiros administradores do espaço coletivo. Mas os militares pensavam sobretudo o espaço das "campanhas" (portanto das "passagens") e o das fortalezas; já os médicos pensaram sobretudo o espaço das moradias e o das cidades. Não sei quem mais procurou em Montesquieu e em Auguste Comte as grandes etapas do pensamento

---

[3] John Howard torna públicos os resultados de sua investigação em sua obra: The State of the Prisons in England and Wales, with Preliminary Observations and an Account of some Foreign Prisons and Hospitals (1777).

sociológico. Isso é ignorância. O saber sociológico se constitui, sobretudo, em práticas como a dos médicos. Guépin, logo no começo do século XIX, fez uma análise meticulosa da cidade de Nantes.

Na verdade, se a intervenção dos médicos foi tão importante na época, foi porque foi exigida por um conjunto de problemas políticos e econômicos novos: importância *dos fatos* de população.

PERROT: Além disso, é impressionante a questão do número de pessoas na reflexão de Bentham. Em muitos momentos ele diz ter resolvido os problemas de disciplina que existem quando um grande número de pessoas está nas mãos de um pequeno número.

FOUCAULT: Como seus contemporâneos, ele se defrontou com o problema da acumulação dos homens. Mas enquanto os economistas colocavam o problema em termos de riqueza (população-riqueza, como mão de obra, origem de atividade econômica, consumo; e população-pobreza, como excedente ou desocupada), ele coloca a questão em termos de poder: a população como *alvo* de relações de dominação. Acho que se pode dizer que os mecanismos de poder, que funcionavam mesmo em uma monarquia administrativa tão desenvolvida quanto a monarquia francesa, tinham muitas brechas: sistema lacunar, aleatório, global, se preocupando pouco com o detalhe, exercendo-se sobre grupos solidários ou praticando o método do exemplo (como se pode ver bem no caso do fisco ou da justiça criminal), o poder tinha pouca capacidade de "resolução", como se diria em termos de fotografia; ele não era capaz de praticar uma análise individualizante e exaustiva do corpo social. Ora, as mudanças econômicas do século XVIII tornaram necessário fazer circular os efeitos do poder, por canais cada vez mais sutis, chegando até aos próprios indivíduos, seus corpos, seus gestos, cada um de seus desempenhos cotidianos. Que o poder, mesmo tendo uma multiplicidade de homens a gerir, seja tão eficaz quanto se ele se exercesse sobre um só.

PERROT: O crescimento demográfico do século XVIII certamente contribuiu para o desenvolvimento de um tal poder.

BAROU: Não é então impressionante saber que a Revolução Francesa, em pessoas como La Fayette, acolheu favoravelmente o projeto do *panopticon*? Sabe-se que Bentham adquiriu o título de "cidadão francês" em 1791 por sua influência.

FOUCAULT: Eu diria que Bentham é o complemento de Rousseau. Na verdade, qual é o sonho rousseauniano presente em tantos revolucionários? O de uma sociedade transparente, ao mesmo tempo visível e legível em cada uma de suas partes; que não haja mais nela zonas obscuras, zonas reguladas pelos privilégios do poder real, pelas prerrogativas de tal ou tal corpo ou pela desordem; que cada um, do lugar que ocupa, possa ver o conjunto da sociedade; que os corações se comuniquem uns com os outros, que os olhares não encontrem mais obstáculos, que a opinião reine, a de cada um sobre cada um. Starobinski escreveu páginas muito interessantes a esse respeito em *La Transparence et l'Obstacle* e *L'Invention de la liberté*.

Bentham é ao mesmo tempo isto e o contrário. Ele coloca o problema da visibilidade, mas pensando em uma visibilidade organizada inteiramente em torno de um olhar dominador e vigilante. Ele faz funcionar o projeto de uma visibilidade universal, que agiria em proveito de um poder rigoroso e meticuloso. Sendo assim, ao grande tema rousseauniano — que de certa forma representa o lirismo da Revolução — articula-se a ideia técnica do exercício de um poder "omni-vidente", que é a obsessão de Bentham; os dois se complementam e o todo funciona: o lirismo de Rousseau e a obsessão de Bentham.

Perrot: Existe esta frase no *Panopticon:* "cada camarada torna-se um vigia".

Foucault: Rousseau sem dúvida teria dito o contrário: que cada vigia seja um camarada. Veja *Émile*: o preceptor de Émile é um vigia; é preciso que ele seja também um camarada.

Barou: Não somente a Revolução Francesa não faz uma leitura semelhante à que hoje nós fazemos, mas ela até encontra no projeto de Bentham objetivos humanitários.

Foucault: Exatamente. Quando a Revolução se questiona sobre uma nova justiça, qual deve ser sua instância de julgamento? A opinião. Seu problema não era fazer com que as pessoas fossem punidas, mas que nem pudessem agir mal, de tanto que se sentiriam mergulhadas, imersas em um campo de visibilidade total em que a opinião dos outros, o olhar dos outros, o discurso dos outros os impediria de fazer o mal ou o nocivo. Isso está constantemente presente nos textos da Revolução.

Perrot: O contexto imediato desempenhou assim seu papel na adoção do *panopticon* pela Revolução; na época, o problema das prisões está na ordem do dia. A partir dos anos 1770, na Inglaterra como na França, existe uma grande inquietação a esse respeito; a investigação de Howard sobre as prisões, traduzida para o francês em 1788, nos permite ver isso. Hospitais e prisões são dois grandes temas de discussão nos salões parisienses, nos círculos esclarecidos. Tornou-se escandaloso o fato de as prisões serem o que são: uma escola do vício e do crime; e lugares que, de tão desprovidos de higiene, causam morte. Médicos começam a dizer como o corpo se destrói, se desgasta em tais lugares. A Revolução Francesa realiza, por sua vez, uma investigação em escala europeia. Um certo Duquesnoy é encarregado de fazer um relatório sobre os estabelecimentos chamados "de humanidade", expressão que recobre hospitais e prisões.

Foucault: Um medo assombrou a segunda metade do século XVIII: o espaço escuro, o anteparo de escuridão que impede a total visibilidade das coisas, das pessoas, das verdades. Dissolver os fragmentos de noite que se opõem à luz, fazer com que não haja mais espaço escuro na sociedade, demolir essas câmaras escuras onde se fomentam o arbitrário político, os caprichos da monarquia, as superstições religiosas, os complôs dos tiranos e dos padres, as ilusões da ignorância, as epidemias. Os castelos, os hospitais, os cemitérios, as prisões, os conventos, muito antes da Revolução, suscitaram uma desconfiança ou um ódio que implicaram sua supervalorização; a nova ordem política e moral não pode se instaurar sem sua eliminação. Os romances de terror, na época da Revolução, desenvolvem uma visão fantástica da muralha, do escuro, do esconderijo e da masmorra, que abrigam, em uma cumplicidade significativa, os salteadores e os aristocratas, os monges e os traidores: as paisagens de Ann Radcliffe são montanhas, florestas, cavernas, castelos em ruína, conventos de escuridão e silêncio amedrontadores. Ora, esses espaços imaginários são como a "contrafigura" das transparências e das visibilidades que se quer estabelecer. Esse reino da "opinião", invocado com tanta frequência nessa época, é um tipo de funcionamento em que o poder poderá se exercer pelo simples fato de que as coisas serão sabidas e de que as pessoas serão vistas por um tipo de olhar imediato, coletivo e anônimo. Um poder cuja instância principal fosse a opinião não poderia tolerar regiões de escuridão. Se o projeto de Bentham despertou interesse, foi porque ele fornecia a fórmula, aplicável a muitos domínios diferentes, de um "poder exercendo-se por transparências", de uma dominação por "iluminação". O *panopticon* é mais ou menos a forma do "castelo" (torre cercada de muralhas) utilizada paradoxalmente para criar um espaço de legibilidade detalhada.

BAROU: Foram igualmente os lugares escuros no homem que o Século das Luzes quis ver desaparecer.

FOUCAULT: Exatamente.

PERROT: Ao mesmo tempo, as técnicas de poder no interior do *panopticon* são realmente surpreendentes. Trata-se essencialmente do olhar; e também da palavra, pois existem os famosos tubos de aço — extraordinária invenção — que ligam o inspetor principal a cada cela onde se encontram, diz-nos Bentham, não um prisioneiro, mas pequenos grupos de prisioneiros. Finalmente, a importância da dissuasão, muito enfatizada no texto de Bentham: "É preciso", diz ele, "estar incessantemente sob o olhar de um inspetor; isto na verdade significa perder a capacidade de fazer o mal e quase perder o pensamento de querê-lo". Estamos no âmago das preocupações da Revolução: impedir as pessoas de fazerem o mal, tirar-lhes o desejo de cometê-lo; tudo poderia ser assim resumido: não poder e não querer.

FOUCAULT: Existe aí duas coisas: o olhar e a interiorização; no fundo, não será o problema do custo do poder?

O poder, na verdade, não se exerce sem que custe alguma coisa. Existe evidentemente o custo econômico e Bentham fala sobre ele: quantos vigias serão necessários? Consequentemente, quanto a máquina custará? Mas existe também o custo propriamente político. Se a violência for grande, há o risco de provocar revoltas; ou, se a intervenção for muito descontínua, há o risco de permitir o desenvolvimento, nos intervalos, dos fenômenos de resistência, de desobediência, de custo político elevado. Era assim que funcionava o poder monárquico. Por exemplo, a justiça só prendia uma proporção irrisória de criminosos; ela se utilizava do fato para dizer: é preciso que a punição seja espetacular para que os outros tenham medo. Portanto, poder violento e que devia, pela virtude de seu exemplo, assegurar funções de continuidade. A isso os novos teóricos do século XIX respondem: é um poder muito oneroso e com poucos resultados. Fazem-se grandes despesas de violência que têm pouco valor de exemplo; fica-se mesmo obrigado a multiplicar as violências e, assim, multiplicam-se as revoltas.

PERROT: Foi o que aconteceu com as revoltas de cadafalso.

FOUCAULT: Já o olhar vai exigir muito pouca despesa. Sem necessitar de armas, violências físicas, coações materiais. Apenas um olhar. Um olhar que vigia e que cada um, sentindo-o pesar sobre si, acabará por interiorizar, a ponto de observar a si mesmo; sendo assim, cada um exercerá a vigilância sobre e contra si mesmo. Fórmula maravilhosa: um poder contínuo e de custo afinal de contas irrisório. Quando Bentham pensa tê-la descoberto, ele pensa ser o ovo de Colombo na ordem da política, uma fórmula exatamente inversa daquela do poder monárquico. Na verdade, nas técnicas de poder desenvolvidas na época moderna, o olhar teve uma grande importância mas, como eu disse, está longe de ser a única e mesmo a principal instrumentação colocada em prática.

Perrot: A esse respeito, parece que Bentham coloca a questão do poder sobretudo em relação a pequenos grupos. Por quê? Será porque ele diz: a parte já é o todo; se o resultado é bom no nível do grupo, será possível estendê-lo ao conjunto social? Ou será que o conjunto social, o poder no nível do conjunto social são dados que no momento não são concebíveis? Por quê?

Foucault: É o problema de evitar os choques, as interrupções; como também os obstáculos que, no Antigo Regime, os corpos constituídos, os privilégios de certas categorias, do clero às corporações, passando pelo corpo dos magistrados, representavam para as decisões do poder. A burguesia compreende perfeitamente que uma nova legislação ou uma nova constituição não serão suficientes para garantir sua hegemonia; ela compreende que deve inventar uma nova tecnologia que assegurará a irrigação dos efeitos do poder por todo o corpo social, até mesmo em suas menores partículas. E foi assim que a burguesia fez não somente uma revolução política; ela soube instaurar uma hegemonia social que nunca mais perdeu. Eis por que todas essas invenções foram tão importantes e Bentham, sem dúvida, um dos inventores de tecnologia do poder mais exemplares.

Barou: Entretanto, não se percebe se o espaço organizado da forma como Bentham preconiza pode ser utilizado por qualquer um, além daqueles que estão na torre central ou que a visitam. Tem-se a impressão de estar na presença de um mundo infernal do qual ninguém pode escapar, tanto os que olham quanto os que são olhados.

FOUCAULT: Sem dúvida é o que há de diabólico nessa ideia assim como em todas as suas concretizações. Não se tem nesse caso uma força que seria dada por inteiro a alguém e que este alguém exerceria isolada e totalmente sobre os outros; é uma máquina que circunscreve todo mundo, tanto aqueles que exercem o poder quanto aqueles sobre os quais o poder se exerce. Isto me parece ser a característica das sociedades que se instauram no século XIX. O poder não é substancialmente identificado com um indivíduo que o possuiria ou que o exerceria devido a seu nascimento; ele se torna uma maquinaria de que ninguém é titular. Logicamente, nessa máquina, ninguém ocupa o mesmo lugar; alguns lugares são preponderantes e permitem produzir efeitos de supremacia. De modo que eles podem assegurar uma dominação de classe, à medida que dissociam o poder do domínio individual.

PERROT: O funcionamento do *panopticon* é, desse ponto de vista, um pouco contraditório. Tem-se o inspetor principal que, da torre central, vigia os prisioneiros. Mas ele também vigia muito seus subalternos, ou seja, o pessoal responsável pelo enquadramento; este inspetor principal não tem nenhuma confiança nos vigias. São mesmo de desprezo as palavras com que ele se dirige a eles que, entretanto, supõe-se serem próximos dele. Pensamento, neste caso, aristocrático!

Mas tenho também uma observação a fazer a respeito do pessoal responsável pelo enquadramento: ele foi um problema para a sociedade industrial. Encontrar os contramestres, os engenheiros capazes de arregimentar e de vigiar as fábricas não foi fácil para o patronato.

FOUCAULT: É um problema importante que se coloca no século XVIII. Podemos ver isso claramente no caso do Exército, quando foi necessário constituir um "suboficialato" que tivesse os conhecimentos exatos necessários para enquadrar eficazmente as tropas no momento das manobras táticas, muitas vezes difíceis, ainda mais difíceis porque o fuzil tinha sido aperfeiçoado. Os movimentos, os deslocamentos, as linhas, as caminhadas exigiam esse pessoal disciplinar. Depois as oficinas colocaram, à sua maneira, o mesmo problema; a escola também, com seus mestres, seus professores, seus vigias. A Igreja era então um dos raros corpos sociais em que os pequenos quadros competentes existiam. O religioso nem muito alfabetizado nem completamente ignorante, o cura, o vigário entraram em ação quando foi preciso escolarizar centenas de milhares de crianças. O Estado só conseguiu ter pequenos quadros semelhantes muito mais tarde. O mesmo no caso dos hospitais. Não há muito tempo o pessoal responsável pelo enquadramento no hospital ainda era constituído, na maioria, por religiosas.

PERROT: Essas mesmas religiosas desempenharam um papel importante na criação de uma mão de obra feminina: trata-se dos famosos internatos do século XIX em que um pessoal feminino habitava e trabalhava sob o controle de religiosas especialmente formadas para exercer a disciplina fabril.

Não se pode isentar o *panopticon* de tais preocupações, quando se constata que existe essa vigilância do inspetor principal sobre o pessoal responsável pelo enquadramento e, pelas janelas da torre, a vigilância sobre todos, sucessão ininterrupta de olhares que lembra o "cada camarada torna-se um vigia", a ponto de se ter realmente a impressão um pouco vertiginosa de se estar na presença de uma invenção que não seria dominada nem pelo próprio criador. E foi Bentham que, no início, quis confiar em um poder único: o poder central. Mas, ao ler Bentham, fica a pergunta: quem ele coloca na torre? Será o olho de Deus? Mas Deus está pouco presente em seu texto; a religião só tem um papel de utilidade. Então, quem? Afinal de contas, é preciso dizer que o próprio Bentham não vê bem a quem confiar o poder.

FOUCAULT: Ele não pode confiar em ninguém à medida que ninguém pode ou deve ser aquilo que o rei era no antigo sistema, isto é, fonte de poder e justiça. A teoria da monarquia o exigia. Era preciso confiar no rei. Por sua própria existência, desejada por Deus, ele era fonte de justiça, de lei, de poder. Em sua pessoa o poder só podia ser bom; um mau rei equivalia a um acidente da história ou a um castigo do soberano absolutamente bom, Deus. Já não se pode confiar em ninguém se o poder é organizado como uma máquina funcionando de acordo com engrenagens complexas, em que é o lugar de cada um que é determinante, não sua natureza. Se a máquina fosse de tal forma que alguém estivesse fora dela ou só tivesse a responsabilidade de sua gestão, o poder se identificaria a um homem e se voltaria a um poder do tipo monárquico. No *panopticon*, cada um, de acordo com seu lugar, é vigiado por todos ou por alguns outros; trata-se de um aparelho de desconfiança total e circulante, pois não existe ponto absoluto. A perfeição da vigilância é uma soma de malevolências.

BAROU: Uma maquinaria diabólica, como você disse, que não poupa ninguém. Talvez seja a imagem do poder atualmente. Mas como você acha que se pode chegar a esse ponto? Devido a qual vontade? E de quem?

FOUCAULT: A questão do poder fica empobrecida quando é colocada unicamente em termos de legislação, de

Constituição, ou somente em termos de Estado ou de aparelho de Estado. O poder é mais complicado, muito mais denso e difuso que um conjunto de leis ou um aparelho de Estado. Não se pode entender o desenvolvimento das forças produtivas próprias ao capitalismo, nem imaginar seu desenvolvimento tecnológico sem a existência, concomitante, dos aparelhos de poder. No caso, por exemplo, da divisão do trabalho nas grandes oficinas do século XVIII, como se teria chegado a essa repartição das tarefas se não tivesse ocorrido uma nova distribuição do poder no próprio nível da organização das forças produtivas? O mesmo se poderia dizer em relação ao Exército moderno: não foi suficiente um outro tipo de armamento e uma outra forma de recrutamento; foi preciso também nova distribuição do poder que se chama disciplina, com suas hierarquias, seus enquadramentos, suas inspeções, seus exercícios, seus condicionamentos e adestramentos. Sem o que o Exército, tal como funcionou desde o século XVII, não teria existido.

Barou: Entretanto, alguém ou alguns impulsionam ou não o conjunto?

Foucault: É preciso fazer uma distinção. É evidente que, em um dispositivo como um Exército ou uma oficina, ou um outro tipo de instituição, a rede do poder possui uma forma piramidal. Existe portanto um ápice; mas, mesmo em um caso tão simples como esse, o "ápice" não é a "fonte" ou o "princípio" de onde todo o poder derivaria como de um foco luminoso (esta é a imagem que a monarquia faz dela própria). O ápice e os elementos inferiores da hierarquia estão em uma relação de apoio e de condicionamento recíprocos; eles se "sustentam" (o poder, "chantagem" mútua e indefinida). Mas se você me pergunta: a nova tecnologia de poder historicamente teve origem em um indivíduo ou em um grupo determinado de indivíduos que teriam decidido aplicá-la para servir a seus interesses e tornar o corpo social passível de ser utilizado por elas? Eu responderia: não. Essas táticas foram inventadas e organizadas a partir de condições locais e de urgências particulares. Elas se delinearam por partes antes que uma estratégia de classe as solidificasse em amplos conjuntos coerentes. É preciso assinalar, além disso, que esses conjuntos não consistem em uma homogeneização, mas muito mais em uma articulação complexa por meio da qual os diferentes mecanismos de poder procuram apoiar-se, mantendo sua especificidade. A articulação atual entre família, medicina, psiquiatria, psicanálise, escola e justiça, a respeito das crianças, não homogeneíza essas instâncias diferentes, mas estabelece entre elas conexões, repercussões, complementaridades, delimitações, que supõem que cada uma mantenha, até certo ponto, suas modalidades próprias.

PERROT: Você se volta contra a ideia de um poder que seria uma superestrutura, mas não contra a ideia de que esse poder é, de alguma forma, consubstancial ao desenvolvimento das forças produtivas; ele faz parte desse desenvolvimento.

FOUCAULT: Certamente. E ele se transforma continuamente junto com elas. O *panopticon* era uma utopia-programa. Mas já na época de Bentham, o tema de um poder espacializante, vidente, imobilizante, em suma, disciplinar, era de fato extrapolado por mecanismos muito mais sutis que permitiam a regulamentação dos fenômenos da população, o controle de suas oscilações, a compensação de suas irregularidades. Bentham é "arcaizante" pela importância que ele dá ao olhar; é muito moderno pela importância que dá às técnicas de poder em geral.

Perrot: Não existe Estado global, existem microssociedades, microcosmos que se instalam.

Barou: A partir daí, é preciso, face ao desdobramento do *panopticon*, questionar a sociedade industrial? Ou é preciso fazer da sociedade capitalista seu responsável?

Foucault: Sociedade industrial ou sociedade capitalista? Eu não saberia responder, a não ser dizendo que essas formas de poder também podem ser encontradas nas sociedades socialistas; a transferência foi imediata. Mas a esse respeito, preferiria que a historiadora respondesse em meu lugar.

Perrot: É verdade que a acumulação de capital se fez através de uma tecnologia industrial e da instauração de um aparelho de poder. Mas não é menos verdade que um processo semelhante se encontra na sociedade socialista soviética. O stalinismo, em certos aspectos, corresponde a um período de acumulação do capital e de instauração de um poder forte

Barou: Encontramos, de passagem, a noção de lucro; nesse sentido, a máquina desumana de Bentham se mostra preciosa, ao menos para alguns.

Foucault: Evidentemente! E preciso ter o otimismo um pouco ingênuo dos *dandies* do século XIX para imaginar que a burguesia é estúpida. Ao contrário, é preciso contar com sua genialidade; um exemplo disso é o fato de que ela conseguiu construir máquinas de poder que instauram circuitos de lucro, os quais por sua vez reforçam e modificam os dispositivos de poder, de maneira móvel e circular. O poder feudal, funcionando sobretudo com base na extração e na despesa, minava a si mesmo. O da burguesia se reproduz, não por conservação, mas por transformações sucessivas. Daí o fato de sua disposição não se inscrever na história como a da feudalidade. Daí ao mesmo tempo sua precariedade e sua flexibilidade inventiva. Daí a possibilidade de sua queda e da Revolução estarem quase desde o começo articuladas à sua história.

Perrot: Pode-se notar que Bentham dá uma grande importância ao trabalho, a que ele sempre volta.

Foucault: Isso se deve ao fato de que as técnicas de poder foram inventadas para responder às exigências da produção. Falo de produção em sentido amplo (pode-se tratar de "produzir" uma destruição, como no caso do Exército).

Barou: Por falar nisso, quando você emprega a palavra "trabalho" em seus livros, raramente ela se refere ao trabalho produtivo.

Foucault: Acontece que me ocupei de pessoas que estavam situadas fora dos circuitos do trabalho produtivo: os loucos, os doentes, os prisioneiros e atualmente as crianças. O trabalho para eles, tal como devem realizá-lo, tem um valor sobretudo disciplinar.

Barou: O trabalho como forma de adestramento: não é sempre esse o caso?

Foucault: Certamente! A função tripla do trabalho está sempre presente: função produtiva, função simbólica e função de adestramento, ou função disciplinar. A função produtiva é sensivelmente igual a zero nas categorias de que me ocupo, enquanto as funções simbólica e disciplinar são muito importantes. Mas o mais frequente é que os três componentes coabitem.

Perrot: Bentham, em todo caso, me parece bastante seguro, muito confiante na força penetrante do olhar. Fica-se mesmo com a impressão de que ele avalia mal o grau de opacidade e de resistência do material a corrigir, a reintegrar na sociedade — os famosos prisioneiros. Ao mesmo tempo, o *panopticon* de Bentham não é um pouco a ilusão do poder?

FOUCAULT: É a ilusão de quase todos os reformadores do século XVIII, que deram à opinião uma autoridade considerável. A opinião só podendo ser boa por ser a consciência imediata de todo o corpo social, eles acreditaram que as pessoas iriam tornar-se virtuosas pelo simples fato de serem olhadas. A opinião era para eles como que uma reatualização espontânea do contrato. Eles desconheciam as condições reais da opinião, os *media*, uma materialidade que obedece aos mecanismos da economia e do poder em forma de imprensa, edição, depois de cinema e televisão.

PERROT: Quando você diz: eles desconheceram os *media*, você quer dizer: eles desconheceram que era preciso fazê-los passar pelos *media*.

FOUCAULT: E que esses *media* seriam necessariamente comandados por interesses econômico-políticos. Eles não perceberam os componentes materiais e econômicos da opinião. Eles acreditaram que a opinião era justa por natureza, que ela se difundiria por si mesma e que seria um tipo de vigilância democrática. No fundo, foi o jornalismo — invenção fundamental do século XIX — que manifestou o caráter utópico de toda essa política do olhar.

PERROT: De um modo geral, os pensadores desconhecem as dificuldades que encontrarão para fazer seu sistema "pegar", eles ignoram que haverá sempre formas de escapar às malhas da rede e que as resistências desempenharão seu papel. No domínio das prisões, os detentos não foram pessoas passivas; é Bentham que nos deixa supor o contrário. O próprio discurso penitenciário se desenrola como se não houvesse ninguém frente a ele, a não ser uma tábula rasa, a não ser pessoas a reformar e a devolver em seguida ao circuito da produção. Na realidade, existe um material — os detentos — que resiste incrivelmente. O mesmo poderia ser dito em relação ao taylorismo. Esse sistema é uma extraordinária invenção de um engenheiro que quer lutar contra a vagabundagem, contra tudo que diminui o ritmo da produção. Mas se pode colocar a questão: o taylorismo algum dia realmente funcionou?

FOUCAULT: Efetivamente, é um outro elemento que torna Bentham irreal: a resistência efetiva das pessoas. Coisas que você, Michelle Perrot, estudou. Como as pessoas nas oficinas, nas cidades, resistiram ao sistema de vigilância e de registro contínuos? Tinham elas consciência do caráter subordinante, dominador, insuportável dessa vigilância? Ou elas a aceitavam como natural? Em suma, houve revoltas contra o olhar?

PERROT: Houve revoltas contra o olhar. A repugnância dos trabalhadores em morar nas cidades operárias é um fato evidente. As cidades operárias, durante muito tempo, foram um fracasso. O mesmo em relação à repartição do tempo, tão presente no *panopticon*. A fábrica e seus horários durante muito tempo suscitaram uma resistência passiva que se traduziu no fato de simplesmente se faltar ao trabalho. É a história fantástica da segunda-feira santa no século XIX, dia que os operários inventaram para poder descansar. Houve diversas formas de resistência ao sistema industrial, tanto que, em um primeiro momento, o patronato teve que recuar. Outro exemplo: os sistemas de micropoder não se instauraram imediatamente. Esse tipo de vigilância e de enquadramento desenvolveu-se primeiro nos setores mecanizados que utilizavam mulheres ou crianças, portanto pessoas habituadas a obedecer: a mulher a seu marido, a criança à sua família.

Mas nos setores, digamos viris, como a metalurgia, a situação é completamente diferente. O patronato não consegue instalar imediatamente seu sistema de vigilância, além de, durante a primeira metade do século XIX, delegar poderes. Ele se relaciona com a equipe de operários por meio de seu chefe, que é frequentemente o operário mais antigo ou mais qualificado. Vê-se exercer um verdadeiro contrapoder dos operários profissionais, contrapoder que apresenta às vezes duas facetas: uma contra o patronato, em defesa da comunidade operária, e outra, às vezes, contra os próprios operários, pois o chefezinho oprime seus aprendizes ou camaradas. Na verdade, essas formas de contrapoder operário existiram até o dia em que o patronato mecanizou as funções que lhe escapavam; ele pôde assim abolir o poder do operário profissional. Existem inúmeros exemplos: entre os laminadores, o chefe de oficina teve meios de resistir ao patrão até o dia em que máquinas quase automatizadas passaram a ser utilizadas. O exame visual do operário laminador, que julgava — também utilizando o olho — se o material estava no ponto, foi substituído pelo controle térmico; a leitura de um termômetro é suficiente.

FOUCAULT: É preciso analisar o conjunto das resistências ao *panopticon* em termos de tática e de estratégia, vendo que cada ofensiva serve de ponto de apoio a uma contraofensiva. A análise dos mecanismos de poder não tende a mostrar que o poder é ao mesmo tempo anônimo e sempre vencedor. Trata-se ao contrário de demarcar as posições e os modos de ação de cada um, as possibilidades de resistência e de contra-ataque de uns e de outros.

Barou: Batalhas, ações e reações, ofensivas e contraofensivas: você fala como um estrategista. As resistências ao poder teriam características essencialmente físicas? Qual é o conteúdo das lutas e quais são as aspirações que nelas se manifestam?

Foucault: Trata-se na verdade de uma questão importante de teoria e de método. Uma coisa me impressiona: utiliza-se muito, em certos discursos políticos, o vocabulário das relações de força; a palavra "luta" é uma das que aparecem com mais frequência. Ora, parece-me que se hesita às vezes em tirar as consequências disso, ou mesmo em colocar o problema que está subentendido nesse vocabulário: isto é, é preciso analisar as "lutas" como as peripécias de uma guerra, é preciso decifrá-las por um código que seria o da estratégia e o da tática? A relação de forças na ordem da política é uma relação de guerra? Pessoalmente, no momento não me sinto pronto para responder afirmativa ou negativamente de forma definitiva. Só acho que a pura e simples afirmação de uma "luta" não pode servir de explicação primeira e última para a análise das relações de poder. Esse tema da luta, só se torna operatório se for estabelecido concretamente, e em relação a cada caso, quem está em luta, a respeito de que, como se desenrola a luta, em que lugar, com quais instrumentos e segundo que racionalidade. Em outras palavras, se o objetivo for levar a sério a afirmação de que a luta está no centro das relações de poder, é preciso perceber que a brava e velha "lógica" da contradição não é de forma alguma suficiente para elucidar os processos reais.

PERROT: Em outras palavras, e para voltar ao *panopticon*, Bentham não projeta somente uma sociedade utópica, ele descreve também uma sociedade existente.

FOUCAULT: Ele descreve, na utopia de um sistema geral, mecanismos específicos que realmente existem.

PERROT: E, em relação aos prisioneiros, apoderar-se da torre central não tem sentido?

FOUCAULT: Sim. Contanto que esse não seja o objetivo final da operação. Os prisioneiros fazendo funcionar o dispositivo pan-óptico e ocupando a torre — você acredita então que será muito melhor assim que com os vigias?

15
Não ao sexo rei[1]

BERNARD HENRI-LÉVY: Você inaugura, com *A vontade de saber*, uma história da sexualidade que, ao que tudo indica, é monumental. O que justifica hoje, para você, Michel Foucault, um empreendimento de tal amplitude?

MICHEL FOUCAULT: De tal amplitude? Não, não, muito mais de tal exiguidade. Não quero fazer a crônica dos comportamentos sexuais através das épocas e das civilizações. Quero seguir um fio muito mais tênue: o fio que, em nossas sociedades, durante tantos séculos ligou o sexo e a procura da verdade.

HENRI-LÉVY: Em que sentido precisamente?

FOUCAULT: O problema é o seguinte: como se explica que, em uma sociedade como a nossa, a sexualidade não seja simplesmente aquilo que permita a reprodução da espécie, da família, dos indivíduos? Não seja simplesmente alguma coisa que dê prazer e gozo? Como é possível que ela tenha sido considerada como o lugar privilegiado em que nossa "verdade" profunda é lida, é dita? Pois o essencial é que, a partir do cristianismo, o Ocidente não parou de dizer "Para saber quem és, conheças teu sexo". O sexo sempre

---
[1] "Non au sexe roi", in *Le Nouvel Observateur*. Paris: 12 de março de 1977. Tradução de Angela Loureiro de Souza, originalmente publicada em *Ensaio de Opinião*, n°8. Rio de Janeiro: 1978.

foi o núcleo onde se aloja, com o devir de nossa espécie, nossa "verdade" de sujeito humano.

A confissão, o exame de consciência, toda uma insistência sobre os segredos e a importância da carne não foram somente um meio de proibir o sexo ou de afastá-lo o mais possível da consciência; foi uma forma de colocar a sexualidade no centro da existência e de ligar a salvação ao domínio de seus movimentos obscuros. O sexo foi aquilo que, nas sociedades cristãs, era preciso examinar, vigiar, confessar, transformar em discurso.

Henri-Lévy: Daí a tese paradoxal que esse primeiro volume defende: nossas sociedades não pararam de falar da sexualidade e de fazê-la falar, ao invés de fazer dela o seu tabu, a sua principal proibição...

Foucault: Poder falar da sexualidade se podia muito bem e muito, mas somente para proibi-la. Mas eu quis enfatizar duas coisas importantes. Primeiro, que o esclarecimento, a "iluminação" da sexualidade não foi feita só nos discursos mas também na realidade das instituições e das práticas. Segundo, que as proibições existem, são numerosas e fortes. Mas que fazem parte de uma economia complexa em que existem ao lado de incitações, de manifestações, de valorizações. São sempre interditos que são enfatizados. Gostaria de mudar um pouco o cenário; em todo caso, apreender o conjunto dos dispositivos.

Além disso, você bem sabe que fizeram de mim o melancólico historiador das proibições e do poder repressivo, alguém que sempre conta histórias bipolares: a loucura e seu enclausuramento, a anomalia e sua exclusão, a delinquência e seu aprisionamento. Ora, meu problema sempre esteve do lado de um outro polo: a verdade. Como o poder que se exerce sobre a loucura produziu o discurso "verdadeiro" da psiquiatria? O mesmo em relação à sexualidade: retomar a vontade de saber onde o poder sobre o sexo se embrenhou. Não quero fazer a sociologia histórica de uma proibição, mas a história política de uma produção de "verdade".

Henri-Lévy: Uma nova revolução no conceito de história? A aurora de uma outra "nova história"?

Foucault: Há anos, os historiadores ficaram muito orgulhosos quando descobriram que podiam fazer não somente a história das batalhas, dos reis e das instituições, mas também a história da economia. Ei-los todos estupefatos por terem os mais maliciosos entre eles mostrado que também se podia fazer a história dos sentimentos, dos comportamentos, dos corpos. Que a história do Ocidente não seja dissociável da maneira pela qual a "verdade" é produzida e assinala seus efeitos, eles logo compreenderão...

Vivemos em uma sociedade que, em grande parte, marcha "ao compasso da verdade" — ou seja, que produz e faz circular discursos que funcionam como verdade, que passam por tal e que detêm por esse motivo poderes específicos. A produção de discursos "verdadeiros" (e que, além disso, mudam incessantemente) é um dos problemas fundamentais do Ocidente. A história da "verdade" — do poder próprio aos discursos aceitos como verdadeiros — está totalmente por ser feita.

Quais são os mecanismos positivos que, produzindo a sexualidade desta ou daquela forma, ocasionam efeitos de miséria?

Em todo caso, no que me diz respeito, gostaria de estudar todos os mecanismos que, em nossa sociedade, convidam, incitam, coagem a falar do sexo.

Henri-Lévy: Alguns responderiam que, apesar dessa explicitação discursiva, a repressão, a miséria sexual também existem...

Foucault: Sim, fizeram essa objeção a mim. Você tem razão: todos nós vivemos — uns mais, outros menos — em um estado de miséria sexual. Mas, efetivamente, não trato dessa experiência de vida em meu livro...

Henri-Lévy: Por quê? Trata-se de uma escolha deliberada?

Foucault: Quando eu abordar, nos volumes seguintes, os estudos concretos — a respeito das mulheres, das crianças, dos perversos —, tentarei analisar as formas e as condições dessa miséria. Mas, no momento, trata-se de fixar o método. O problema é saber se essa miséria deve ser explicada negativamente por uma proibição fundamental ou por um interdito relativo a uma situação econômica ("Trabalhem, não façam amor"); ou se ela é o efeito de procedimentos muito mais complexos e muito mais positivos.

Henri-Lévy: O que poderia ser, nesse caso, uma explicação "positiva"?

Foucault: Farei uma comparação presunçosa. O que fez Marx quando, em sua análise do capital, ele encontrou o problema da miséria operária? Ele recusou a explicação habitual, que fazia da miséria o efeito de uma escassez natural ou de um roubo organizado. E, essencialmente, ele disse: considerando o que vem a ser a produção capitalista em suas leis fundamentais, ela não pode deixar de produzir miséria. O capitalismo não tem como razão de ser privar os trabalhadores dos meios de subsistência. Mas ele não pode se desenvolver sem privá-los dos meios de subsistência. Marx substituiu a denúncia do roubo pela análise da produção.

Mutatis mutandis, foi um pouco isso o que eu quis fazer. Não se trata de negar a miséria sexual, mas também não se trata de explicá-la negativamente por uma repressão. O problema está em apreender quais são os mecanismos positivos que, produzindo a sexualidade desta ou daquela maneira, acarretam efeitos de miséria.

Um exemplo de que tratarei em próximo volume: no começo do século XVIII, de repente se dá uma importância enorme à masturbação infantil, perseguida por toda parte como uma epidemia repentina, terrível, capaz de comprometer toda a espécie humana.

Será necessário admitir que a masturbação das crianças de repente se tornou inaceitável para uma sociedade capitalista em vias de desenvolvimento? Essa hipótese de alguns "reichianos" recentes não me parece satisfatória.

Ao contrário, na época, o importante era a reorganização das relações entre crianças e adultos, pais, educadores, era a intensificação das relações intrafamiliares, era a criança transformada em problema comum para os pais, as instituições educativas, as instâncias de higiene pública, era a criança como semente das populações futuras. Na encruzilhada do corpo e da alma, da saúde e da moral, da educação e do adestramento, o sexo das crianças tornou-se ao mesmo tempo um alvo e um instrumento de poder. Foi constituída uma "sexualidade das crianças" específica, precária, perigosa, a ser constantemente vigiada.

Daí uma miséria sexual da infância e da adolescência de que nossas gerações ainda não se livraram; mas o objetivo procurado não era a miséria, não era proibir. O fim era constituir, através da sexualidade infantil, tornada subitamente importante e misteriosa, uma rede de poder sobre a infância.

Henri-Lévy: Essa ideia de que a miséria sexual vem da repressão, essa ideia de que, para ser feliz, é preciso liberar nossas sexualidades, é no fundo a ideia dos sexólogos, dos médicos e dos policiais do sexo...

Foucault: Sim. E é por isso que eles nos colocam uma armadilha perigosa. Eles dizem mais ou menos o seguinte: "Vocês têm uma sexualidade, essa sexualidade está ao mesmo tempo frustrada e muda, proibições hipócritas a reprimem. Então venham a nós, digam e mostrem tudo isso a nós, revelem seus infelizes segredos a nós..."

Esse tipo de discurso é, na verdade, um formidável instrumento de controle e de poder. Ele utiliza, como sempre, o que dizem as pessoas, o que elas sentem, o que elas esperam. Ele explora a tentação de acreditar que é suficiente, para ser feliz, ultrapassar o umbral do discurso e eliminar algumas proibições. E de fato acaba depreciando e esquadrinhando os movimentos de revolta e liberação...

Henri-Lévy: Daí, suponho, o mal-entendido de alguns comentadores: "Segundo Foucault, repressão e liberação do sexo dão no mesmo..." Ou ainda: "O MLAC e o Laissez-les vivre[2] no fundo têm o mesmo discurso..."

Foucault: Sim! A esse respeito é preciso clarificar as coisas. Efetivamente, fizeram-me dizer que entre a linguagem da censura e a da contracensura, entre o discurso dos guardiães do pudor e o da liberação do sexo não há verdadeira diferença. Dizem que eu colocava todos no mesmo saco, para

---

[2] Mouvement pour la Liberté de l'Avortement et de la Contraception (Movimento para liberação do aborto e da contracepção, em tradução livre) é uma organização militante criada em 1973 em defesa dos direitos das mulheres, em especial o de praticar o aborto. O movimento Laissez-les vivre (Deixem-os viver, em tradução livre) foi fundado em 1971 como uma associação contra o aborto. (N.E.)

afogá-los como uma ninhada de gatos. Radicalmente errado: não foi isso que eu quis dizer. Além disso, o importante é que de forma alguma eu disse tal coisa.

Henri-Lévy: Você admite de qualquer forma que existem elementos, enunciados comuns...

Foucault: Mas uma coisa é o enunciado e outra o discurso. Existem elementos táticos comuns e estratégias opostas.

Henri-Lévy: Por exemplo?

Foucault: Acho que os movimentos ditos de "liberação sexual" devem ser compreendidos como movimentos de afirmação "a partir" da sexualidade. Isso quer dizer duas coisas: são movimentos que partem da sexualidade, do dispositivo de sexualidade no interior do qual nós estamos presos, que fazem com que ele funcione até seu limite; mas, ao mesmo tempo, eles se deslocam em relação a ele, se livram dele e o ultrapassam.

Henri-Lévy: Em que sentido eles ultrapassam?

Foucault: Tomemos o caso da homossexualidade. Foi por volta de 1870 que os psiquiatras começaram a constituí-la como objeto de análise médica: ponto de partida, certamente, de toda uma série de intervenções e de controles novos.

É o início tanto do internamento dos homossexuais nos asilos, quanto da determinação de curá-los. Antes eles eram percebidos como libertinos e às vezes como delinquentes (daí as condenações que podiam ser bastante severas — às vezes o fogo, ainda no século XVIII — mas que eram inevitavelmente raras). A partir de então, *todos* serão percebidos no interior de um parentesco global com os loucos, como doentes do instinto sexual. Mas, tomando ao pé da letra tais discursos e contornando-os, vemos aparecer respostas em forma de desafio: está certo, nós somos o que vocês dizem, por natureza, perversão ou doença, como quiserem. E, se somos assim, sejamos assim e, se vocês quiserem saber o que nós somos, nós mesmos diremos, melhor que vocês. Toda uma literatura da homossexualidade, muito diferente das narrativas libertinas, aparece no final do século XIX: veja Wilde ou Gide. É a inversão estratégica de uma "mesma" vontade de verdade.

Henri-Lévy: Na verdade é isso que acontece com todas as minorias, as mulheres, os jovens, os negros americanos...

Foucault: Certamente. Durante muito tempo se tentou fixar as mulheres à sua sexualidade. *"Vocês são apenas o seu sexo"*, dizia-se a elas há séculos. E esse sexo, acrescentaram os médicos, é frágil, quase sempre doente e sempre indutor de doença. *"Vocês são a doença do homem."* E esse movimento muito antigo se acelerou no século XVIII, chegando à patologização da mulher: o corpo da mulher torna-se objeto médico por excelência. Tentarei mais tarde fazer a história dessa imensa "ginecologia", no sentido amplo do termo.

Ora, os movimentos feministas aceitaram o desafio. Somos sexo por natureza? Muito bem, sejamos sexo, mas em sua singularidade e especificidade irredutíveis. Tiremos disso as consequências e reinventemos nosso próprio tipo de existência, política, econômica, cultural... Sempre o mesmo movimento: partir dessa sexualidade na qual se procura colonizá-las e atravessá-la para ir em direção a outras afirmações

Henri-Lévy: Essa estratégia que você descreve, essa estratégia de duas faces ainda é, no sentido clássico, uma estratégia de liberação? Ou será que se deveria dizer que liberar o sexo é, de agora em diante, odiá-lo e ultrapassá-lo?

Foucault: Está se esboçando atualmente um movimento que me parece ir contra a corrente do "sempre mais sexo", do "sempre mais verdade no sexo" que existe há séculos: trata-se, não digo de "redescobrir", mas de fabricar outras formas de prazer, de relações, de coexistências, de laços, de amores, de intensidades. Tenho a impressão de escutar atualmente um sussurro "antissexo" (não sou profeta, no máximo um diagnosticador), como se um esforço em profundidade estivesse sendo feito para sacudir essa grande "sexografia" que faz com que decifremos o sexo como se fosse segredo universal.

Henri-Lévy: Existem sinais para esse diagnóstico?

Foucault: Vejamos um caso. Um jovem escritor, Hervé Guibert, tinha feito contos para crianças: nenhum editor aceitou. Ele escreve então um outro texto, por sinal surpreendente e de aparência muito *"sexo"*. Essa era a condição para se fazer ouvir e ser editado. Ei-lo portanto publicado (trata-se de *La Mort propagande*). Leia esse livro: ele parece ser o contrário da escrita sexográfica que foi a lei da pornografia e às vezes da boa literatura: ir progressivamente até chegar a nomear o que há de mais inominável no sexo. Hervé começa logo com o pior e o extremo — *"Vocês querem que se fale dele, muito bem, em frente: vocês ouvirão o que nunca ouviram"* — e com o infame material ele constrói corpos, miragens, castelos, fusões, ternuras, raças, inebriamentos; todo o pesado coeficiente do sexo se volatizou. Mas esse é somente um exemplo do desafio "antissexo" de que poderíamos encontrar outros sinais. Talvez seja o fim desse morno deserto da sexualidade, o fim da monarquia do sexo.

Henri-Lévy: A menos que nós não estejamos consagrados, encavilhados ao sexo como a uma fatalidade. E isso desde a infância, como se diz...

FOUCAULT: Justamente, olhe o que ocorre em relação às crianças. Diz-se: a vida das crianças é sua vida sexual. Da mamadeira à puberdade, só se trata disso. Atrás do desejo de aprender a ler ou do gosto pelas histórias em quadrinhos, existe ainda e sempre a sexualidade. Muito bem, você tem certeza de que esse tipo de discurso é efetivamente liberador? Você tem certeza de que ele não aprisiona as crianças em um tipo de insularidade sexual? E se eles, afinal de contas, pouco se importassem? Se a liberdade de não ser adulto consistisse justamente em não estar dependente da lei, do princípio, do lugar comum — afinal de contas tão entediante — da sexualidade? Se fosse possível estabelecer às coisas, às pessoas, aos corpos relações polimorfas, não seria isso a infância? Esse polimorfismo é chamado pelos adultos, por questões de segurança, de perversidade; que assim o colorem com os tons monótonos do próprio sexo.

HENRI-LÉVY: A criança é oprimida por aqueles que pretendem liberá-la?

FOUCAULT: Leia o livro de Schérer e Hocquenghem: ele mostra que a criança tem um regime de prazer para o qual o código do "sexo" constitui uma verdadeira prisão.

HENRI-LÉVY: Um paradoxo?

FOUCAULT: Isso decorre da ideia de que a sexualidade não é fundamentalmente aquilo de que o poder tem medo; mas de que ela é, sem dúvida e antes de tudo, aquilo através de que ele se exerce.

HENRI-LÉVY: Mas veja os Estados autoritários: pode-se dizer que o poder não se exerce contra, mas através da sexualidade?

FOUCAULT: Dois fatos recentes; aparentemente contraditórios. Há mais ou menos dezoito meses, a China iniciou uma campanha contra a masturbação das crianças, exatamente no estilo da que o século XVIII europeu conheceu (ela impede o trabalho, causa surdez, faz a espécie degenerar...). Em compensação, antes do fim do ano, a URSS receberá, pela primeira vez, um congresso de psicanalistas (é necessário que ela receba, já que lá não existem psicanalistas). Liberalização? Degelo dos lados do inconsciente? Primavera da libido soviética contra o emburguesamento moral dos chineses?

Nas tolices envelhecidas de Pequim e nas novas curiosidades dos soviéticos, vejo sobretudo o duplo reconhecimento do fato de que, formulada *e* proibida, dita *e* interdita, a sexualidade é um comutador que nenhum sistema moderno de poder pode dispensar. Temamos, temamos o socialismo de aspecto sexual.

Henri-Lévy: O poder, em outras palavras, não é mais necessariamente aquilo que censura e aprisiona?

Foucault: De modo geral, eu diria que o interdito, a recusa, a proibição, longe de serem as formas essenciais do poder, são apenas seus limites, as formas frustradas ou extremas. As relações de poder são, antes de tudo, produtivas.

Henri-Lévy: Essa é uma ideia nova em relação aos seus livros anteriores.

Foucault: Se eu quisesse fazer pose e assumir uma coerência um pouco fictícia, eu diria que esse sempre foi o meu problema: efeitos de poder e produção de "verdade". Sempre me senti pouco à vontade diante dessa noção de ideologia tão utilizada nos últimos anos. Ela foi utilizada para explicar erros, ilusões, representações-anteparo, em suma, tudo que impede a formação de discursos verdadeiros. Ela também foi utilizada para mostrar a relação entre o que se passa na cabeça das pessoas e seu lugar nas relações de produção. *Grosso modo*, a economia do não verdadeiro. Meu problema é a política do verdadeiro. Mas eu custei a perceber.

HENRI-LÉVY: Por quê?

FOUCAULT: Por várias razões. Primeiro, porque o poder no Ocidente é o que mais se mostra, portanto o que melhor se esconde: o que se chama a "vida política", a partir do século XIX, é (um pouco como a Corte na época monárquica) a maneira pela qual o poder se representa. Não é aí nem assim que ele funciona. As relações de poder estão talvez entre as coisas mais escondidas no corpo social.

Segundo, porque, desde o século XIX, a crítica da sociedade foi feita, essencialmente, com base no caráter efetivamente determinante da economia. Sã redução do "político", certamente, mas também tendência a negligenciar as relações de poder elementares que podem ser constituintes das relações econômicas.

Terceira razão: uma tendência que é comum às instituições, aos partidos, a toda uma corrente de pensamento e de ação revolucionários e que consiste em só ver o poder na forma e nos aparelhos de Estado. O que leva, quando nos voltamos para os indivíduos, a que só encontremos o poder em suas cabeças (sob forma de representação, aceitação ou interiorização).

HENRI-LÉVY: E, face a isso, o que você quis fazer?

FOUCAULT: Quatro coisas: pesquisar o que pode haver de mais escondido nas relações de poder; apreendê-las até nas infraestruturas econômicas; segui-las em suas formas não somente estatais, mas infraestatais ou paraestatais; reencontrá-las em seu jogo material.

HENRI-LÉVY: A partir de que momento você fez esse tipo de análise?

FOUCAULT: Se você quiser uma referência livresca, em *Vigiar e punir*. Gostaria mais de dizer que foi a partir de uma série de acontecimentos e de experiências feitas, depois de 1968, em relação à psiquiatria, à delinquência, à escolaridade etc. Mas acredito que esses acontecimentos jamais poderiam ter adquirido sentido e intensidade se não tivessem atrás de si duas sombras gigantescas que foram o fascismo e o stalinismo. Se a miséria operária — essa subexistência — fez com que o pensamento político do século XIX girasse em torno da economia, o fascismo e o stalinismo — esses dois sobrepoderes — estão na origem da inquietude política de nossas sociedades atuais.

Daí, dois problemas: Como funciona o poder? É suficiente que ele proíba violentamente para funcionar realmente? E em seguida: será que ele sempre se precipita de cima para baixo, do centro para a periferia?

HENRI-LÉVY: Na verdade eu vi, em *A vontade de saber*, esse deslocamento, essa mudança essencial: dessa vez você nitidamente rompe com um naturalismo difuso que existia em seus livros precedentes...

FOUCAULT: O que você chama de "naturalismo" designa, creio eu, duas coisas. Uma certa teoria, a ideia de que sob o poder, suas violências e artifícios, deve-se encontrar as próprias coisas em sua vivacidade primitiva: atrás dos muros do asilo, a espontaneidade da loucura; através do sistema penal, a febre generosa da delinquência; sob o interdito sexual, o frescor do desejo. E também uma certa escolha estético-moral: o poder é mal, é feio, é pobre, estéril, monótono, morto; e aquilo sobre o qual o poder se exerce é bem, é bom, é rico.

HENRI-LÉVY: Sim. O tema comum à Vulgata marxista e ao neoesquerdismo: "Debaixo dos paralelepípedos, a natureza em festa."

Foucault: Como quiser. Existem momentos em que essas simplificações são necessárias. Para de tempos em tempos mudar o cenário e passar do pró ao contra, um tal dualismo é provisoriamente útil.

Henri-Lévy: E depois vem o tempo da parada, o momento da reflexão e do novo equilíbrio?

Foucault: Ao contrário. Deve vir o momento da nova mobilidade e do novo deslocamento. Pois essas viradas do pró ao contra logo se bloqueiam, nada podendo fazer a não ser se repetir, formando o que Jacques Rancière chama a "doxa esquerdista". A partir do momento em que se repete indefinidamente o mesmo refrão da cançoneta antirrepressiva, as coisas permanecem onde estão e qualquer um pode cantar a mesma música, que ninguém prestará atenção. Essa inversão dos valores e das verdades, de que eu falava antes, foi importante por não se limitar a simples vivas (viva a loucura, viva a delinquência, viva o sexo), mas por permitir novas estratégias. O que frequentemente me incomoda hoje — em última análise, o que me dói — é que todo esse trabalho feito durante quinze anos, muitas vezes com dificuldades e às vezes na solidão, só funciona para alguns como sinal de pertencimento: estar do "lado correto", do lado da loucura, das crianças, da delinquência, do sexo.

Henri-Lévy: Não existe um lado correto?

Foucault: É preciso passar para o outro lado — o "lado correto" —, mas para procurar se desprender desses mecanismos que fazem aparecer dois lados, para dissolver essa falsa unidade, a "natureza" ilusória desse outro lado de que tomamos o partido. É aí que começa o verdadeiro trabalho, o do historiador do presente.

Henri-Lévy: Em muitos momentos você se definiu como "historiador". O que significa isso? Por que "historiador" e não "filósofo"?

Foucault: Eu diria — usando uma forma tão ingênua quanto uma fábula para crianças — que a questão da filosofia durante muito tempo foi: *"nesse mundo em que tudo morre, o que não desaparece? O que somos nós, nós que morreremos, em relação ao que desaparece?"* Acho que, desde o século XIX, a filosofia não parou de se aproximar da questão: *"O que acontece atualmente e o que somos nós, nós que talvez não sejamos nada mais e nada além daquilo que acontece atualmente?"* A questão da filosofia é a questão deste presente que é o que somos. Daí a filosofia hoje ser inteiramente política e inteiramente indispensável à política.

Henri-Lévy: Não há hoje também uma volta à mais clássica, à mais metafísica das filosofias?

Foucault: Não acredito em nenhum tipo de volta. Eu diria apenas isto, em tom de brincadeira: o pensamento dos primeiros séculos cristãos teve que responder à questão: *"O que acontece atualmente? O que é este tempo que é o nosso tempo? Como e quando se dará a volta de Deus que nos foi prometida? O que fazer com o tempo que parece excessivo? E o que somos nós, nós que somos esta passagem?"* Seria possível dizer que, nessa vertente da história, em que a revolução deve se conter e ainda não aconteceu, nós colocamos a mesma questão: *"Quem somos nós, nós que estamos em excesso, neste tempo em que não acontece o que deveria acontecer?"* Todo o pensamento moderno, como toda a política, foi comandada pela questão da revolução.

Henri-Lévy: Essa questão da revolução, você continua a colocá-la e a refletir sobre ela? Em sua opinião, ela continua sendo a questão por excelência?

FOUCAULT: Se a política existe desde o século XIX, é porque existiu a Revolução Francesa. Esta não é uma espécie, uma região daquela. É a política que sempre se situa em relação à revolução. Quando Napoleão dizia: *"A forma moderna do destino é a política"*, ele simplesmente tirava as consequências dessa verdade, pois ele vinha depois da Revolução e antes do eventual retorno de outra.

O retorno da Revolução, é exatamente esse o nosso problema. É certo que, sem ele, a questão do stalinismo seria somente uma questão de escola — simples problema de organização das sociedades ou de validade do esquema marxista. Ora, a questão é bem outra no stalinismo. Você sabe bem disso: é a própria desejabilidade da revolução que hoje causa problema...

HENRI-LÉVY: Você deseja a revolução? Você deseja alguma coisa que exceda o simples dever ético de lutar, aqui e agora, ao lado destes ou daqueles, loucos e prisioneiros, oprimidos e miseráveis?

FOUCAULT: Não tenho resposta. Mas acho que fazer política sem ser um político é tentar saber com a maior honestidade possível se a revolução é desejável. É explorar esse terrível terreno movediço onde a política pode se enterrar.

HENRI-LÉVY: Se a revolução não fosse mais desejável, a política continuaria sendo o que você diz que ela é?

FOUCAULT: Não, não creio. Seria preciso inventar outra ou alguma coisa para substituí-la. Nós vivemos talvez o fim da política. Pois se é verdade que a política é um campo que foi aberto pela existência da revolução e se a questão da revolução não pode mais ser colocada nesses termos, então a política pode desaparecer.

HENRI-LÉVY: Voltemos à sua política, àquela que você consignou em *A vontade de saber*. Você diz: "Onde existe poder, existe resistência." Você não restabelece essa natureza que há pouco você queria descartar?

Foucault: Não acredito. Essa resistência de que falo não é uma substância. Ela não é anterior ao poder que ela enfrenta. Ela é coextensiva a ele e absolutamente contemporânea.

Henri-Lévy: A imagem invertida do poder? Daria no mesmo... Os paralelepípedos debaixo da natureza em festa...

Foucault: Também não é isso. Se fosse apenas isso, não haveria resistência. Para resistir, é preciso que a resistência seja como o poder. Tão inventiva, tão móvel, tão produtiva quanto ele. Que, como ele, venha de "baixo" e se distribua estrategicamente.

Henri-Lévy: "Onde existe poder, existe resistência" é, por conseguinte, quase uma tautologia...

Foucault Absolutamente. Não coloco uma substância da resistência em face de uma substância do poder. Digo simplesmente: a partir do momento em que há uma relação de poder, há uma possibilidade de resistência. Jamais somos aprisionados pelo poder: podemos sempre modificar sua dominação em condições determinadas e segundo uma estratégia precisa.

Henri-Lévy: Poder e resistência... Tática e estratégia... Por que essas metáforas guerreiras? Você acha que o poder deve ser de agora em diante concebido a partir da forma da guerra?

Foucault: Ainda não sei bem. O que me parece certo é que, para analisar as relações de poder, só dispomos de dois modelos: o que o direito nos propõe (o poder como lei, proibição, instituição) e o modelo guerreiro ou estratégico em termos de relações de forças. O primeiro foi muito utilizado e mostrou, acho eu, ser inadequado: sabemos que o direito não descreve o poder.

O outro, sei bem que também é muito usado. Mas se fica nas palavras: utilizam-se noções pré-fabricadas ou metáforas ("guerra de todos contra todos", "luta pela vida" ou ainda esquemas formais (as estratégias estão muito em moda entre alguns sociólogos e economistas, sobretudo americanos). Penso que seria necessário tentar aprimorar essa análise das relações de força.

HENRI-LÉVY: Essa concepção guerreira das relações de poder já existia nos marxistas?

FOUCAULT: O que me espanta, nas análises marxistas, é que sempre se fala de "luta de classes", mas que a palavra à qual se presta menos atenção é "luta". Mais uma vez é preciso nuançar. Os maiores marxistas (a começar por Marx) insistiram muito nos problemas "militares" (Exército como aparelho de Estado, levante armado, guerra revolucionária). Mas, quando falam de "luta de classes" como força motriz da história, eles se preocupam principalmente em saber o que é a classe, onde ela se situa, quem ela engloba e jamais o que concretamente é a luta. Uma ressalva: os textos não teóricos mas históricos do próprio Marx são mais sutis.

HENRI-LÉVY: Você acredita que seu livro possa preencher essa lacuna?

FOUCAULT: Não tenho essa pretensão. De modo geral, acho que os intelectuais — se é que essa categoria existe ou deve continuar a existir, o que não é certo e que talvez não seja desejável — renunciam à sua velha função profética.

E, dizendo isso, não penso somente em sua pretensão de dizer o que vai acontecer, mas na função de legislador à qual eles tanto aspiraram: *"Eis o que é preciso fazer, eis o que é bom, sigam-me. Na agitação em que vocês todos estão, eis o ponto fixo, que é onde eu estou."* O sábio grego, o profeta judeu e o legislador romano são sempre modelos que obcecam os que, hoje, têm como ocupação falar e escrever. Sonho com o intelectual destruidor das evidências e das universalidades, que localiza e indica nas inércias e coações do presente os pontos fracos, as brechas, as linhas de força; que sem cessar se desloca, não sabe exatamente onde estará ou o que pensará amanhã, por estar muito atento ao presente; que contribui, no lugar em que está, de passagem, a colocar a questão da revolução, se ela vale a pena e qual (quero dizer qual revolução e qual pena). Que fique claro que os únicos que podem responder são os que aceitam arriscar a vida para fazê-la.

Quanto a todas as questões de classificação ou de programa que nos são colocadas: *"Você é marxista?"*, *"O que você faria se tivesse o poder?"*, *"Quais são os seus aliados e suas filiações?"* são questões realmente secundárias em relação àquela que acabo de indicar: pois essa é a questão da atualidade.

16
Sobre a história da sexualidade[1]

ALAIN GROSRICHARD: Abordemos a *História da sexualidade*,[2] de que conhecemos o primeiro volume e que, pelo que você anuncia, deve ter seis.

MICHEL FOUCAULT: Gostaria primeiro de dizer que estou realmente contente em estar aqui com vocês. Foi um pouco por isso que dei esta forma a este livro. Até o momento, eu havia empacotado as coisas, não havia economizado citações, referências e havia publicado tijolos um pouco pesados, que quase nunca obtiveram resposta. Daí a ideia deste livro-programa, tipo queijo *gruyère*, cheio de buracos para que neles possamos nos alojar. Não quis dizer "Eis o que penso", pois ainda não estou muito seguro quanto ao que formulei. Mas quis ver se aquilo podia ser dito e até que ponto podia ser dito. Certamente, há o risco disto ser muito decepcionante para vocês. O que existe de incerto no que escrevi é certamente incerto. Não há artifícios; não há retóricas. E não estou certo quanto ao que escreverei nos próximos volumes. Por isso queria saber qual foi o efeito produzido por este discurso hipotético, geral. Acho que é a primeira vez que encontro pessoas que querem participar do jogo que proponho em meu livro.

---

[1] "Le Jeu de Michel Foucault", in *Ornicar*, n°10. Paris: julho de 1977. Tradução de Angela Loureiro de Souza.
[2] Michel Foucault, *História da sexualidade*. Rio de Janeiro: Graal, 1978 [2010].

O Dispositivo

GROSRICHARD: Sem dúvida. Comecemos com o título geral deste programa: *História da sexualidade*. De que tipo é este novo objeto histórico que você chama "a sexualidade"? Evidentemente não se trata da sexualidade tal como os botânicos ou os biólogos tematizavam ou tematizam, objeto do historiador das ciências; nem da sexualidade tal como a entende a história tradicional das ideias ou dos costumes, que você contesta quando a "hipótese repressiva" é colocada em questão; nem mesmo das práticas sexuais, que os historiadores estudam atualmente através de novos métodos e meios técnicos de análise. Você fala de um "dispositivo de sexualidade". Para você, qual é o sentido e a função metodológica deste termo: dispositivo?

FOUCAULT: Por esse termo tento demarcar, em primeiro lugar, um conjunto decididamente heterogêneo que engloba discursos, instituições, organizações arquitetônicas, decisões regulamentares, leis, medidas administrativas, enunciados científicos, proposições filosóficas, morais, filantrópicas. Em suma, o dito e o não dito são os elementos do dispositivo. O dispositivo é a rede que se pode estabelecer entre esses elementos.

Em segundo lugar, gostaria de demarcar a natureza da relação que pode existir entre esses elementos heterogêneos. Sendo assim, tal discurso pode aparecer como programa de uma instituição ou, ao contrário, como elemento que permite justificar e mascarar uma prática que permanece muda; pode ainda funcionar como reinterpretação dessa prática, dando-lhe acesso a um novo campo de racionalidade. Em suma, entre estes elementos, discursivos ou não, existe um tipo de jogo, ou seja, mudanças de posição, modificações de funções, que também podem ser muito diferentes.

Em terceiro lugar, entendo dispositivo como um tipo de formação que, em um determinado momento histórico, teve como função principal responder a uma urgência. O dispositivo tem, portanto, uma função estratégica dominante. Esse foi o caso, por exemplo, da absorção de uma massa de população flutuante que uma economia de tipo essencialmente mercantilista achava incômoda: existe aí um imperativo estratégico funcionando como matriz de um dispositivo, que pouco a pouco tornou-se o dispositivo de controle-dominação da loucura, da doença mental, da neurose.

Gérard Wajeman: Um dispositivo define-se portanto por uma estrutura de elementos heterogêneos, mas também por um certo tipo de gênese?

Foucault: Sim. E vejo dois momentos essenciais nessa gênese. Um primeiro momento é o da predominância de um objetivo estratégico. Em seguida, o dispositivo se constitui como tal e continua sendo dispositivo à medida que engloba um duplo processo: por um lado, processo de *sobredeterminação funcional*, pois cada efeito, positivo ou negativo, desejado ou não, estabelece uma relação de ressonância ou de contradição com os outros, e exige uma rearticulação, um reajustamento dos elementos heterogêneos que surgem dispersamente; por outro lado, processo de perpétuo *preenchimento estratégico*. Tomemos o exemplo do aprisionamento, dispositivo que fez com que, em determinado momento, as medidas de detenção tivessem aparecido como o instrumento mais eficaz, mais racional, que se podia aplicar ao fenômeno da criminalidade. O que isso produziu? Um efeito que não estava de modo algum previsto de antemão, que nada tinha a ver com uma astúcia estratégica produzida por uma figura meta ou trans-histórica que o teria percebido e desejado.

Este efeito foi a constituição de um meio delinquente, muito diferente daquela espécie de viveiro de práticas e indivíduos ilegalistas que se podia encontrar na sociedade setecentista. O que aconteceu? A prisão funcionou como filtro, concentração, profissionalização, isolamento de um meio delinquente. A partir mais ou menos de 1830, assiste-se a uma reutilização imediata deste efeito involuntário e negativo em uma nova estratégia, que de certa forma ocupou o espaço vazio ou transformou o negativo em positivo: o meio delinquente passou a ser reutilizado com finalidades políticas e econômicas diversas (como a extração de um lucro do prazer, com a organização da prostituição). É isto que chamo de preenchimento estratégico do dispositivo.

GROSRICHARD: Em *As palavras e as coisas*, e *A arqueologia do saber*, você falava em *épistémè*, saber, formações discursivas. Hoje, você fala mais em dispositivos, disciplinas. Estes conceitos substituem os precedentes, que você estaria abandonando no momento? Ou eles os reduplicam em outro registro? Deve-se ver aí uma mudança na ideia que você tem a respeito do uso a ser feito de seus livros? Você escolhe os objetos, a maneira de abordá-los, os conceitos para apreendê-los, em função de novos objetivos, que hoje seriam as lutas a desenvolver, um mundo a transformar, mais que a interpretar? Digo isso para que as questões que serão colocadas não fiquem à margem do que você quis fazer.

FOUCAULT: Talvez também seja bom que elas fiquem à margem: isso provaria que minhas colocações estão à margem. Mas você tem razão em colocar a questão. A respeito do dispositivo, encontro-me diante de um problema que ainda não resolvi. Disse que o dispositivo era de natureza essencialmente estratégica, o que supõe que se trata no caso de uma certa manipulação das relações de força, de ma intervenção racional e organizada nessas relações de força, seja para desenvolvê-las em determinada direção, seja para bloqueá-las, para estabilizá-las, utilizá-las etc... O dispositivo, portanto, está sempre inscrito em um jogo de poder, estando sempre, no entanto, ligado a uma ou a configurações de saber que dele nascem mas que igualmente o condicionam. É isto o dispositivo: estratégias de relações de força sustentando tipos de saber e sendo sustentadas por eles. Em *As palavras e as coisas*, querendo fazer uma história da *épistémè*, permanecia em um impasse. Agora, gostaria de mostrar que o que chamo de dispositivo é algo muito mais geral que compreende a *épistémè*. Ou melhor, que a *épistémè* é um dispositivo especificamente discursivo, diferentemente do dispositivo, que é discursivo e não discursivo, seus elementos sendo muito mais heterogêneos.

Jacques-Alain Miller: O que você coloca como dispositivo certamente é mais heterogêneo que o que você chamava *épistéme*.

Foucault: Certamente.

J.-A. Miller: Você misturava ou ordenava nas suas *épistémè* enunciados de tipo muito diferente, enunciados de filósofos, de cientistas, enunciados de autores obscuros e de práticos que teorizavam. Daí a surpresa que você causou. Mas se tratava sempre de enunciados.

Foucault: Certamente.

J.-A. Miller: Com os dispositivos, você quer ir além do discurso. Mas esses novos conjuntos, que reúnem muitos elementos articulados, permanecem nesse sentido conjuntos significantes. Não vejo bem em que medida você englobaria o não discursivo.

FOUCAULT: Para dizer: eis um dispositivo, procuro quais foram os elementos que intervieram em uma racionalidade, em uma organização...

J.-A. MILLER: Não se deve dizer racionalidade, senão se recairia na *épistémè*.

FOUCAULT: Voltando um pouco no tempo, eu definiria *épistémè* como o dispositivo estratégico que permite escolher, entre todos os enunciados possíveis, aqueles que poderão ser aceitáveis no interior, não digo de uma teoria científica, mas de um campo de cientificidade, e a respeito de que se poderá dizer: é falso, é verdadeiro. É o dispositivo que permite separar não o verdadeiro do falso, mas o inqualificável cientificamente do qualificável.

GUY LE GAUFEY: Mas para voltar ao não discursivo, além dos enunciados, o que existe em um dispositivo que não seja "instituição"?

FOUCAULT: Geralmente se chama instituição todo comportamento mais ou menos coercitivo, aprendido. Tudo que em uma sociedade funciona como sistema de coerção, sem ser um enunciado, ou seja, todo o social não discursivo é a instituição.

J.-A. MILLER: A instituição está evidentemente no nível do discursivo.

FOUCAULT: Como quiser, mas, em relação ao dispositivo, não é muito importante dizer: eis o que é discursivo, eis o que não é. Entre o programa arquitetural da Escola Militar feito por Gabriel e a própria construção da Escola Militar, o que é discursivo, o que é institucional? Isto só me interessará se o edifício não estiver conforme ao programa. Mas não creio que seja muito importante fazer esta distinção, a partir do momento em que meu problema não é linguístico.

A ANALÍTICA DO PODER

GROSRICHARD: Em seu livro, você estuda a constituição e a história de um dispositivo: o dispositivo da sexualidade. Esquematizando muito, pode-se dizer que, por um lado, ele se articula com o que você chama o poder, de que ele é o meio ou a expressão. E, por outro lado, que ele talvez produza um objeto imaginário, historicamente datável, o sexo. A partir daí, delineiam-se duas grandes séries de questões: sobre o poder e sobre o sexo, em sua relação com o dispositivo de sexualidade. Em relação ao poder, você coloca dúvidas a respeito das concepções que, tradicionalmente, dele se fez. E o que você propõe não é tanto uma nova teoria do poder, mas uma "analítica do poder". Como essa "analítica" permite que você esclareça o que você denomina aqui de "poder", enquanto ligado ao dispositivo de sexualidade?

FOUCAULT: O poder não existe. Quero dizer o seguinte: a ideia de que existe, em um determinado lugar, ou emanando de um determinado ponto, algo que é um poder, me parece baseada em uma análise enganosa e que, em todo caso, não dá conta de um número considerável de fenômenos. Na realidade, o poder é um feixe de relações mais ou menos organizado, mais ou menos piramidalizado, mais ou menos coordenado. Portanto, o problema não é de constituir uma teoria do poder que teria por função refazer o que um Boulainvilliers ou um Rousseau quiseram fazer. Todos os dois partem de um estado originário em que todos os homens são iguais, e depois, o que acontece? Invasão histórica para um, acontecimento mítico-jurídico para outro, mas sempre aparece a ideia de que, a partir de um momento, as pessoas não tiveram mais direitos e surgiu o poder. Se o objetivo for construir uma teoria do poder, haverá sempre a necessidade de considerá-lo como algo que surgiu em um determinado ponto, em um determinado momento, de que se deverá fazer a gênese e depois a dedução. Mas se o poder na realidade é um feixe aberto, mais ou menos coordenado (e sem dúvida mal coordenado) de relações, então o único problema é munir-se de princípios de análise que permitam uma analítica das relações do poder.

GROSRICHARD: Entretanto, na p. 20 do seu livro,[3] você se propõe a estudar, evocando o que se passa depois do Concílio de Trento, "através de que canais, fluindo através de que discursos o poder consegue chegar às mais tênues e mais individuais das condutas. Que caminhos lhe permitem atingir as formas raras ou quase imperceptíveis do desejo" etc... A linguagem que você utiliza aqui faz com que se pense em um poder que partiria de um centro único e que, pouco a pouco, de acordo com um processo de difusão, de contágio, de cancerização, alcançaria o que há de mais ínfimo e periférico. Ora, parece-me que, quando você fala, em outro lugar, da multiplicação das disciplinas, você mostra o poder partindo de pequenos lugares, organizando-se em função de pequenas coisas, para finalmente se concentrar. Como conciliar estas duas interpretações do poder: uma que o descreve como algo que se exerce de cima para baixo, do centro para a periferia, do importante para o ínfimo, e outra, que parece ser o inverso?

FOUCAULT: Ouvindo a sua leitura, moralmente enrubesci até as orelhas, dizendo a mim mesmo: é verdade, utilizei esta metáfora do ponto que, pouco a pouco, irradia... Mas foi em um caso muito preciso: o da Igreja depois do Concílio de Trento. De modo geral, penso que é preciso ver como as

---

[3] Tradução brasileira, p. 16.

grandes estratégias de poder se incrustam, encontram suas condições de exercício em microrrelações de poder. Mas sempre há também movimentos de retorno, que fazem com que as estratégias que coordenam as relações de poder produzam efeitos novos e avancem sobre domínios que, até o momento, não estavam concernidos. Assim, até a metade do século XVI, a Igreja controlou a sexualidade de maneira bastante frouxa: a obrigação do sacramento da confissão anual, com as confissões dos diferentes pecados, garantia que não se tivesse histórias imorais para contar ao padre. A partir do Concílio de Trento, por volta de meados do século XVI, assistiu-se ao aparecimento, ao lado das antigas técnicas de confissão, de uma série de procedimentos novos que foram aperfeiçoados no interior da instituição eclesiástica, com objetivos de purificação e de formação do pessoal eclesiástico: para os seminários e conventos, elaboraram-se técnicas minuciosas de explicitação discursiva da vida cotidiana, de autoexame, de confissão, de direção de consciência, de relação dirigidos-diretores. Foi isso que se tentou injetar na sociedade, através de um movimento, é verdade, de cima para baixo.

J.-A. MILLER: Pierre Legendre se interessa por isto.

FOUCAULT: Ainda não li seu último livro, mas o que ele fez em *L'Amour du censeur* me parece importante. Ele descreve um processo que existe realmente. Mas não creio que a produção das relações de poder se faça assim, somente de cima para baixo.

GROSRICHARD: Você acha, então, que essa representação do poder exercendo-se de cima para baixo e de maneira repressiva ou negativa é uma ilusão? Não se trata de uma ilusão necessária e produzida pelo próprio poder? Em todo caso, é uma ilusão bastante constante, e é contra esse tipo de poder que as pessoas lutaram e acreditaram ser capazes de mudar as coisas.

Gérard Miller: Mesmo admitindo-se que o poder, em escala social, não proceda de cima para baixo, mas que se analise como um feixe de relações, será que os micropoderes não funcionam sempre de cima para baixo?

Foucault: De acordo. Enquanto as relações de poder são uma relação desigual e relativamente estabilizada de forças, é evidente que isso implica um em cima e um embaixo, uma diferença de potencial.

Grosrichard: Sempre se tem necessidade de alguém que esteja embaixo.

Foucault: De acordo, mas o que eu quis dizer é que, para que haja um movimento de cima para baixo, é preciso que haja, ao mesmo tempo, uma capilaridade de baixo para cima. Tomemos um exemplo simples: as relações de poder de tipo feudal. Entre os servos, ligados à terra, e o senhor, que extraía deles uma renda, existia uma relação local, relativamente autônoma, quase um *tête-à-tête*. Para que essa relação se mantivesse, era necessário que houvesse, por detrás, uma certa piramidação do sistema feudal. Mas é certo que o poder dos reis da França e os aparelhos de Estado que eles pouco a pouco constituíram a partir do século XI tiveram como condição de possibilidade o enraizamento nos comportamentos, nos corpos, nas relações de poder locais, em que não caberia de forma alguma ver uma simples projeção do poder central.

J.-A. Miller: O que é, então, essa relação do poder? Não é simplesmente a obrigação...

Foucault: Não! Eu queria justamente responder à questão que me foi colocada sobre o poder de cima para baixo, que seria "negativo". Todo o poder, seja ele de cima para baixo ou de baixo para cima, e qualquer que seja o nível em que é analisado, ele é efetivamente representado, de maneira mais ou menos constante nas sociedades ocidentais, sob uma forma negativa, isto é, sob uma forma jurídica. É característico de nossas sociedades ocidentais que a linguagem do poder seja o direito e não a magia ou a religião etc.

GROSRICHARD: Mas a linguagem amorosa, por exemplo, tal como ela se formula na literatura cortesã e em toda a história do amor no Ocidente, não é uma linguagem jurídica. Entretanto, ela fala o tempo todo do poder, está sempre recorrendo a relações de dominação e servidão. Veja por exemplo, o termo *maîtresse*.

FOUCAULT: De fato a esse respeito Duby tem uma explicação interessante. Ele liga o aparecimento da literatura cortesã à existência, na sociedade medieval, dos *juvenes*: os *juvenes* eram jovens, descendentes que não tinham direito à herança e que deveriam viver de certa forma à margem da sucessão genealógica linear característica do sistema feudal. Eles esperavam portanto que houvesse mortes entre os herdeiros masculinos legítimos para que uma herdeira se visse na obrigação de arranjar um marido, capaz de encarregar-se da herança e das funções ligadas ao chefe de família. Os *juvenes* eram, portanto, um excesso turbulento, produzido necessariamente pelo modo de transmissão do poder e da propriedade. Para Duby, a literatura cortesã vem daí: era uma espécie de combate fictício entre os *juvenes* e o chefe de família ou o senhor, ou mesmo o rei, tendo como objetivo a mulher já apropriada. No intervalo das guerras, no lazer das longas noites de inverno, tecia-se em torno da mulher essas relações cortesãs, que, no fundo, são o inverso das relações de poder, pois se trata sempre de um cavaleiro chegando a um castelo para roubar a mulher do senhor da região. Havia portanto uma instabilidade, um desenfreamento tolerado, produzido pelas próprias instituições e que originaram esse combate real-fictício que se encontra nos temas cortesãos. É uma comédia em torno das relações do poder, que funciona nos interstícios do poder, mas que não é uma verdadeira relação de poder.

GROSRICHARD: Talvez, mas a literatura cortesã veio, por intermédio dos trovadores, da civilização árabe-muçulmana. Ora, o que Duby diz também vale para ela? Mas voltemos à questão do poder, em sua relação com o dispositivo.

UMA ESTRATÉGIA SEM ESTRATEGISTA

CATHERINE MILLOT: Falando dos dispositivos de conjunto, você escreveu na p. 125[4] que "lá, a lógica ainda é perfeitamente clara, as miras decifráveis e, contudo, acontece não haver mais ninguém para tê-las concebido e poucos para formulá-las: caráter implícito das grandes estratégias anônimas, quase mudas, que coordenam táticas loquazes, cujos inventores ou responsáveis quase nunca são hipócritas"... Você define aí algo como uma estratégia sem sujeito. Como isso é concebível?

FOUCAULT: Tomemos um exemplo. A partir dos anos 1825-1830, vemos aparecer localmente, e de uma forma que é realmente loquaz, estratégias bem definidas para fixar os operários das primeiras indústrias pesadas ao próprio local em que eles trabalham. Tratava-se de evitar a mobilidade do emprego. Em Mulhouse, ou no norte da França, elaboram-se assim técnicas variadas: pressiona-se para que as pessoas se casem, fornecem-se alojamentos, constroem-se cidades operárias, pratica-se esse sistema sutil do

---
[4] Tradução brasileira, p. 91.

endividamento, de que Marx fala, que consiste em exigir o pagamento do aluguel adiantado sendo que o salário só é pago no fim do mês. Existem também os sistemas de caixa econômica, de endividamento junto a merceeiros ou vendedores de vinho que são agentes do patrão etc. Pouco a pouco se forma em torno disso tudo um discurso, o da filantropia, o discurso da moralização da classe operária. Depois, as experiências se generalizam, graças a uma rede de instituições, de sociedades que propõem, conscientemente, programas de moralização da classe operária. Aí se vai enxertar o problema do trabalho feminino, da escolarização das crianças e da relação entre eles. Entre a escolarização das crianças, que é uma medida central, tomada em nível parlamentar, e esta ou aquela forma de iniciativa totalmente local tomada a respeito, por exemplo, do alojamento dos operários, podem-se encontrar todos os tipos de mecanismos de apoio (sindicatos patronais, câmaras de comércio etc.) que inventam, modificam, reajustam, segundo as circunstâncias do momento e do lugar, a ponto de se obter uma estratégia global, coerente, racional. Entretanto, não é possível mais dizer quem a concebeu.

MILLOT: Mas então, qual é o papel da classe social?

FOUCAULT: Chegamos ao centro do problema e sem dúvida das obscuridades de meu próprio discurso. Uma classe dominante não é uma abstração, mas também não é um dado prévio. Que uma classe se torne dominante, que ela assegure sua dominação e que esta dominação se reproduza, esses são efeitos de um certo número de táticas eficazes, sistemáticas, que funcionam no interior de grandes estratégias que asseguram a dominação. Mas entre a estratégia que fixa, reproduz, multiplica, acentua as relações de força e a classe dominante, existe uma relação recíproca de produção. Pode-se, portanto, dizer que a estratégia de moralização da classe operária é a da burguesia. Pode-se mesmo dizer que é a estratégia que permite à classe burguesa ser a classe burguesa e exercer sua dominação. Mas não creio que se possa dizer que foi a classe burguesa, como um sujeito ao mesmo tempo real e fictício, que inventou e impôs à força, no nível de sua ideologia ou de seu projeto econômico, essa estratégia à classe operária.

J.-A. MILLER: Não existe sujeito, mas isso se finaliza...

FOUCAULT: Isso se finaliza em relação a um objetivo.

J.-A. MILLER: Que, portanto, se impôs...

FOUCAULT: ...que acabou por se impor. A moralização da classe operária não foi imposta por Guizot por meio de suas legislações, nem por Dupin por meio de seus livros. Não foram também os sindicatos patronais. Entretanto, ela se realizou, porque respondia ao objetivo urgente de dominar uma mão de obra flutuante e vagabunda. Portanto, o objetivo existia e a estratégia desenvolveu-se, com uma coerência cada vez maior, mas sem que se deva supor um sujeito detentor da lei, enunciando-a sob a forma de um "você deve, você não deve".

G. MILLER: Mas o que diferencia os sujeitos implicados nessa estratégia? Não se deve distinguir, por exemplo, aqueles que a produzem daqueles que apenas sofrem sua ação? Mesmo se suas iniciativas acabam frequentemente convergindo, estão eles todos misturados ou podem ser singularizados? E em que termos?

GROSRICHARD: Ou ainda: seu modelo seria o da *Fábula das Abelhas*, de Mandeville?

FOUCAULT: Eu não diria isso, mas tomarei outro exemplo: o da constituição de um dispositivo médico-legal em que, por um lado, a psiquiatria foi utilizada no domínio penal, mas, por outro, foram multiplicados os controles, as intervenções de tipo penal sobre condutas ou comportamentos de pessoas normais. Isso conduziu a este enorme edifício, ao mesmo tempo teórico e legislativo, construído em torno da questão da degenerescência e dos degenerados. O que aconteceu nesse caso? Todos os tipos de sujeito intervieram: o pessoal administrativo, por exemplo, por razões de ordem pública, mas principalmente os médicos e os magistrados. Pode-se falar de interesse? No caso dos médicos, por que eles quiseram intervir tão diretamente no domínio penal? Eles tinham acabado de retirar a psiquiatria, não sem dificuldade, dessa espécie de magma que era a prática do internamento, em que se estava em pleno "médico-legal", já que não se tratava nem de médico nem de legal. Os alienistas estão acabando de separar a teoria e a prática da alienação mental e de definir sua especificidade, quando dizem: "existem crimes que nos concernem, estas pessoas são nossas!" Onde está o interesse médico? Dizer que existe um tipo de dinâmica imperialista da psiquiatria, que quis anexar a ela o crime, submetê-lo à sua racionalidade, não leva a nada. Eu estaria tentado a dizer que, de fato, havia nisso uma necessidade (que não se precisa necessariamente chamar de interesse) ligada à própria existência de uma psiquiatria que se tornou autônoma, mas que, a partir de então, devia fundar sua intervenção fazendo-se reconhecer como parte da higiene pública. E não podia fundar essa intervenção simplesmente sobre o fato de que ela tinha uma doença (a alienação mental) a desfazer. Era também preciso que ela tivesse um perigo a combater, como o de uma epidemia, de uma falta de higiene etc. Ora, como demonstrar que a loucura é um perigo, senão mostrando que existem casos extremos em que uma loucura — não aparente aos olhos do público, não se manifestando previamente por sintoma algum exceto por algumas minúsculas fissuras, algumas pequenas manifestações que só poderiam ser percebidas pelo observador altamente exercitado — pode bruscamente explodir em um crime monstruoso? Foi assim que se construiu a monomania homicida. A loucura é um perigo temível exatamente por não ser previsível pelas pessoas de bom senso que pretendem poder conhecer a loucura. Só um médico pode demarcá-la: eis a loucura transformada em objeto exclusivo do médico, cujo direito de intervenção é no mesmo momento fundado. No caso dos magistrados, pode-se dizer que é outra necessidade que fez com que, apesar de suas reticências, eles aceitassem a intervenção dos médicos. Ao lado do edifício do código, a máquina punitiva que foi colocada em suas mãos — a prisão — só podia funcionar eficazmente se houvesse intervenção sobre a individualidade do indivíduo, sobre o criminoso e não sobre o crime, para transformá-lo e emendá-lo. Mas, a partir do momento em que havia crimes dos quais não se percebia nem a razão nem os motivos, não se podia mais punir. Punir alguém que não se conhece torna-se impossível em uma penalidade que não é mais a do suplício, mas a do enclausuramento. (Isso é tão verdadeiro que se ouviu outro dia, na boca de alguém importante, esta frase colossal, que devia ter deixado todo mundo de boca aberta: "Vocês não podem matar Patrick Henry. Vocês não o conhecem." O que é isso? Se se tivesse conhecido P. Henry, ele teria sido morto?) Os magistrados, portanto, para poderem ligar um código (que continuava sendo código da punição, da expiação) e uma prática punitiva que passou a ser a da correção e da prisão, foram obrigados a lançar mão da psiquiatria. Temos então necessidades estratégicas que não são exatamente interesses...

G. Miller: Você substitui o interesse pelo problema (para os médicos) e pela necessidade (para os magistrados). A vantagem é mínima e as coisas continuam muito imprecisas.

Le Gaufey: Parece-me que o sistema metafórico que comanda sua análise é o do organismo, que permite eliminar a referência a um sujeito pensante e desejante. Um organismo vivo tende sempre a perseverar em seu ser e todos os meios lhe são adequados para conseguir atingir esse objetivo.

Foucault: Não, não concordo de forma alguma. Primeiro, nunca utilizei a metáfora do organismo. Além disso, o problema não é de "se manter". Quando falo de estratégia, levo o termo a sério: para que uma determinada relação de forças possa não somente se manter mas se acentuar, se estabilizar e ganhar terreno, é necessário que haja uma manobra. A psiquiatria manobrou para conseguir ser reconhecida como parte da higiene pública. Não é um organismo, assim como a magistratura não o é, e não vejo como o que digo implica que sejam organismos.

Grosrichard: Em contrapartida, é impressionante que tenha sido durante o século XIX que se constituiu uma teoria da sociedade concebida a partir do modelo de um organismo, com Auguste Comte, por exemplo. Mas deixemos isso de lado. Os exemplos que você nos deu, para explicar como concebia esta "estratégia sem sujeito" foram todos tirados do século XIX, época em que a sociedade e o Estado já estão muito centralizados e tecnificados. Será tão claro em relação a períodos anteriores?

J.-A. Miller: Ou seja, é exatamente no momento em que a estratégia parece ter um sujeito que Foucault demonstra que ela não tem sujeito...

FOUCAULT: Em última análise, eu até assinaria o que você diz. Outro dia eu ouvia alguém falar do poder — é moda. Ele constatava que a famosa monarquia absoluta francesa na realidade não tinha nada de absoluto. Na verdade, tratava-se de ilhas de poder disseminadas, umas funcionando através de regiões geográficas, outras através de relações piramidais, outras como corpo ou segundo as influências familiares, redes de aliança etc. Pode-se entender por que as grandes estratégias não podiam aparecer em um tal sistema: a monarquia francesa se dotara de um aparelho administrativo muito forte mas muito rígido, que deixava escapar muitas coisas. Havia certamente um rei, representante manifesto do poder, mas na realidade o poder não era centralizado, ele não se exprimia em grandes estratégias ao mesmo tempo sutis, flexíveis e coerentes. Por outro lado, no século XIX, através de todo tipo de mecanismos e de instituições — parlamentarismo, difusão da informação, edição, exposições universais, universidade etc. —, o poder burguês pôde elaborar grandes estratégias, sem que por esse motivo se precise supor um sujeito.

J.-A. MILLER: Afinal de contas, no campo teórico, o velho "espaço transcendental sem sujeito" nunca meteu medo a muita gente, mesmo que dos lados do *Temps Modernes* lhe tenham reprovado, na época de *As palavras e as coisas*, a ausência de todo tipo de causalidade nos movimentos de mutação que faziam você passar de uma *épistémè* a outra. Mas talvez exista uma dificuldade quando se trata, não mais do campo teórico, mas do campo prático. Existem aí relações de força e combates. Necessariamente se coloca a questão: Quem combate contra quem? Nesse caso, você não pode escapar da questão dos sujeitos.

FOUCAULT: Certamente, e é isso que me preocupa. Não sei bem como solucionar esse problema. Mas quando se considera que o poder deve ser analisado em termos de relações de poder, é possível apreender, muito mais que em outras elaborações teóricas, a relação que existe entre o poder e a luta, em particular a luta de classes. O que me impressiona, na maioria dos textos, senão de Marx ao menos dos marxistas, é que sempre se silencia (salvo talvez em Trotsky) o que se entende por luta, quando se fala de luta de classe. Nesse caso, o que luta quer dizer? Afrontamento dialético? Combate político pelo poder? Batalha econômica? Guerra? A sociedade civil permeada pela luta de classe seria a guerra prolongada por outros meios?

Dominique Colas: Seria preciso talvez levar em conta a instituição partido, que não se pode assimilar às outras, que não têm por objetivo tomar o poder...

Grosrichard: Além disso, de qualquer forma os marxistas colocam esta questão: quem são nossos amigos, quem são os inimigos? Questão que tende a determinar, no campo das lutas, as linhas reais de afrontamento...

J.-A. Miller: Afinal, quem são para você os sujeitos que se opõem?

Foucault: O que vou dizer não passa de uma hipótese: todo mundo a todo mundo. Não há, dados de forma imediata, sujeitos que seriam o proletariado e a burguesia. Quem luta contra quem? Nós lutamos todos contra todos. Existe sempre algo em nós que luta contra outra coisa em nós.

J.-A. Miller: Isso quer dizer que só haveria coalizões transitórias, sendo que algumas desmoronariam imediatamente, enquanto outras durariam; mas, finalmente, o elemento primeiro e último são os indivíduos?

Foucault: Sim, os indivíduos e mesmo os subindivíduos.

J.-A. Miller: Os subindivíduos?

FOUCAULT: Por que não?

G. MILLER: Sobre essa questão do poder, se eu quisesse dar minha impressão de leitor, diria em certos momentos: está bem-feita demais.

FOUCAULT: Foi isso que a *Nouvelle Critique* disse a respeito do livro precedente: está bem-feita demais para que não esconda mentiras...

G. MILLER: Quero dizer: que essas estratégias são bem-feitas demais. Não penso que escondam mentiras, mas, de tanto ver as coisas tão bem-ordenadas, arranjadas, nos níveis local, regional, nacional, durante séculos inteiros, me pergunto: será que não havia um espaço para... a bagunça?

FOUCAULT: Concordo inteiramente. A magistratura e a psiquiatria se encontram, mas através de que bagunça, de que fracassos! Mas, para mim, é como se estivesse em uma batalha: quando não se quer ater à descrição, quando se quer tentar explicar a vitória ou a derrota, é bastante conveniente que se coloquem os problemas em termos de estratégia e que se pergunte: por que funcionou? Por que teve continuidade? Eis por que analiso as coisas por este lado, o que dá a impressão de que é belo demais para ser verdadeiro.

O SEXO EM JOGO

GROSRICHARD: Mas falemos agora do sexo. Você faz dele um objeto histórico, em certo sentido engendrado pelo dispositivo de sexualidade.

J.-A. MILLER: Seu livro precedente tratava da delinquência. A sexualidade é, aparentemente, um objeto de tipo diferente. A menos que seja mais divertido mostrar que é semelhante... O que você prefere?

FOUCAULT: Eu diria: tentemos ver se não seria semelhante. É a aposta do jogo. Se ele tem seis volumes, é porque é um jogo! Esse livro foi o único que escrevi sem saber previamente qual seria o título. E até o último momento eu não o havia encontrado. Na falta de melhor, coloquei *História da sexualidade*. O primeiro título, que eu havia mostrado a François Regnault, era *Sexo e verdade*. Desistimos dele, mas era este o meu problema: o que aconteceu no Ocidente que faz com que a questão da verdade tenha sido colocada em relação ao prazer sexual? E esse é meu problema desde a *História da loucura*. Historiadores me dizem: "está certo, mas por que você não estudou as diferentes doenças mentais que se encontram nos séculos XVII e XVIII? Por que você não fez uma história das epidemias de doenças mentais? Não consigo fazê-los entender que, na verdade, tudo isso é muito interessante, mas que não é o meu problema. Em relação à loucura, meu problema era saber como se pôde fazer a questão da loucura funcionar no sentido dos discursos de verdade, isto é, dos discursos tendo estatuto e função de discursos verdadeiros. No Ocidente, trata-se do discurso científico. Foi por esse ângulo que quis abordar a sexualidade.

GROSRICHARD: Como você define o que você chama de sexo em relação a esse dispositivo de sexualidade? Trata-se de um objeto imaginário, um fenômeno, uma ilusão?

FOUCAULT: Vou dizer a você como as coisas aconteceram. Houve muitas redações sucessivas. No começo, o sexo era um dado prévio e a sexualidade aparecia como uma espécie de formação ao mesmo tempo discursiva e institucional, articulando-se com o sexo, recobrindo-o e mesmo o ocultando. Essa era a primeira linha de análise. Mostrei depois o manuscrito a algumas pessoas e senti que não era satisfatório. Resolvi então inverter tudo. Era um jogo, pois não estava muito seguro... Mas dizia a mim mesmo: no fundo, será que o sexo, que parece ser uma instância dotada de leis, coações, a partir de que se definem tanto o sexo masculino quanto o feminino, não seria ao contrário algo que poderia ter sido produzido pelo dispositivo de sexualidade? O discurso de sexualidade não se aplicou inicialmente ao sexo, mas ao corpo, aos órgãos sexuais, aos prazeres, às relações de aliança, às relações interindividuais etc...

J.-A. MILLER: Um conjunto heterogêneo...

FOUCAULT.: Sim, um conjunto heterogêneo que estava recoberto pelo dispositivo de sexualidade que produziu, em determinado momento, como elemento essencial do próprio discurso e talvez do próprio funcionamento, a ideia de sexo.

G. MILLER: Essa ideia de sexo não é contemporânea da instauração do dispositivo de sexualidade?

FOUCAULT: Não, não! Vemos aparecer o sexo, creio, durante o século XIX.

G. MILLER: Existe um sexo depois do século XIX?

FOUCAULT: Existe uma sexualidade depois do século XVIII, um sexo depois do século XIX. Antes, sem dúvida existia a carne. A figura fundamental é Tertuliano.

DE TERTULIANO A FREUD

J.-A. MILLER: Explique-nos isso.

FOUCAULT: Tertuliano reuniu, no interior de um discurso teórico coerente, duas coisas fundamentais: o essencial dos imperativos cristãos — a *didaské* — e os princípios com base nos quais se podia escapar ao dualismo dos gnósticos.

J.-A. Miller: Vejo que você procura os operadores que lhe permitirão apagar o corte que se estabeleceu em Freud. Na época em que Althusser impunha o corte marxista, você já havia chegado com sua borracha. E agora, acho que seu objetivo — em uma estratégia complexa, como você diria — é Freud. Você realmente acredita que conseguirá apagar o corte entre Tertuliano e Freud?

Foucault: Para mim, a história dos cortes e dos não cortes é sempre, ao mesmo tempo, um ponto de partida e algo muito relativo. Em *As palavras e as coisas*, eu partia de diferenças muito manifestas, das transformações das ciências empíricas por volta do final do século XVIII. É preciso ser ignorante — sei que não é este o seu caso — para não saber que um tratado de medicina de 1780 e um tratado de anatomia patológica de 1820 são dois mundos diferentes. Meu problema era saber quais eram os grupos de transformações necessárias e suficientes no interior do próprio regime dos discursos para que se pudessem empregar estas palavras e não aquelas, este tipo de análise e não aquele, que se pudessem olhar as coisas por um ângulo e não por outro. Aqui, por razões conjunturais, à medida que todo mundo apoia o corte, digo a mim mesmo: tentemos mudar o cenário e partamos de alguma coisa que é tão constatável quanto o corte, contanto que se tomem outras referências. Veremos surgir esta formidável mecânica, a maquinaria da confissão, em que a psicanálise e Freud aparecem como um dos episódios.

J.-A. Miller: Você constrói uma coisa que engole de uma só vez uma enorme quantidade...

Foucault: ...de uma só vez, uma enorme quantidade, e em seguida tentarei ver quais são as transformações...

J.-A. Miller: ...e, logicamente, você tomará cuidado para que a principal transformação não se situe em Freud.

Você demonstrará, por exemplo, que a investida sobre a família começou antes de Freud, ou...

FOUCAULT: O fato de eu ter escolhido estas cartas sem dúvida exclui que Freud apareça como o corte radical a partir do que todo o resto deve ser repensado. Certamente, eu poderia mostrar que em torno do século XVIII instala-se, por razões econômicas, históricas etc., um dispositivo geral em que Freud terá seu lugar. E mostrarei, sem dúvida, que Freud virou pelo avesso a teoria da degenerescência. De modo geral, essa não é a forma como se coloca o corte freudiano enquanto acontecimento de cientificidade.

J.-A. MILLER: Você acentua com prazer o caráter astucioso de seu procedimento. Seus resultados dependem da escolha de referências, e a escolha de referências depende da conjuntura. Tudo isso não passa de aparência, é isso que você nos diz?

FOUCAULT: Não é falsa aparência, é fabricação.

J.-A. MILLER: Sim, e portanto motivado pelo que você quer, sua esperança, sua...

FOUCAULT: É isso, é aí que aparece o objetivo polêmico ou político. Mas polêmica, você sabe que nunca faço; e da política, estou longe.

J.-A. MILLER: Mas então que efeito você pensa obter em relação à psicanálise?

FOUCAULT: Nas histórias comuns, pode-se ler que a sexualidade fora ignorada pela medicina e, sobretudo, pela psiquiatria e que finalmente Freud descobriu a etiologia sexual das neuroses. Ora, todo mundo sabe que não é verdade, que o problema da sexualidade estava inscrito na medicina e na psiquiatria do século XIX de forma manifesta e relevante, e que, no fundo, Freud tomou ao pé da letra o que uma noite ele ouvira Charcot dizer: trata-se certamente de sexualidade. O forte da psicanálise é ter desembocado em algo totalmente diferente, que é a lógica do inconsciente. E aí, a sexualidade não é mais o que ela era no início.

J.-A. Miller: Certamente. Você diz: a psicanálise. Pelo que você evoca, poderíamos dizer: Lacan, não?

Foucault: Eu diria: Freud e Lacan. Ou seja, o importante não são os *Três ensaios sobre a sexualidade*, mas a *Traumdeutung (Interpretação dos sonhos)*.

J.-A. Miller: Não é a teoria do desenvolvimento, mas a lógica do significante.

Foucault: Não é a teoria do desenvolvimento, não é o segredo sexual atrás das neuroses e das psicoses, é uma lógica do inconsciente...

J.-A. Miller: É muito lacaniano opor a sexualidade ao inconsciente. Além disso, um dos axiomas desta lógica é que não há relação sexual.

Foucault: Não sabia da existência deste axioma.

J.-A. Miller: Isso implica que a sexualidade não é histórica no sentido em que tudo o é, totalmente e desde o início, não é? Não há uma história da sexualidade como há uma história do pão.

Foucault: Como há uma história da loucura, isto é, da loucura enquanto questão, colocada em termos de verdade, no interior de um discurso em que a loucura do homem deve dizer alguma coisa a respeito da verdade do que é o homem, o sujeito ou a razão. A partir do momento em que a loucura deixou de aparecer como a máscara da razão, e foi inscrita como um Outro prodigioso mas presente em todo homem razoável, detendo uma parte, talvez o essencial, dos segredos da razão, a partir deste momento algo como uma história da loucura começou, ou melhor, um novo episódio na história da loucura.

E ainda vivemos este episódio. Da mesma forma, a partir do momento em que se disse ao homem: com seu sexo, você não vai simplesmente fabricar prazer, você vai fabricar verdade. Verdade que será a sua verdade, a partir do momento em que Tertuliano começou a dizer aos cristãos: em vossa castidade...

J.-A. MILLER: Lá vem você procurando uma origem. E agora, a culpa é de Tertuliano...

FOUCAULT: É uma brincadeira.

J.-A. MILLER: Evidentemente você dirá: é mais complexo, existem níveis heterogêneos, movimentos de baixo para cima e de cima para baixo. Mas, falando seriamente, esta pesquisa a respeito do ponto em que isso teria começado, esta doença da palavra, será que você...

FOUCAULT: Digo isso de forma fictícia, para rir, para contar história.

J.-A. MILLER: Mas, se não se quiser rir, o que se deveria dizer?

FOUCAULT: O que se deveria dizer? Certamente se encontraria em Eurípides; misturando-o com alguns elementos da mística judaica, outros da filosofia alexandrina e da sexualidade tal como era vista pelos estoicos, tomando também a noção de *enkrateia*, esta maneira de assumir alguma coisa que, nos estoicos, não é a castidade... Mas aquilo de que falo é aquilo através do que se disse às pessoas que, em seu sexo, estava o segredo de sua verdade.

A CONFISSÃO

GROSRICHARD: Você fala das técnicas de confissão. Parece-me que também existem técnicas de escuta. Por exemplo, na maioria dos manuais de confessores ou dos dicionários de caso de consciência, pode-se encontrar um artigo sobre o "deleite moroso", que trata da natureza e da gravidade do pecado que consiste em ter prazer, demorando-se (é isto, a *morositas*) na representação, por pensamento ou palavra, de um pecado sexual passado. Ora, isso concerne diretamente ao confessor: como prestar atenção à narrativa de cenas abomináveis sem pecar, isto é, sem ter prazer? E existe toda uma técnica e toda uma casuística da escuta, que depende manifestamente, por um lado, da relação da própria coisa com o pensamento da coisa e, por outro, do pensamento da coisa com as palavras que servem para expressá-la. Ora, esta dupla relação variou: foi o que você mostrou em *As palavras e as coisas*, quando você delimitou as fronteiras, inicial e final, da *épistémè* da representação. Essa longa história da confissão, essa vontade de ouvir do outro a verdade sobre seu sexo, que continua existindo, acompanha-se portanto de uma história das técnicas de escuta, que se modificaram profundamente. A linha que você traça da Idade Média até Freud é contínua? Quando Freud — ou um psicanalista — escuta, a maneira como ele escuta e aquilo que ele escuta, o lugar que ocupa nessa escuta o significante, por exemplo, é comparável ao que isso era para os confessores?

FOUCAULT: No primeiro volume, trata-se de um exame por alto de alguma coisa cuja existência permanente no Ocidente dificilmente pode ser negada: os procedimentos regulamentados de confissão do sexo, da sexualidade e dos prazeres sexuais. Mas é verdade: esses procedimentos foram profundamente transformados em certos momentos, em condições frequentemente difíceis de explicar. Assiste-se, no século XVIII, a um desmoronamento muito nítido, não da coação ou da imposição à confissão, mas do refinamento nas técnicas da confissão. Nessa época, em que a direção de consciência e a confissão perderam o essencial de seu papel, veem-se aparecer técnicas médicas brutais, do tipo: ande, conte-nos sua história, conte-a por escrito...

J.-A. Miller: Mas você acha que, durante esse longo período, continua existindo o mesmo conceito, não do sexo, mas da verdade? Ela é localizada e recolhida da mesma forma? Ela é considerada causa?

Foucault: Certamente nunca se deixou de admitir que a produção da verdade acarrete efeitos sobre o sujeito, com todos os tipos de variações possíveis...

J.-A. Miller: Mas você não tem a impressão de estar construindo alguma coisa que, por mais divertida que seja, está destinada a deixar escapar o essencial? Que sua rede tem malhas tão largas que deixa passar todos os peixes? Por que, ao invés de seu microscópio, você usa um telescópio e o usa ao inverso? Nós só podemos compreender seu procedimento, se você nos diz qual é sua esperança ao fazer isso.

Foucault: Será que se pode falar de esperança? A palavra confissão, que utilizo, talvez seja um pouco vaga. Mas creio ter-lhe dado em meu livro um conteúdo bastante preciso. Por confissão entendo todos os procedimentos pelos quais se incita o sujeito a produzir sobre sua sexualidade um discurso de verdade que é capaz de ter efeitos sobre o próprio sujeito.

J.-A. Miller: Não estou muito satisfeito com os conceitos abrangentes que você está utilizando; eles parecem se diluir quando olhamos as coisas mais de perto.

Foucault: Mas tudo isso é feito para ser diluído, são definições muito gerais...

J.-A. Miller: Nos procedimentos de confissão, supõe-se que o sujeito conheça a verdade. Não há uma mudança radical, quando se supõe que o sujeito não conhece esta verdade?

Foucault: Vejo bem aonde você quer chegar. Mas um dos pontos fundamentais, na direção de consciência cristã, é justamente que o sujeito não conhece a verdade.

J.-A. Miller: E você vai demonstrar que esse não conhecer tem o estatuto de inconsciente? Reinscrever o discurso do sujeito em um código de leitura, recodificá-lo a partir de um questionário para saber em que um ato é pecado ou não, não tem nada a ver com supor que o sujeito tem um saber de que ele não conhece a verdade.

Foucault: Na direção de consciência, o que o sujeito não sabe é algo muito diferente de saber se é pecado ou não, pecado mortal ou venial. Ele sabe o que se passa nele. E quando o dirigido encontra seu diretor e lhe diz: escute...

J.-A. Miller: O dirigido, o diretor, esta de fato é uma situação analítica.

Foucault: Deixe-me terminar o que estava dizendo. O dirigido diz: escute, não posso fazer minha oração atualmente, sinto um estado de insensibilidade que me faz perder contato com Deus. E o diretor lhe diz: alguma coisa acontece em você que você não conhece. Nós trabalharemos juntos para produzi-la.

J.-A. Miller: Peço desculpas, mas não acho esta comparação muito convincente.

A GRANDE VIRADA

Foucault: Acho que tocamos agora na questão fundamental, tanto para você quanto para todo mundo. Com esta noção de confissão não procuro construir um quadro que me permitiria reduzir tudo ao mesmo, os confessores a Freud. Ao contrário, como em *As palavras e as coisas*, trata-se de mostrar melhor as diferenças. Em *A vontade de saber*, meu campo de objetos são esses procedimentos de extorsão da verdade; no próximo volume, a respeito da carne cristã, tentarei estudar o que caracterizou, do século X ao século XVIII, esses procedimentos discursivos. Depois chegarei a esta transformação, que me parece mais enigmática que a ocorrida com a psicanálise, pois é a partir da questão que ela me colocou que acabei por transformar o que não devia passar de um livrinho neste projeto atual um pouco louco: no período de vinte anos, em toda a Europa, só se tratou, entre os médicos e os educadores, desta epidemia incrível que ameaçava todo o gênero humano: a masturbação das crianças. Algo que ninguém antes teria praticado!

JOCELYNE LIVI: A respeito da masturbação das crianças, você não acha que valoriza muito a diferença dos sexos? Ou você considera que a instituição pedagógica funcionou da mesma forma em relação às meninas e aos meninos?

FOUCAULT: À primeira vista, as diferenças me pareceram pequenas antes do século XIX.

LIVI: Parece-me que isto se dá de maneira mais discreta no caso das meninas. Fala-se menos, enquanto que, em relação aos meninos, existem descrições muito detalhadas.

FOUCAULT: Sim... no século XVIII, o problema do sexo era o problema do sexo masculino, e a disciplina do sexo era colocada em prática nos colégios de meninos, nas escolas militares etc. Depois, a partir do momento em que o sexo da mulher começou a adquirir importância médico-social, com os problemas correlatos da maternidade, do aleitamento etc., a masturbação feminina adquire importância. Parece que no século XIX foi ela que prevaleceu. No fim do século XIX, em todo caso, as grandes operações cirúrgicas tiveram as meninas por objeto. Eram verdadeiros suplícios: a cauterização clitoriana com ferro em brasa era, senão corrente, ao menos relativamente frequente na época. Via-se, na masturbação, algo de dramático.

WAJEMAN: Seria possível precisar o que você diz a respeito de Freud e Charcot?

FOUCAULT: Freud vai ver Charcot. Vê internos fazendo inalações de nitrato de amilo nas mulheres, que são levadas nesse estado a Charcot. As mulheres assumem posturas, dizem coisas. Elas são observadas, escutadas e, em determinado momento, Charcot declara que aquilo estava passando dos limites. Tem-se aí portanto algo soberbo, em que a sexualidade é efetivamente excitada, suscitada, incitada, titilada de mil maneiras e Charcot, de repente, diz: "Basta." Freud dirá: "E por que basta?" Freud não precisou procurar alguma outra coisa além do que vira com Charcot. A sexualidade estava sob seus olhos, presente, manifestada, organizada por Charcot e seus homens...

WAJEMAN: Não é certamente isso que você diz em seu livro. Houve, de qualquer forma, a intervenção da "mais famosa Orelha". Sem dúvida, a sexualidade passou de uma boca para uma orelha, da boca de Charcot para a orelha de Freud, e é verdade que Freud viu na Salpêtrière se manifestar algo da ordem da sexualidade. Mas Charcot reconhecera nisso a sexualidade? Charcot provocava a produção de crises histéricas, por exemplo, a postura em arco. Já Freud reconhece nisso algo como o coito. Mas se pode dizer que Charcot via o que Freud verá?

FOUCAULT: Não, mas eu falava como apologista. Queria dizer que a grande originalidade de Freud não foi descobrir a sexualidade sob a neurose. A sexualidade estava lá,

Charcot já falara dela. Sua originalidade foi tomar isso ao pé da letra e edificar a partir daí a *Traumdeutung*, que é algo diferente da etiologia sexual das neuroses. Sendo muito pretensioso, eu diria que faço algo semelhante. Parto de um dispositivo de sexualidade, dado histórico fundamental que não pode ser deixado de lado. Eu o tomo ao pé da letra, não me coloco no exterior, porque não é possível, mas isto me leva a outra coisa.

J.-A. MILLER: E em relação à *Interpretação dos sonhos*, você não dá importância ao fato de se estabelecer entre o sexo e o discurso uma relação verdadeiramente inédita?

FOUCAULT: É possível. Não excluo isso de forma alguma. Mas a relação que se instituiu com a direção de consciência, depois do Concílio de Trento, também era inédita. Foi um fenômeno cultural gigantesco. É inegável.

J.-A. MILLER: E a psicanálise não?

FOUCAULT: Sim, evidentemente, não quero dizer que a psicanálise já esteja contida nos diretores de consciência. Seria um absurdo!

J.-A. MILLER: Sim, sim, você não diz isso, mas de qualquer forma o diz! Enfim, você pensa que se pode dizer que a história da sexualidade, no sentido em que você entende este último termo, culmina com a psicanálise?

FOUCAULT: Certamente! Atinge-se então, na história dos procedimentos que estabelecem uma relação entre o sexo e a verdade, um ponto culminante. Em nossos dias, não há um só discurso sobre a sexualidade que, de uma maneira ou de outra, não siga o da psicanálise.

J.-A. MILLER: Mas o que acho engraçado é que uma declaração como esta só se conceba no contexto francês e na conjuntura atual. Não é verdade?

FOUCAULT: Existem países, é verdade, onde, por razões de institucionalização e de funcionamento do mundo cultural, os discursos sobre o sexo talvez não tenham, em relação à psicanálise, essa posição de subordinação, de derivação, de fascínio que têm na França, onde a *intelligentsia*, por seu lugar na pirâmide e na hierarquia dos valores aceitos, concede à psicanálise um privilégio absoluto, que ninguém pode evitar, mesmo Ménie Grégoire.

OS MOVIMENTOS DE LIBERAÇÃO

J.-A. MILLER: Você não poderia nos falar um pouco sobre os movimentos de liberação da mulher e dos movimentos homossexuais?

FOUCAULT: O que eu gostaria precisamente de mostrar, em relação a tudo que atualmente se diz a respeito da liberação da sexualidade, é que o objeto sexualidade é, na realidade, um instrumento formado há muito tempo e que se constituiu como um dispositivo de sujeição milenar. O que existe de importante nos movimentos de liberação da mulher não é a reivindicação da especificidade da sexualidade e dos direitos referentes a esta sexualidade especial, mas o fato de terem partido do próprio discurso que era formulado no interior dos dispositivos de sexualidade. Com efeito, é como reivindicação de sua especificidade sexual que os movimentos aparecem no século XIX. Para chegar a quê? Afinal de contas, a uma verdadeira dessexualização... a um deslocamento em relação à centralização sexual do problema, para reivindicar formas de cultura, de discurso, de linguagem etc., que são não mais esta espécie de determinação e de fixação a seu sexo que de certa forma elas tiveram politicamente que aceitar, que se fazer ouvir. O que há de criativo e de interessante nos movimentos das mulheres é precisamente isso.

J.-A. MILLER: De inventivo?

FOUCAULT: De inventivo, sim... Os movimentos homossexuais americanos também partiram desse desafio. Como as mulheres, eles começaram a procurar formas novas de comunidade, de coexistência, de prazer. Mas, diferentemente das mulheres, a fixação dos homossexuais à especificidade sexual é muito mais forte, eles reduzem tudo ao sexo. As mulheres não.

LE GAUFEY: Entretanto, eles conseguiram retirar a homossexualidade da nomenclatura das doenças mentais. De qualquer forma, é muito diferente de dizer: "Vocês querem que sejamos homossexuais, pois bem, nós somos."

FOUCAULT: Sim, mas os movimentos de homossexuais continuam muito presos à reivindicação dos direitos de sua sexualidade, à dimensão do sexológico. Mas isso é normal, pois a homossexualidade é uma prática sexual que, enquanto tal, é combatida, barrada, desqualificada. As mulheres podem ter objetivos econômicos, políticos etc., muito mais amplos que os homossexuais.

LE GAUFEY: A sexualidade das mulheres não as faz sair dos sistemas de aliança reconhecidos, enquanto que a dos homossexuais os faz sair totalmente. Os homossexuais estão em uma posição diferente em relação ao corpo social.

FOUCAULT: Sim.

LE GAUFEY: Veja os movimentos de homossexuais femininos: eles se deparam com as mesmas aporias que os movimentos dos homossexuais masculinos. Não há diferença, precisamente porque elas recusam todo sistema de aliança.

O INSTINTO SEXUAL

GROSRICHARD: O que você diz a respeito das perversões também é válido para o sadomasoquismo? Há muito tempo se fala das pessoas que se fazem chicotear para gozar...

FOUCAULT: Dificilmente isso se pode dizer. Você tem documentos?

GROSRICHARD: Sim, existe um tratado, *Do uso do chicote nas coisas de Vênus*, escrito por um médico e que data, se não me engano, de 1665, que tem um catálogo de casos muito completo. Faz-se alusão a ele na época dos convulsionários de Saint-Médard, para mostrar que os pretensos milagres escondiam histórias sexuais.

FOUCAULT: Sim, mas este prazer em ser chicoteado não é repertoriado como doença do instinto sexual. Isto aconteceu muito depois. Creio, sem estar absolutamente certo, que na primeira edição do livro de Krafft Ebing só se encontra o caso de Masoch. O aparecimento da perversão, como objeto médico, está ligado ao aparecimento do instinto que, como disse, data dos anos 1840.

WAJEMAN: Entretanto, quando se lê um texto de Platão ou de Hipócrates, vê-se o útero descrito como um animal que se movimenta, no ventre da mulher, de acordo justamente com seu instinto. Mas este instinto...

FOUCAULT: Veja bem que entre dizer: o útero é um animal que se movimenta, e dizer: vocês podem ter doenças orgânicas ou doenças funcionais e, entre as doenças funcionais, existem algumas que atingem as funções dos órgãos e outras que afetam os instintos e, entre os instintos, o instinto sexual pode ser atingido de diferentes maneiras passíveis de serem classificadas, existe uma certa diferença, um tipo completamente inédito de medicalização da sexualidade. Em relação à ideia de um órgão que se movimenta como uma raposa em sua toca, tem-se um discurso que é, inegavelmente, de outra consistência epistemológica!

J.-A. Miller: Bem, e o que lhe inspira a "consistência epistemológica" da teoria de Freud, a respeito precisamente do instinto? Você pensa, como aliás se pensava antes de Lacan, que esse instinto tem a mesma consistência que o instinto de 1840? Como você lerá isso?

Foucault: Ainda não sei!

J.-A. Miller: Você acha que o instinto de morte está em continuidade com essa teoria do instinto que você data de 1844?

Foucault: Para responder a você, seria preciso reler toda a obra de Freud...

J.-A. Miller: Mas, de qualquer forma, você não leu a *Traumdeutung*?

Foucault: Sim, mas não toda a obra de Freud...

O racismo

Grosrichard: Em relação à última parte de seu livro...

Foucault: Sim, ninguém fala da última parte. Entretanto, o livro é pequeno, mas desconfio que as pessoas nunca chegaram a esse capítulo. E contudo é o essencial do livro.

Grosrichard: Você articula o tema racista ao dispositivo da sexualidade — e à questão da degenerescência. Mas ele parece ter sido elaborado muito antes, no Ocidente, em particular pela nobreza de velha cepa, hostil ao absolutismo de Luís XIV que favorecia os plebeus. Em Boulainvilliers, que representa esta nobreza, já se encontra uma história da superioridade do sangue germânico, do qual descenderia a nobreza, sobre o sangue gaulês.

FOUCAULT: De fato, essa ideia de que a aristocracia vem da Germânia data da Renascença, e este foi inicialmente um tema utilizado pelos protestantes franceses, que diziam: a França era, outrora, um estado germânico, e existe no direito germânico limites ao poder do soberano. Foi esta ideia que uma fração da nobreza francesa depois retomou...

GROSRICHARD: A propósito da nobreza, você fala em seu livro de um mito do sangue, do sangue como objeto mítico. Mas o que me parece notável, ao lado de sua função simbólica, é que o sangue tenha também sido considerado como um objeto biológico por essa nobreza. Seu racismo não está somente fundado em uma tradição mítica, mas em uma verdadeira teoria da hereditariedade pelo sangue. Já é um racismo biológico.

FOUCAULT: Mas digo isso em meu livro.

GROSRICHARD: Eu me lembrava sobretudo de você falar do sangue como objeto simbólico.

FOUCAULT: Sim, com efeito, no momento em que os historiadores da nobreza como Boulainvilliers cantavam o sangue nobre dizendo que ele trazia em si qualidades físicas de coragem, de virtude, de energia, houve uma correlação entre as teorias da geração e os temas aristocráticos. Mas o que é novo, no século XIX, é o aparecimento de uma biologia do tipo racista, inteiramente centrada em torno da concepção da degenerescência. O racismo não foi inicialmente uma ideologia política. Era uma ideologia científica que podia ser encontrada em toda parte, em Morel como em outros. E foi usada politicamente primeiro pelos socialistas, por pessoas de esquerda, antes de ser pelos de direita.

Le Gaufey: Quando a esquerda era nacionalista?

Foucault: Sim, mas sobretudo com a ideia de que a classe decadente, a classe pobre era constituída pelas pessoas de cima, e que a sociedade socialista era limpa e sadia. Lombroso era um homem de esquerda. Ele não era socialista em sentido estrito, mas ele fez muitas coisas com os socialistas, e os socialistas retomaram Lombroso. A separação ocorreu no final do século XIX.

Le Gaufey: Não será que se pode ter uma confirmação do que você está dizendo na voga, no século XIX, dos romances de vampiros, em que a aristocracia é sempre apresentada como a besta a abater? O vampiro é sempre um aristocrata e o salvador, um burguês...

Grosrichard: Já no século XVIII, corriam rumores que os aristocratas devassos sequestravam criancinhas para degolá-las e que eles se regeneravam banhando-se em seu sangue. Isso deu origem a sedições...

Le Gaufey: Sim, mas essa é a origem. A continuação é estritamente burguesa, com toda esta literatura de vampiros, cujos temas podem ser reencontrados nos filmes de hoje: é sempre o burguês que, sem os meios da polícia e do padre, elimina o vampiro.

Foucault: O antissemitismo moderno inicialmente tinha essa forma. As formas novas do antissemitismo têm origem, no meio socialista, na teoria da degenerescência. Dizia-se: os judeus são necessariamente degenerados, primeiro porque são ricos e depois porque se casam entre si e têm práticas sexuais e religiosas completamente aberrantes; portanto, são eles os portadores da degenerescência em nossas sociedades. Isso pode ser encontrado na literatura socialista até o caso Dreyfus. O pré-hitlerismo, o antissemitismo nacionalista de direita retomará exatamente os mesmos enunciados em 1910.

GROSRICHARD: A direita dirá que este tema pode ser encontrado hoje na pátria do socialismo...

A IDEIA DO SENHOR LARRIVÉE

J.-A. MILLER: Você sabe que haverá na URSS um primeiro congresso sobre psicanálise?

FOUCAULT: Foi o que me disseram. Haverá psicanalistas soviéticos?

J.-A. MILLER: Não, eles estão tentando levar psicanalistas de fora...

FOUCAULT: Será portanto um congresso de psicanálise na União Soviética em que os expositores serão estrangeiros! Incrível! Houve um Congresso de Ciências Penais em São Petersburgo, em 1894, em que um criminalista francês desconhecido — ele se chamava Larrivée — disse aos russos: concordamos todos que os criminosos são pessoas impossíveis, criminosos natos. O que fazer com eles? Em nossos países, que são pequenos, não se sabe como se livrar deles. Mas vocês, russos, que têm a Sibéria, não poderiam colocá-los em um tipo de grande campo de trabalho e valorizar assim este país de uma riqueza extraordinária?

GROSRICHARD: Ainda não havia campos de trabalho na Sibéria?

FOUCAULT: Não! Fiquei muito surpreso.

COLAS: Mas era um local de exílio. Lenin foi para lá em 1898; lá ele se casou, caçou, tinha uma empregada etc. Havia também locais de trabalhos forçados. Tchekov visitou um nas Ilhas Sakhaline. Os campos de concentração em que se trabalha são uma invenção socialista. Eles nasceram principalmente de iniciativas como as de Trostsky, que organizou os restos do Exército Vermelho em uma espécie de exército de trabalho; depois, criaram-se campos disciplinares que rapidamente se tornaram campos de degredo. Havia uma mistura de vontade de eficácia pela militarização, de reeducação, de coerção...

FOUCAULT: De fato, esta ideia veio da recente legislação francesa sobre o desterro. A ideia de utilizar prisioneiros durante o período de sua pena em um trabalho ou em alguma coisa útil é tão antiga quanto as prisões. O desterro era a ideia de que, entre os delinquentes, existem no fundo alguns que são absolutamente irrecuperáveis e de que é preciso, de uma maneira ou de outra, eliminá-los da sociedade, utilizando-os. Na França, depois de certo número de reincidências, o sujeito era enviado para a Guiana, para a Nova Caledônia e depois tornava-se colono. Eis o que o senhor Larrivée propunha aos russos para explorar a Sibéria. De qualquer forma, é incrível que os russos não tenham pensado nisso antes. Mas se tivesse sido esse o caso, certamente teria havido no congresso um russo para dizer: mas senhor Larrivée, nós já tivemos esta maravilhosa ideia! Não foi o que aconteceu. Na França, não temos Gulag, mas temos ideias...

O PODER SOBRE A VIDA

GROSRICHARD: Maupertuis — também francês, mas secretário da Academia Real de Berlim — propunha aos soberanos, em uma "Carta sobre o progresso das ciências", a utilização dos criminosos para fazer experiências úteis. Isso em 1752.

JUDITH MILLER: Parece que La Condamine, com uma corneta no ouvido, pois ele tinha ficado surdo depois de sua expedição ao Peru, ia escutar o que diziam os supliciados no momento em que iam morrer.

GROSRICHARD: Tornar o suplício útil, utilizar o poder absoluto de ordenar a morte em proveito de melhor conhecimento sobre a vida, fazendo com que, de algum modo, o condenado à morte confessasse uma verdade sobre a vida, tem-se aí como que um ponto de encontro entre o que você nos dizia sobre a confissão e o que você analisa na última parte do seu livro. Nele você diz que, em certo momento, passa-se de um poder que se exerce como direito de morte para um poder sobre a vida. Poderíamos lhe perguntar: este poder sobre a vida, este cuidado em controlar seus excessos ou suas carências, é característico das sociedades ocidentais modernas? Tomemos um exemplo: o Livro XXIII do *Espírito das leis* de Montesquieu, que tem como título "Das leis em sua relação com o número de habitantes". Ele fala, como de um problema grave, do despovoamento da Europa e opõe ao edito de Luís XIV em favor dos casamentos, que data de 1666, as medidas muito mais eficazes colocadas em prática pelos romanos. Como se, sob o império romano, a questão de um poder sobre a vida, de uma disciplina da sexualidade do ponto de vista da reprodução tivesse sido colocada e depois esquecida para reaparecer no meio do século XVIII. Então, essa passagem de um direito de morte para um poder sobre a vida será realmente inédita ou não será ela periódica, ligada por exemplo a épocas e a civilizações em que a urbanização, a concentração da população ou, ao contrário, o despovoamento provocado pelas guerras ou pelas epidemias parecem colocar em perigo a nação?

FOUCAULT: Certamente, o problema da população sob a forma: "seremos nós muito numerosos, não suficientemente numerosos?", há muito tempo é colocado, há muito tempo que se dá a ele soluções legislativas diversas: impostos sobre os celibatários, isenção de imposto para as famílias numerosas etc. Mas, no século XVIII, o que é interessante é, em primeiro lugar, uma generalização desses problemas: todos os aspectos do fenômeno população começam a ser levados em conta (epidemias, condições de *habitat*, de higiene etc.) e a se integrar no interior de um problema central. Em segundo lugar, vê-se aplicar a esse problema novos tipos de saber: aparecimento da demografia, observações sobre a repartição das epidemias, inquéritos sobre as amas de leite e as condições de aleitamento. Em terceiro lugar, o estabelecimento de aparelhos de poder que permitem não somente a observação, mas a intervenção direta e a manipulação de tudo isso. Eu diria que, neste momento, começa algo que se pode chamar de poder sobre a vida, enquanto antes só havia vagas incitações, descontínuas, para modificar uma situação que não se conhecia bem. No século XVIII, por exemplo, apesar dos importantes esforços estatísticos, as pessoas estavam convencidas de que havia despovoamento; os historiadores sabem agora que, ao contrário, havia um crescimento considerável da população.

GROSRICHARD: Você concorda com historiadores, como Flandrin, sobre o desenvolvimento das práticas contraceptivas no século XVIII?

FOUCAULT: Em relação a isso, sou obrigado a confiar neles. Eles têm técnicas bem precisas para interpretar os registros notariais, os registros de batismo etc. A propósito da ligação entre o aleitamento e a contracepção, Flandrin mostra — o que me parece muito interessante — que a verdadeira questão era a sobrevivência das crianças e não sua geração. Ou seja, praticava-se a contracepção não para que as crianças não nascessem, mas para que as crianças pudessem viver, uma vez nascidas. A contracepção induzida por uma política natalista é algo bastante curioso!

GROSRICHARD: Mas é isso que os médicos ou os demógrafos da época declaram abertamente.

FOUCAULT: Sim, mas havia uma espécie de circuito que fazia com que as crianças nascessem umas após as outras. Com efeito, a tradição médica e popular dizia que uma mulher, quando estivesse aleitando, não tinha mais o direito de manter relações sexuais, do contrário o leite se estragaria. Então as mulheres, sobretudo as ricas, para poderem recomeçar a ter relações sexuais e assim segurar seus maridos, enviavam seus filhos para a ama de leite. Havia uma verdadeira indústria do aleitamento. As mulheres pobres faziam isso para ganhar dinheiro. Mas não havia nenhum meio de verificar como a criança estava sendo criada, nem mesmo se a criança estava viva ou morta. De tal forma que as amas de leite, e sobretudo os intermediários entre as amas e os pais, continuavam a receber pensão de um bebê que já tinha morrido. Algumas amas tinham um índice de dezenove crianças mortas em vinte que lhe haviam sido confiadas. Era terrível! Foi para evitar essa desordem, para restabelecer um pouco de ordem, que se encorajaram as mães a aleitar seus filhos. Imediatamente acabou a incompatibilidade entre a relação sexual e o aleitamento, mas com a condição, é claro, de que as mulheres não ficassem grávidas imediatamente depois. Daí a necessidade da contracepção. Enfim, tudo gira em torno disso: engravidando, fique com a criança.

GROSRICHARD: O que é surpreendente é que, entre os argumentos utilizados para fazer com que as mães aleitassem, surge um novo. Diz-se: é claro que dar de mamar permite que a criança e a mãe tenham boa saúde, mas também: dê de mamar, você verá como dá prazer! De forma que isso coloca o problema da ablactação em termos que não são mais somente fisiológicos mas também psicológicos. Como separar a criança de sua mãe? Por exemplo, um médico bastante conhecido inventou uma rodela provida de pontas que a mãe ou a ama deviam colocar no bico do seio. A criança, mamando, sente prazer misturado com dor e, se você aumenta o calibre das pontas, ele se cansa e se desliga do seio que o aleita.

FOUCAULT: É mesmo?

LIVI: A sra. Roland conta que, quando ela era muito pequena, sua ama havia colocado mostarda no seio para desmamá-la. A ama zombou da menina, perturbada com o cheiro da mostarda!

GROSRICHARD: É também a época da invenção da mamadeira moderna.

FOUCAULT: Não conheço a data!

GROSRICHARD: 1786, tradução francesa da *Maneira de aleitar as crianças à mão na falta de amas de leite*, de um italiano, Baldini. Teve muito sucesso...

FOUCAULT: Renuncio a todas as minhas funções públicas e privadas! A vergonha se abate sobre mim! Cubro-me de cinzas! Não sabia a data da criação da mamadeira!

17
A GOVERNAMENTALIDADE[1]

ATRAVÉS DA ANÁLISE DE alguns dispositivos de segurança, procurei ver como surgiu historicamente o problema específico da população, o que conduziu à questão do governo: relação entre segurança, população e governo. É esta temática do governo que procurarei agora inventariar.

Certamente, na Idade Média ou na Antiguidade greco-romana, sempre existiram tratados que se apresentavam como conselhos ao príncipe quanto ao modo de se comportar, de exercer o poder, de ser aceito e respeitado pelos súditos; conselhos para amar e obedecer a Deus, introduzir na cidade dos homens a lei de Deus etc. Mas, a partir do século XVI até o final do século XVIII, vê-se desenvolver uma série considerável de tratados que se apresentam não mais como conselhos aos príncipes, nem ainda como ciência da política, mas como arte de governar. De modo geral, o problema do governo aparece no século XVI com relação a questões bastante diferentes e sob múltiplos aspectos: problema do governo de si mesmo — reatualizado, por exemplo, pelo retorno ao estoicismo no século XVI; problema do governo das almas e das condutas, tema da pastoral católica e protestante; problema do governo das crianças, problemática central da pedagogia,

---
[1] Curso no Collège de France, em 1º de fevereiro de 1978. Tradução de Roberto Machado e Angela Loureiro de Souza.

que aparece e se desenvolve no século XVI; enfim, problema do governo dos Estados pelos príncipes. Como se governar, como ser governado, como fazer para ser o melhor governante possível etc.

Todos esses problemas, com a intensidade e multiplicidade tão características do século XVI, se situam na convergência de dois processos: processo que, superando a estrutura feudal, começa a instaurar os grandes Estados territoriais, administrativos, coloniais; processo, inteiramente diverso mas que se relaciona com o primeiro, que, com a Reforma e em seguida com a Contrarreforma, questiona o modo como se quer ser espiritualmente dirigido para alcançar a salvação. Por um lado, movimento de concentração estatal, por outro, de dispersão e dissidência religiosa: é no encontro desses dois movimentos que se coloca, com intensidade particular no século XVI, o problema de como ser governado, por quem, até que ponto, com qual objetivo, com que método etc. Problemática geral do governo em geral.

Em toda a imensa e monótona literatura do governo, gostaria de isolar alguns pontos importantes que dizem respeito à definição do que se entende por governo do Estado, aquilo que chamaremos governo em sua forma política. Com esse objetivo, o mais simples sem dúvida é opor essa literatura a um único texto que, do século XVI ao século XVIII, constitui um ponto de repulsão, implícito ou explícito, em relação ao qual — por oposição ou recusa — se situa a literatura do governo: *O príncipe*, de Maquiavel.

É importante lembrar que *O príncipe* não foi imediatamente abominado: foi reverenciado pelos seus contemporâneos e sucessores imediatos como também no início do século XIX — sobretudo na Alemanha, onde foi lido, apresentado, comentado por pessoas como Rehberg, Leo, Ranke, Kellermann etc., e na Itália — exatamente no momento em que desaparece toda a literatura sobre a arte de governar. O que se deu no contexto preciso da Revolução Francesa e de Napoleão, quando se colocou a questão de como e em que condições se pode manter a soberania de um soberano sobre um Estado; no contexto do aparecimento, com Clausewitz, da relação entre política e estratégia e da importância política, manifestada por exemplo pelo Congresso de Viena, em 1815, que se atribui ao cálculo das relações de força considerado como princípio de inteligibilidade e de racionalização das relações internacionais; finalmente, no contexto da unificação territorial da Itália e da Alemanha, uma vez que Maquiavel foi um dos que procuraram definir em que condições a unificação territorial da Itália poderia ser realizada.

Entre estes dois momentos, houve porém uma volumosa literatura anti-Maquiavel, às vezes explicitamente — uma série de livros que em geral são de origem católica, como por exemplo o texto de Ambrogio Politi, *Disputationes de libris a Christiano detestandis*, e de origem protestante, como o livro de Innocent Gentillet, *Discours d'Etat sur les moyens de bien gouverner contre Nicolas Machiavel*, 1576 — às vezes implicitamente, em oposição velada, como por exemplo Guillaume de La Perrière, *Miroir politique*, 1567, P. Paruta, *Della perfezione della vita politica*, 1579, Thomas Elyott, *The Governor*, 1580.

O importante é que a literatura anti-Maquiavel não tem somente uma função negativa de censura, de barragem, de recusa do inaceitável: é um gênero positivo que tem objeto, conceitos e estratégia, e é em sua positividade que gostaria de analisá-lo. Sem dúvida encontramos uma espécie de retrato negativo do pensamento de Maquiavel, em que se representa um Maquiavel adverso. *O Príncipe*, contra o qual se luta, é caracterizado por um princípio: o príncipe está em relação de singularidade, de exterioridade, de transcendência em relação ao seu principado; recebe o seu principado por herança, por aquisição, por conquista, mas não faz parte dele, lhe é exterior; os laços que o unem ao principado são de violência, de tradição, estabelecidos por tratado com a cumplicidade ou aliança de outros príncipes, laços puramente sintéticos, sem ligação fundamental, essencial, natural e jurídica, entre o príncipe e seu principado. Corolário deste princípio: à medida que é uma relação de exterioridade, ela é frágil e estará sempre ameaçada, exteriormente pelos inimigos do príncipe que querem conquistar ou reconquistar seu principado e internamente, pois não há razão *a priori*, imediata, para que os súditos aceitem o governo do príncipe. Deste princípio e de seu corolário se deduz um imperativo: o objetivo do exercício do poder será manter, reforçar e proteger o principado, entendido não como o conjunto constituído pelos súditos e o território, o principado objetivo, mas como relação do príncipe com o que ele possui, com o território que herdou ou adquiriu e com os súditos. É esse liame frágil do príncipe com seu principado que a arte de governar apresentada por Maquiavel deve ter como objetivo. Consequentemente, o modo de análise terá dois aspectos: por um lado, demarcação dos perigos (de onde vêm, em que consistem, qual é sua intensidade); por outro lado, desenvolvimento da arte de manipular as relações de força que permitirão ao príncipe fazer com que seu principado, como liame com seus súditos e com o território, possa ser protegido. Esquematicamente, pode-se dizer que *O Príncipe* de Maquiavel é essencialmente um tratado da habilidade do príncipe em conservar seu principado e é isso que a literatura anti-Maquiavel quer substituir por uma arte de governar. Ser hábil em conservar seu principado não é de modo algum possuir a arte de governar.

Para caracterizar essa arte de governar, examinarei o *Miroir politique contenant diverses manières de gouverner*, de Guillaume de La Perrière, um dos primeiros textos da literatura anti-Maquiavel, que apresenta alguns pontos importantes. Em primeiro lugar, o que o autor entende por governar e governante? Diz ele, na página 24 de seu texto: "governante pode ser chamado de monarca, imperador, rei, príncipe, magistrado, prelado, juiz e similares". Como La Perrière, também outros, tratando da arte de governar, lembram continuamente que também se diz governar uma casa, almas, crianças, uma província, um convento, uma ordem religiosa, uma família. Essas observações, que parecem simplesmente terminológicas, têm de fato implicações políticas importantes. O príncipe "maquiavélico" é, por definição, único em seu principado e está em posição de exterioridade, transcendência, enquanto nesta literatura o governante, as pessoas que governam, a prática de governo são, por um lado, práticas múltiplas, à medida que muita gente pode governar: o pai de família, o superior do convento, o pedagogo e o professor em relação à criança e ao discípulo. Existem portanto muitos governos, em relação aos quais o do príncipe governando seu Estado é apenas uma modalidade. Por outro lado, todos esses governos estão dentro do Estado ou da sociedade. Portanto, pluralidade de formas de governo e imanência das práticas de governo com relação ao Estado; multiplicidade e imanência que se opõem radicalmente à singularidade transcendente do príncipe de Maquiavel.

É certo que, entre todas essas formas de governo, que se cruzam, que se imbricam no interior da sociedade e do Estado, uma forma é bastante específica: trata-se de definir qual é a forma particular que se aplica a todo o Estado. É assim que, procurando fazer a tipologia das diferentes formas de governo, La Mothe Le Vayer, em um texto do século seguinte (uma série de escritos pedagógicos para o Delfim), diz que existem basicamente três tipos de governo, cada um se referindo a uma forma específica de ciência ou de reflexão. O governo de si mesmo, que diz respeito à moral; a arte de governar adequadamente uma família, que diz respeito à economia; a ciência de bem governar o Estado, que diz respeito à política. Em relação à moral e à economia, a política tem sua singularidade, o que La Mothe Le Vayer indica muito bem. Mas o importante é que, apesar dessa tipologia, as artes de governar postulam uma continuidade essencial entre elas. Enquanto a doutrina do príncipe ou a teoria jurídica do soberano procura incessantemente marcar uma descontinuidade entre o poder do príncipe e as outras formas de poder, as teorias da arte de governar procuram estabelecer uma continuidade, ascendente e descendente.

Continuidade ascendente no sentido de que aquele que quer poder governar o Estado deve primeiro saber se governar, governar sua família, seus bens, seu patrimônio. É essa espécie de linha ascendente que caracterizará a pedagogia do príncipe. La Mothe Le Vayer escreve assim para o

Delfim primeiro um tratado de moral, em seguida um livro de economia e finalmente um tratado de política. Continuidade descendente no sentido de que, quando o Estado é bem-governado, os pais de família sabem como governar suas famílias, seus bens, seu patrimônio e por sua vez os indivíduos se comportam como devem. É essa linha descendente, que faz repercutir na conduta dos indivíduos e na gestão da família o bom governo do Estado, que nesta época se começa a chamar de polícia. A pedagogia do príncipe assegura a continuidade ascendente da forma de governo; a polícia, a continuidade descendente. E, nos dois casos, o elemento central dessa continuidade é o governo da família, que se chama de economia.

A arte de governar, tal como aparece em toda a literatura, deve responder essencialmente à seguinte questão: como introduzir a economia — isto é, a maneira de gerir corretamente os indivíduos, os bens, as riquezas no interior da família — no nível da gestão de um Estado? A introdução da economia no exercício político será o papel essencial do governo. E se foi assim no século XVI, também o será no século XVIII, como atesta o artigo *Economia Política*, de Rousseau, que diz basicamente: a palavra economia designa originariamente o sábio governo da casa para o bem da família. O problema, diz Rousseau, é como ele poderá ser introduzido, *mutatis mutandis*, na gestão geral do Estado. Governar um Estado significará portanto estabelecer a economia no nível geral do Estado, isto é, ter em relação aos habitantes, às riquezas, aos comportamentos individuais e coletivos, uma forma de vigilância, de controle tão atenta quanto a do pai de família. Uma expressão importante no século XVIII caracteriza bem tudo isto: Quesnay fala de um bom governo como de um "governo econômico". E se Quesnay fala de governo econômico — que no fundo é uma noção tautológica, visto que a arte de governar é precisamente a arte de exercer o poder segundo o modelo da economia — é porque a palavra economia, por razões que procurarei explicitar, já começa a adquirir seu sentido moderno e porque, nesse momento, se começa a considerar que é da própria essência do governo ter por objetivo principal o que hoje chamamos de economia. A palavra economia designava no século XVI uma forma de governo; no século XVIII, designará um nível de realidade, um campo de intervenção do governo através de uma série de processos complexos absolutamente capitais para nossa história. Eis portanto o que significa governar e ser governado.

Em segundo lugar, encontramos no livro de Guillaume de La Perrière a seguinte afirmação: "Governo é uma correta disposição das coisas de que se assume o encargo para conduzi-las a um fim conveniente." Gostaria também de fazer uma série de observações sobre essa frase, começando com a palavra coisa. Em *O Príncipe* de Maquiavel, o que caracteriza o conjunto dos objetos sobre os quais se exerce o poder é o fato de ser constituído pelo território e seus habitantes. Com relação a esse ponto, Maquiavel não fez mais do que retomar um princípio jurídico pelo qual se caracterizava a soberania no direito público, da Idade Média até o século XVI. Nesse sentido, pode-se dizer que o território é o elemento fundamental tanto do principado de Maquiavel quanto da soberania jurídica do soberano, tal como a definem os filósofos e teóricos do direito. O território pode ser fértil ou estéril, a população densa ou escassa, seus habitantes ricos ou pobres, ativos ou preguiçosos etc., mas esses elementos são apenas variáveis com relação ao território, que é o próprio fundamento do principado ou da soberania.

No texto de La Perrière, ao contrário, a definição do governo não se refere de modo algum ao território. Governam-se coisas. Mas o que significa essa expressão? Não creio que se trate de opor coisas a homens, mas de mostrar que aquilo a que o governo se refere é não um território, e sim um conjunto de homens e coisas. Estas coisas, de que o governo deve se encarregar, são os homens, mas em suas relações com coisas que são as riquezas, os recursos, os meios de subsistência, o território em suas fronteiras, com suas qualidades, clima, seca, fertilidade etc.; os homens em suas relações com outras coisas que são os costumes, os hábitos, as formas de agir ou de pensar etc.; finalmente, os homens em suas relações com outras coisas ainda que sejam os acidentes ou as desgraças como a fome, a epidemia, a morte etc. Que o governo diga respeito às coisas entendidas como a imbricação de homens e coisas temos a confirmação em uma metáfora que aparece em todos esses tratados: o navio. O que é governar um navio? É certamente se ocupar dos marinheiros, da nau e da carga; governar um navio é também prestar atenção aos ventos, aos recifes, às tempestades, às intempéries etc.; são esses relacionamentos que caracterizam o governo de um navio. Governar uma casa, uma família, não é essencialmente ter por fim salvar as propriedades da família; é ter como objetivo os indivíduos que compõem a família, suas riquezas e prosperidades; é prestar atenção aos acontecimentos possíveis, às mortes, aos nascimentos, às alianças com outras famílias; é essa gestão geral que caracteriza o governo e em relação ao qual o problema da propriedade fundiária para a família ou a aquisição da soberania sobre um território pelo príncipe são elementos relativamente secundários. O essencial é portanto esse conjunto de coisas e homens; o território e a propriedade são apenas variáveis.

Esse tema do governo das coisas que aparece em La Perrière será encontrado ainda nos séculos XVII e XVIII. Frederico II, em seu *Anti-Maquiavel*, escreveu passagens significativas. Diz, por exemplo: comparemos a Holanda e a Rússia; a Rússia pode até ser o país de maior extensão em relação aos outros Estados europeus, mas é composta de pântanos, florestas, desertos, é povoada apenas por um bando de miseráveis, sem atividade nem indústria; a Holanda, que é pequeníssima e constituída de pântanos, possui, ao contrário, uma população, uma riqueza, uma atividade comercial e uma frota que fazem dela um país importante da Europa, o que a Rússia está apenas começando a ser. Portanto, governar é governar as coisas.

Voltemos ao texto citado de La Perrière: "Governo é uma correta disposição das coisas de que se assume o encargo para conduzi-las a um fim conveniente." O governo tem uma finalidade, e nisso ele também se opõe claramente à soberania. Certamente nos textos filosóficos e jurídicos a soberania nunca foi apresentada como um direito puro e simples. Nunca foi dito nem pelos juristas nem *a fortiori* pelos teólogos que o soberano legítimo teria razões para exercer o poder. Para ser um bom soberano, é preciso que tenha uma finalidade: "O bem comum e a salvação de todos."

Tomarei como exemplo um texto do final do século XVII em que seu autor, Pufendorf, diz: "Só lhe será conferida autoridade soberana para que ele se sirva dela para obter e manter a utilidade pública." Um soberano não deve se beneficiar de nada se ele não beneficiar o Estado. Em que consiste esse bem comum ou essa salvação de todos que regularmente são colocados como o próprio fim da soberania? Se examinarmos o conteúdo que os juristas e teólogos dão ao bem comum, vemos que há bem comum quando os súditos obedecem, e sem exceção, às leis, exercem bem os encargos que lhe são atribuídos, praticam os ofícios a que são destinados, respeitam a ordem estabelecida, ao menos à medida que essa ordem é conforme as leis que Deus impôs à natureza e aos homens. Isso quer dizer que o bem público é essencialmente a obediência à lei: seja a do soberano terreno seja a do soberano absoluto, Deus. De todo modo, o que caracteriza a finalidade da soberania é esse bem comum, geral, é apenas a submissão à soberania. A finalidade da soberania é circular, isto é, remete ao próprio exercício da soberania. O bem é a obediência à lei, portanto o bem a que se propõe a soberania é que as pessoas obedeçam a ela. Qualquer que seja a estrutura teórica, a justificação moral e os efeitos práticos, isso não é muito diferente de Maquiavel quando afirmava que o objetivo principal do príncipe devia ser manter seu principado. Estrutura essencialmente circular da soberania ou do principado com relação a si mesmo.

Com as tentativas de definição de governo de La Perrière, vê-se aparecer um outro tipo de finalidade. O governo é definido como uma maneira correta de dispor as coisas para conduzi-las não ao bem comum, como diziam os textos dos juristas, mas a um objetivo adequado a cada uma das coisas a governar. O que implica, em primeiro lugar, uma pluralidade de fins específicos, como por exemplo fazer com que se produza a maior riqueza possível, que se forneça às pessoas meios de subsistência suficientes, e mesmo na maior quantidade possível, que a população possa se multiplicar etc. Portanto, uma série de finalidades específicas que são o próprio objetivo do governo. E para atingir essas diferentes finalidades deve-se dispor as coisas. E esta palavra dispor é importante, à medida que, para a soberania, o que permitia atingir sua finalidade, isto é, a obediência à lei, era a própria lei; lei e soberania estavam indissoluvelmente ligadas. Ao contrário, no caso da teoria do governo não se trata de impor uma lei aos homens, mas de dispor as coisas, isto é, utilizar mais táticas do que leis, ou utilizar ao máximo as leis como táticas. Fazer, por vários meios, com que determinados fins possam ser atingidos. Isso assinala uma ruptura importante: enquanto a finalidade da soberania é ela mesma, e seus instrumentos têm a forma de lei, a finalidade do governo está nas coisas que ele dirige, deve ser procurada na perfeição, na intensificação dos processos que ele dirige e os instrumentos do governo, em vez de serem constituídos por leis, são táticas diversas. Na perspectiva do governo, a lei não é certamente o instrumento principal; e esse é um tema frequente nos séculos XVII e XVIII, que aparece nos textos dos economistas e dos fisiocratas, quando explicam que não é certamente por meio da lei que se pode atingir os fins do governo.

Finalmente, quarta observação sobre o texto de La Perrière. Ele diz que um bom governante deve ter paciência, soberania e diligência. O que entende por paciência? Para explicá-la, ele toma o exemplo do "rei dos insetos do mel", isto é, o zangão, dizendo que o zangão reina sobre a colmeia sem ter necessidade do ferrão; Deus quis mostrar com isso, de modo místico, diz ele, que o verdadeiro governante não deve ter necessidade de ferrão, isto é, de um instrumento mortífero, de uma espada, para exercer seu governo; deve ser mais paciente que colérico; não é o direito de matar, não é o direito de fazer prevalecer sua força que deve ser essencial a seu personagem. E que conteúdo positivo é possível dar à ausência de ferrão? A sabedoria e a diligência. Sabedoria: não, como para a tradição, o conhecimento das leis humanas e divinas, da justiça ou da equidade, mas o conhecimento das coisas, dos objetivos que deve procurar atingir e da disposição para atingi-los; é esse conhecimento que constituirá a sabedoria do soberano. Diligência: aquilo que faz com que o governante só deva governar à medida que se considere e aja como se estivesse a serviço dos governados. E La Perrière se refere mais uma vez ao exemplo do pai de família, que é o que se levanta antes das outras pessoas da casa, que se deita depois dos outros, que pensa em tudo, que cuida de tudo, pois se considera a serviço da casa. Vê-se como essa caracterização do governo é diferente da caracterização do príncipe que se encontra ou que se pensava encontrar em Maquiavel.

Creio que esse esboço da teoria da arte de governar não ficou pairando no ar no século XVI. Não se limitou somente aos teóricos da política. Pode-se situar suas relações com a realidade: em primeiro lugar, a teoria da arte de governar esteve ligada desde o século XVI ao desenvolvimento do aparelho administrativo da monarquia territorial: aparecimento dos aparelhos de governo; em segundo lugar, esteve ligada a um conjunto de análises e de saberes que se desenvolveram a partir do final do século XVI e que adquiriram toda sua importância no século XVII: essencialmente o conhecimento do Estado, em seus diversos elementos, dimensões e nos fatores de sua força, aquilo que foi denominado de estatística, isto é, ciência do Estado; em terceiro lugar, essa arte de governar não pode deixar de ser relacionada com o mercantilismo e o cameralismo.

Esquematicamente, se poderia dizer que a arte de governar encontra, no final do século XVI e início do século XVII, uma primeira forma de cristalização, ao se organizar em torno do tema de uma razão de Estado. Razão de Estado entendida não no sentido pejorativo e negativo que hoje lhe é dado (ligado à infração dos princípios do direito, da equidade ou da humanidade por interesse exclusivo do Estado), mas no sentido positivo e pleno: o Estado se governa segundo as regras racionais que lhe são próprias, que não se deduzem nem das leis naturais ou divinas, nem dos preceitos da sabedoria ou da prudência; o Estado, como a natureza, tem sua racionalidade própria, ainda que de outro tipo Por sua vez, a arte de governo, em vez de fundar-se em re gras transcendentes, em um modelo cosmológico ou em um ideal filosófico-moral, deverá encontrar os princípios de sua racionalidade naquilo que constitui a realidade específica do Estado. Os elementos dessa primeira racionalidade estatal serão estudados nas próximas aulas. Mas desde logo se pode dizer que essa razão de Estado constituiu para o desenvolvimento da arte do governo uma espécie de obstáculo que durou até o início do século XVIII.

E isso por algumas razões. Em primeiro lugar, razões históricas em sentido estrito: a série de grandes crises do século XVII, como a Guerra dos Trinta Anos com suas devastações; em meados do século, as grandes sedições camponesas e urbanas; finalmente, no final do século, a crise financeira, a crise dos meios de subsistência, que determinou a política das monarquias ocidentais. A arte de governar só podia se desenvolver, se pensar, multiplicar suas dimensões em períodos de expansão, e não em momentos de grandes urgências militares, políticas e econômicas, que não cessaram de assediar o século XVII.

Em segundo lugar, essa arte de governo, formulada no século XVI, também foi bloqueada no século XVII por outras razões, que dizem respeito ao que se poderia chamar de estrutura institucional e mental. A primazia do problema da soberania, como questão teórica e princípio de organização política, foi um fator fundamental do bloqueio da arte de governar. Enquanto a soberania foi o problema principal, enquanto as instituições de soberania foram as instituições fundamentais e o exercício do poder foi pensado como exercício da soberania, a arte do governo não pôde se desenvolver de modo específico e autônomo. Temos um exemplo disso no mercantilismo. Ele foi a primeira sanção dessa arte de governar no nível tanto das práticas políticas quanto dos conhecimentos sobre o Estado; nesse sentido, podemos dizer que o mercantilismo representa um primeiro limiar de racionalidade nessa arte de governar, de que o texto de La Perrière indica somente alguns princípios, mais morais que reais. O mercantilismo é a primeira racionalização do exercício do poder como prática de governo; é com ele que se começa a constituir um saber sobre o Estado que pôde ser utilizável como tática de governo. Entretanto, o mercantilismo foi bloqueado, freado, porque se dava como objetivo essencialmente a força do soberano: o que fazer não tanto para que o país seja rico, mas para que o soberano possa dispor de riquezas, constituir exércitos para poder fazer política. E quais são os instrumentos que o mercantilismo produz? Leis, ordens, regulamentos, isto é, as armas tradicionais do soberano. Objetivo: o soberano; instrumentos: os mesmos da soberania. O mercantilismo, assim, procurava introduzir as possibilidades oferecidas por uma arte refletida de governar no interior de uma estrutura institucional e mental da soberania, que ao mesmo tempo a bloqueava.

De modo que, durante o século XVII e até o desaparecimento dos temas mercantilistas no início do século XVIII, a arte do governo marcou passo, limitada por duas coisas. Por um lado, um quadro muito vasto, abstrato e rígido: a soberania, como problema e como instituição. Essa arte de governo tentou compor com a teoria da soberania, isto é, procurou-se deduzir de uma teoria renovada da soberania os princípios diretores de uma arte de governo. É nesse sentido que os juristas do século XVII formulam ou reatualizam a teoria do contrato: a teoria do contrato será precisamente aquela por meio da qual o contrato fundador — o compromisso recíproco entre o soberano e os súditos — se tornará uma matriz teórica a partir de que se procurará formular os princípios gerais de uma arte do governo. Que a teoria do contrato, que a reflexão sobre as relações entre o soberano e seus súditos tenha desempenhado um papel muito importante na teoria do direito público, o exemplo de Hobbes o prova com evidência (mesmo se o que Hobbes quis formular tenham sido os princípios diretores de uma arte de governar, na verdade ele não foi além da formulação dos princípios gerais do direito público).

Portanto, por um lado, um quadro muito vasto, abstrato, rígido da soberania e, por outro, um modelo bastante estreito, débil, inconsistente: o da família. Isto é, a arte de governar procurou fundar-se na forma geral da soberania, ao mesmo tempo que não pôde deixar de apoiar-se no modelo concreto da família; por esse motivo, ela foi bloqueada pela ideia de economia, que nessa época ainda se referia apenas a um pequeno conjunto constituído pela família e pela casa. Com o Estado e o soberano de um lado, com o pai de família e sua casa de outro, a arte de governo não podia encontrar dimensão própria.

Como se deu o desbloqueio da arte de governar? Alguns processos gerais intervieram: expansão demográfica do século XVII, ligada à abundância monetária e por sua vez ao aumento da produção agrícola por meio dos processos circulares que os historiadores conhecem bem. Se esse é o quadro geral, pode-se dizer, de modo mais preciso, que o problema do desbloqueio da arte de governar está em conexão com a emergência do problema da população; trata-se de um processo sutil que, quando reconstituído no detalhe, mostra que a ciência do governo, a centralização da economia em outra coisa que não a família e o problema da população estão ligados.

Foi com o desenvolvimento da ciência do governo que a economia pôde centralizar-se em um certo nível de realidade que nós caracterizamos hoje como econômico; foi com o desenvolvimento dessa ciência do governo que se pôde isolar os problemas específicos da população; mas também se pode dizer que foi graças à percepção dos problemas específicos da população, graças ao isolamento desse nível de realidade, que chamamos a economia, que o problema do governo pôde enfim ser pensado, sistematizado e calculado fora do quadro jurídico da soberania. E a estatística, que no mercantilismo não havia mais podido funcionar a não ser no interior e em benefício de uma administração monárquica que também funcionava nos moldes da soberania, tornar-se-á o principal fator técnico, ou um dos principais fatores técnicos, desse desbloqueio.

De que modo o problema da população permitirá desbloquear a arte de governo? Em primeiro lugar, a população — a perspectiva da população, a realidade dos fenômenos próprios à população — permitirá eliminar definitivamente o modelo da família e centralizar a noção de economia em outra coisa. De fato, se a estatística tinha até então funcionado no interior do quadro administrativo da soberania, ela vai revelar pouco a pouco que a população tem uma regularidade própria: número de mortos, de doentes, regularidade de acidentes etc.; que a população tem características próprias e que seus fenômenos são irredutíveis aos da família: as grandes epidemias, a mortalidade endêmica, a espiral do trabalho e da riqueza etc.; finalmente que por seus deslocamentos, de sua atividade, a população produz efeitos econômicos específicos. Permitindo quantificar os fenômenos próprios à população, revela uma especificidade irredutível ao pequeno quadro familiar. A família como modelo de governo vai desaparecer. Em compensação, o que se constitui nesse momento é a família como elemento no interior da população e como instrumento fundamental.

Em outras palavras, até o advento da problemática da população, a arte de governar só podia ser pensada com base no modelo da família, com base na economia entendida como gestão da família. A partir do momento em que, ao contrário, a população aparece como absolutamente irredutível à família, esta passa para um plano secundário em relação à população, aparece como elemento interno à população, e portanto não mais como modelo, mas como segmento. E segmento privilegiado, à medida que, quando se quiser obter alguma coisa da população — quanto aos comportamentos sexuais, à demografia, ao consumo etc. — é pela família que se deverá passar. De modelo, a família vai tornar-se instrumento, e instrumento privilegiado, para o governo da população e não modelo quimérico para o bom governo. Esse deslocamento da família do nível de modelo para o nível de instrumentalização me parece absolutamente fundamental, e é a partir da metade do século XVIII que a família aparece nessa dimensão instrumental em relação à população, como demonstram as campanhas contra a mortalidade, as campanhas relativas ao casamento, as campanhas de vacinação etc. Portanto, aquilo que permite à população desbloquear a arte de governar é o fato de ela eliminar o modelo da família.

Em segundo lugar, a população aparecerá como o objetivo final do governo. Pois qual pode ser o objetivo do governo? Não certamente governar, mas melhorar a sorte da população, aumentar sua riqueza, sua duração de vida, sua saúde etc. E quais são os instrumentos que o governo utilizará para alcançar esses fins, que, em certo sentido, são imanentes à população? Campanhas, através das quais se age diretamente sobre a população, e técnicas que vão agir indiretamente sobre ela e que permitirão aumentar, sem que as pessoas se deem conta, a taxa de natalidade ou dirigir para uma determinada região ou para uma determinada atividade os fluxos de população etc. A população aparece, portanto, mais como fim e instrumento do governo que como força do soberano; a população aparece como sujeito de necessidades, de aspirações, mas também como objeto nas mãos do governo; como consciente, ante o governo, daquilo que ela quer e inconsciente em relação àquilo que se quer que ela faça. O interesse individual — como consciência de cada indivíduo constituinte da população — e o interesse geral — como interesse da população, quaisquer que sejam os interesses e as aspirações individuais daqueles que a compõem — constituem o alvo e o instrumento fundamental do governo da população. Nascimento portanto de uma arte ou, em todo caso, de táticas e técnicas absolutamente novas.

Em terceiro lugar, a população será o ponto em torno do qual se organizará aquilo que nos textos do século XVI se chamava de paciência do soberano, no sentido em que a população será o objeto que o governo deverá levar em consideração em suas observações, em seu saber, para conseguir governar efetivamente de modo racional e planejado. A constituição de um saber de governo é absolutamente indissociável da constituição de um saber sobre todos os processos referentes à população em sentido lato, daquilo que chamamos precisamente de "economia". A economia política pôde se constituir a partir do momento em que, entre os diversos elementos da riqueza, apareceu um novo objeto, a população. Apreendendo a rede de relações contínuas e múltiplas entre a população, o território, a riqueza etc. se constituirá uma ciência, que se chamará economia política, e, ao mesmo tempo, um tipo de intervenção característica do governo: a intervenção no campo da economia e da população. Em suma, a passagem de uma arte de governo para uma ciência política, de um regime dominado pela estrutura da soberania para um regime dominado pelas técnicas de governo, ocorre no século XVIII em torno da população e, por conseguinte, em torno do nascimento da economia política.

Com isto não quero de modo algum dizer que a soberania deixou de desempenhar um papel a partir do momento em que a arte do governo começou a tornar-se ciência política. Diria mesmo o contrário: nunca o problema da soberania foi colocado com tanta acuidade quanto neste momento, à medida que se tratava precisamente não mais, como nos séculos XVI e XVII, de procurar deduzir uma arte de governo de uma teoria da soberania, mas de encontrar, a partir do momento em que existia uma arte de governo, que forma jurídica, que forma institucional, que fundamento de direito se poderia dar à soberania que caracteriza um Estado.

Tomemos, por exemplo, dois textos de Rousseau. Em primeiro lugar, o artigo "Economia Política" da *Enciclopédia* o primeiro cronologicamente. Nele, Rousseau coloca o problema do governo e da arte de governar nos seguintes termos: a palavra economia designa essencialmente a gestão dos bens da família pelo pai; mas este modelo não deve mais ser aceito, mesmo se era este o modelo a que as pessoas se referiam no passado; atualmente, diz Rousseau, sabemos que a economia política não é mais a economia familiar; sem referir-se explicitamente à fisiocracia, à estatística ou ao problema geral da população, ele registra bem uma ruptura: o fato de que a "economia política" tem um sentido totalmente novo que não pode mais ser reduzido ao velho modelo da família. Seu objetivo portanto nesse artigo é o de definir uma arte de governar. Em segundo lugar, *O contrato social*. Nele, o problema será: como se pode formular, com noções tais como natureza, contrato, vontade geral, um princípio geral de governo que substitua tanto o princípio jurídico da soberania quanto os elementos através dos quais se pode definir e caracterizar uma arte de governo. Portanto, o problema da soberania não é de modo algum eliminado pela emergência de uma nova arte de governo; ao contrário, ele se torna ainda mais agudo que antes.

A disciplina também não é eliminada; é certo que sua instauração — todas as instituições no interior da qual ela se desenvolveu no século XVII e início do século XVIII, a escola, as oficinas, os exércitos etc. — só se compreende a partir do desenvolvimento da grande monarquia administrativa. Mas nunca a disciplina foi tão importante, tão valorizada quanto a partir do momento em que se procurou gerir a população. E gerir a população não queria dizer simplesmente gerir a massa coletiva dos fenômenos ou geri-los somente no nível de seus resultados globais. Gerir a população significa geri-la em profundidade, minuciosamente, no detalhe. A ideia de um novo governo da população torna ainda mais agudo o problema do fundamento da soberania e ainda mais aguda a necessidade de desenvolver a disciplina. Devemos compreender as coisas não em termos de substituição de uma sociedade de soberania por uma sociedade disciplinar e desta por uma sociedade de governo. Trata-se de um triângulo: soberania-disciplina-gestão governamental, que tem a população como seu alvo principal e os dispositivos de segurança como seus mecanismos essenciais.

O que gostaria de mostrar é a relação histórica profunda entre: o movimento que abala a constante da soberania colocando o problema, que se tornou central, do governo; o movimento que faz aparecer a população como um dado, como um campo de intervenção, como o objeto da técnica de governo; e o movimento que isola a economia como setor específico da realidade e a economia política como ciência e como técnica de intervenção do governo no campo da realidade. São estes três movimentos — governo, população, economia política — que constituem, a partir do século XVIII, um conjunto que ainda não foi desmembrado.

Para concluir, gostaria de dizer o seguinte. O que pretendo fazer nos próximos anos é uma história da *governamentalidade*. E com essa palavra quero dizer três coisas:

1) o conjunto constituído pelas instituições, procedimentos, análises e reflexões, cálculos e táticas que permitem exercer esta forma bastante específica e complexa de poder, que tem por alvo a população, por forma principal de saber a economia política e por instrumentos técnicos essenciais os dispositivos de segurança.

2) a tendência que em todo o Ocidente conduziu incessantemente, durante muito tempo, à preeminência deste tipo de poder, que se pode chamar de governo, sobre todos os outros — soberania, disciplina etc. — e levou ao desenvolvimento de uma série de aparelhos específicos de governo e de um conjunto de saberes.

3) o resultado do processo através do qual o Estado de justiça da Idade Média, que se tornou nos séculos XV e XVI Estado administrativo, foi pouco a pouco governamentalizado.

Sabemos que fascínio exerce hoje o amor pelo Estado ou o horror do Estado; como se está fixado no nascimento do Estado, em sua história, seus avanços, seu poder e seus abusos etc. Essa supervalorização do problema do Estado tem uma forma imediata, efetiva e trágica: o lirismo do monstro frio ante os indivíduos; a outra forma é a análise que consiste em reduzir o Estado a um determinado número de funções, como por exemplo ao desenvolvimento das forças produtivas, à reprodução das relações de produção, concepção do Estado que o torna absolutamente essencial como alvo de ataque e como posição privilegiada a ser ocupada. Mas o Estado — hoje provavelmente não mais do que no decurso de sua história — não teve esta unidade, esta individualidade, esta funcionalidade rigorosa e direi até esta importância. Afinal de contas, o Estado não é mais do que uma realidade compósita e uma abstração mistificada, cuja importância é muito menor do que se acredita. O que é importante para nossa modernidade, para nossa atualidade, não é tanto a estatização da sociedade, mas o que chamaria de governamentalização do Estado.

Desde o século XVIII, vivemos na era da governamentalidade. Governamentalização do Estado, que é um fenômeno particularmente astucioso, pois se efetivamente os problemas da governamentalidade, as técnicas de governo se tornaram a questão política fundamental e o espaço real da luta política, a governamentalização do Estado foi o fenômeno que permitiu ao Estado sobreviver. Se o Estado é hoje o que é, é graças a esta governamentalidade, ao mesmo tempo interior e exterior ao Estado. São as táticas de governo que permitem definir a cada instante o que deve ou não competir ao Estado, o que é público ou privado, o que é ou não estatal etc.; portanto o Estado, em sua sobrevivência e em seus limites, deve ser compreendido com base nas táticas gerais da governamentalidade.

Talvez se possa assim, de maneira global, pouco elaborada e portanto inexata, reconstruir as grandes formas, as grandes economias de poder no Ocidente: em primeiro lugar, o Estado de justiça, nascido em uma territorialidade de tipo feudal e que corresponderia, *grosso modo*, a uma sociedade da lei; em segundo lugar, o Estado administrativo, nascido em uma territorialidade de tipo fronteiriço nos séculos XV-XVI e que corresponderia a uma sociedade de regulamento e de disciplina; finalmente, um Estado de governo que não é mais essencialmente definido por sua territorialidade, pela superfície ocupada, mas pela massa da população, com seu volume, sua densidade, e em que o território que ela ocupa é apenas um componente. O Estado de governo que tem essencialmente como alvo a população e utiliza a instrumentalização do saber econômico, corresponderia a uma sociedade controlada pelos dispositivos de segurança.

Nas próximas lições, pretendo mostrar como a governamentalidade nasceu a partir de um modelo arcaico, o da pastoral cristã, apoiou-se em seguida em uma técnica diplomático-militar e finalmente como essa governamentalidade só pôde adquirir suas dimensões atuais graças a uma série de instrumentos particulares, cuja formação é contemporânea da arte de governo e que se chama, no velho sentido da palavra, o dos séculos XVII e XVIII, a polícia. Pastoral, novas técnicas diplomático-militares e finalmente a polícia: eis os três pontos de apoio a partir do que se pôde produzir este fenômeno fundamental na história do Ocidente: a governamentalização do Estado.

Curso do Collège de France, 1 de fevereiro de 1978

Este livro foi composto na tipologia
Dante MT Std, em corpo 12/14,9,
e impresso em papel off-white no
Sistema Cameron da Divisão Gráfica da
Distribuidora Record.